JN418611

노마드에 부는 바람

미국이민 38년 동안의 윔홀

김인자 칼럼수상집

창조문학사

■ 축하의 글

이 아침에 삶의 갈증과 허기를 채워 주는 사색의 원탁

- 김인자 시인의 칼럼수상집에 부쳐 -

홍 승 주
(시인, 소설가)

緖 / 김인자 시인, 그는 누구인가.

10여 년 전 해변 문학제에서 김인자 시인을 처음 만났다.

나는 詩分科에서 주제를 발표하고 김 시인은 회의를 진행하는 시 분과위원장으로 원활한 질의응답의 처리와 총회에서의 간추린 분과 보고로 호평을 받은 기억이 지금도 생생하다.

훤칠한 키에 이글이글한 눈매와 문학과는 먼 약대 출신의 약제사라는 데 놀랐다.

그리고 10여 년 후에 어쩌다 미국에 와서 접한 김인자 시집, '심안으로 보는 길'을 통해 깊숙한 소리 없는 내면 성찰과 숙명적인 인간의 날금과 씨금, 문학을 향한 뜨거운 들숨과 날숨의 물결, 오케스트라 같은 화음과 조화의 정제(精製)된 서정시를 본다. 그리고 다시 중앙일보와 한국일보, 양대 지에 눈부시게 전개된 문화 칼럼, '이 아침에'와 '삶과 생각'의 광장을 보며 객고(客孤)의 갈증과 허기를 채워 훈훈한 향수를 달래던 차 다시 날아온 낭보, 그간, 양대 지에 수록된 150여 편의 칼럼과 수상, 단장 등을 한 권의 집대성으로 묶는다니 이 어찌 기쁘고 가상하지 않으랴……

아름다운 인연이란 잠시 두절되거나 다소 격조에 묻혔다가도 어떤 사연과 사유, 계기가 생기면 망각의 벽을 뚫고 재연(再燃)한다.

인간의 생존의 의미와 삶의 가치가 이런 데서 싹트고 유구(悠久)하다.

여기에 금상첨화(?)격으로 나의 '축하의 글'을 책머리에 싣겠다니 이를 두고 고인(故人)이 '불감청이언정 고소원이라(不敢請 固所願)' 했던가.

겸허로이 김인자 시인의 '칼럼. 수상집' 상재에 축하와 치하, 격려의 글을 담는다.

글은 쓰는 이의 인격의 표상이요 품위라고 했다.

김인자 시인의 칼럼 내지 수상(隨想)이나 단장(斷章)은 각별한 뉘앙스를 풍긴다.

그것은 김인자 시인의 사상이요, 철학이요, 문학이요, 체험에서 오는 다양한 사색적 문화 산책이기 때문이다.

김인자 시인은 삼라만상의 사물을 詩에서처럼 결코 직관으로 통하지 않는다.

일단 직관으로 들어온 思惟와 事由를 心眼의 앵글로 걸러내어 식별하고 검안(檢眼)하고 비로소 마련한 한 톨의 양식을 이른 아침, 우리네 외롭고 메마른 교포 식탁에 친숙하고 검소한 공동체의 '토양 메뉴'로 내려놓는다.

깔끔하게 될 수 있는 대로 언어를 절제하면서 정(情)에 치우치지 않고 지(智)에 흐르지 않고 각(角)이 서지 않게 일정한 톤을 유지하며 배출한다.

동서양의 박식한 지식과 문학, 철학, 다양한 일상의 애환과 한국적인 고유의 이미지, 감칠 맛 도는 삽화나 일화, 과학에 이르는 세계에까지 소명의 메시지를 선명하고 간명하게 때로는 수월하고 강렬한 필치로 일상을 풍요롭게 하는 기지(機智)와 재치, 친화력을 갖게 한다.

이를테면 문화 전달의 전도사로, 주방의 주부로, 편식이나 편애 없는 영양가 백 프로의 '국'의 진미 역할을 담당한다.

그뿐 아니라 '가화만사성'의 가훈으로 큰아들 내외는 의료 전문변호사로 활발하게 활동하고 있으며, 큰딸은 약리학 박사로 이미 세 자녀의 엄마가 되었으며, 서랑은 뉴욕 굴지의 저명 제약회사의 부사장으로, 차남은 의과대학의 교수로 내과 전문의의 자부와 공동 연구에 몰두하는 '자식 농사'에도 풍작을 거둔 김인자 시인의 일종의 형이상학적인 정신, 위생학적 문화식품이 날로 이렇게 해서 이민 교포 사회의 명품이 된다.

이민 와서 풍상의 근 반세기.

문학으로 서걱거리면서, 사업에 매달리면서, 가정 사에 사로잡히면서 사시사철, 사통팔달(四通八達), 인정의 기미와 애환을 조감하는 오관(五官)의 숙수(熟手)가 된다.

그는 이민족 간의 문명의 충돌에서, 문화적 갈등에서, 인종의 차별에서 무엇을 보고 느끼고 생각하고 어떻게 번민하며 위기를 극복하고 시사하는가……

그의 혼에서 우러나는 야무지고 알찬 경고의 소리, 탈출의 메시지를 들여다본다.

重 / 김인자 시인, 그 해탈의 회로(回路)와 도약을 위한 피어린 착지(着地).

그는 이렇게 중용의 양비론을 언제나 어디서나 서슴없이 행하고 피로하며 간다.

'플라톤의 행복조건'에서 부(富)는 분뇨와 같아서 모아두면 구린내가 나고 고약하나 흐를 때는 토양을 살찌고 비옥하게 만든다는 음양의 이치와 오행상생(五行相生)과 오행상극(五行相剋)의 우주 섭리를 간파한다.

김인자의 주조(主調)는 두 말 없이 인간애에서 인류애까지로 확산되어 상처투성이의 지구를 연민으로 감싸고 다시 그런 광의의 것들을 수용하고 포괄하는 조국과 가족, 이웃 사랑으로 점강법(漸降法)의 수사학적 '축소미학'으로 낙점하고 인간과의 접촉, 관계를 주시한다.

그는 우주의 진통을 자유와 평화, 사랑의 광맥을 캐는 데서부터 찾는 고도의 휴매니즘과 리얼리즘, 로맨티시즘을 봉합하며 치유의 손길을 편다.

그는 논리적 정공법과 회유의 양수 겹장으로 정설과 역설의 반전으로 유도한다.

"눈물 젖은 빵을 먹어보지 못한 사람과는 인생을 논하지 말라" 독일의 문호 '괴테'를 생각하며 게오르큐의 명작 '25시'를 연상케 하는 불확실성 불안시대를 각성시킨다.

그는 4계절에서 하나를 더 보탠 5계절을 말하며 유년기의 역사적 상흔들을 저작(咀嚼)하면서 이민 2세들에게 "현재의 것이 내게 있는 모든 것이기에 현재에 자신을 맞추어 현재의 것을 소중히 여기고 간직하고 더욱 크게 자질을 키워 나가는 것이 현재를 사는 삶의 지혜"라고 역설한다.

길은 어디에나 있어 두들기면 열리고, 머리는 높이 들어 하늘을 보고, 발은 땅에 굳건하게 뿌리박혀 태연자약해야 한다고 했다.

희망과 꿈은 인간 최고의 이상이요 사상이라고 했다.

"한 번뿐인 것이다. 모든 것은 그저 한 번뿐인 것이다. 한 번뿐, 그리고 다시는 없다. 오직 한번뿐이라 할지라도 이 세상의 것으로서 존재하였다는 것. 이 한번만 존재하고 한 번만 만난다는 것. 한 번만의 기회라는 것……."

사랑은 어떻게 너에게로 왔는가. 꽃처럼 왔는가. 기도처럼 왔는가,

소크라데스의 설의법처럼 또는 릴케의 시를 인용하며 일기일회(一期一會)의 고사로 이민 2세를 깨우친다.

그는 매우 연약하면서도 섬세하고 강인한 의지와 당찬 여인상을 어필한다.

가정과 일을 겸전하는 아내의 고통, 위상, 엄마의 자리를 신묘하게

조화하는 여자를 말하고 유아교육의 절실함을 역설하는 교육론을 피력하기도 한다.

일하는 엄마의 자책, 자녀들의 잃어버린 정서와 가정의 부재를 말하며 가슴을 치고 뜨거운 눈물을 흘린다.

이 세상 도처에서 쉴 곳을 찾아보았으나 마침내 다다라 찾아낸 '책이 있는 구석방'보다 나은 곳이 없더라는 책과 함께 도도하게 살아 이어온 귀한 과거를 돌아보며 문화와 역사가 하루아침에 무너지는 인터넷의 침식을 한탄하고 속물주의에 일침을 가한다.

김인자 시인은 물질문명, 배금주의에 젖은 세상에 대하여 뜨거운 화살을 던진다.

"밤하늘에 뜬 수십억의 별들이 묻고 있다. 지구는 안녕하신가…!?"

그는 끊임없이 자학과 해학, 풍자의 소리를 낸다.

그가 자문자답하는 천계(天啓)의 소리다.

일찍이 '사상계'에서 뵌 함석헌 선생의 "생각하는 백성이라야 산다"의 씨알 이야기가 그 어른의 탄생 110주년을 기리는 김인자 시인의 기념 추도시, '크신 바다'에서 여지없이 표출된다.

모든 것은 지구의 어머니 같은 '크신 바다'로 순리대로 흐르고. 물은 항시 낮은 데로 더 깊은 빈 곳을 찾아 스민다는 인생훈과 불멸의 얼, 씨알정신을 서사시로 토해냈다.

흐르는 것이 어찌 물 만이랴, 거기서 지구의 정맥과 동맥을 감지한다.

시인이며 에세이스트, 칼럼리스트인 김인자 시인의 인생철학의 경지와 진면목을 보여 주는 대목이다.

鐘 / 끝이 보이지 않는 생명 에너지에 대한 우려와 경구(警句)의 안전핀.

끝 종(終)이 아니라 평생을 우리 곁에서 메마르고 외로운 사람들의 귀를 토닥거리고 즐겁게 울려 견문과 상식을 높여 주었다는 뜻에서 쇠북 종의 종(鐘)으로 표시하고 길게 오래 머물러 멀리까지 에코 되기를 바란다.

김인 자는 세척의 명인이다. 늘 세속에 낀 때와 미망의 마음을 빨래한다.

끝이 보이지 않는 메가톤급의 섬세한 일상사, 세상사에 신선한 자극제, 각성제, 자성의 화(和)를 욕구한다.

복(伏)더위 속에 30여 편의 칼럼과 그간 '스크랩 북'해 두었던 김인자의 에세이와 단상, 시편들을 꺼내어 정독하면서 김인 자 시인의

선 지적(先知的) 감각.

예술적 심미감(審美感)

온유하면서도 질곡을 찌르는 신랄한 비평 정신.

다양한 발상학적 주제의 착상과 구도.

세상 만태의 살상과 인심의 향방(向方)을 더듬는 동숙인(同宿人).

예리한 현실 참여와 미래 조감.

예술, 과학, 교육, 인터넷, 인성, 가정사, 시속(時俗), 관습, 관혼상제, 지구와 인류의 미래에까지 안 이른 데가 없이 천렵한 도량과 박식이 놀랍다.

그는 종교와 사랑과 문학을 종신의 소명으로 알고 가는 영원한 사역자다.

한국일보와 중앙일보 양대 지에 삶의 등불인 '이 아침에'와 '삶과 생각'의 고정란이 존속되는 날까지 사랑의 샘처럼 달처럼 태양처럼 우리의 이민 살이 주변에서 현판이 물 흐르듯 한 필봉으로 위로와 용기. 일상의 양식과 지식을 공급하는 보고(寶庫)로서 따뜻한 길잡이, 교량, 향도역(嚮導役)으로 희비애락을 함께 나누는 인생살이, 세상살이의 멘토와 벗이 되어 주시기를 바라며 축하의 글을 가늠합니다. (*)

■ 칼럼수상집을 내면서

칼럼들을 퇴고하느라 돌아보니, 참 오랜 세월 동안 <중앙일보>와 <한국일보>에 칼럼을 기고해온 것에 스스로 놀랐다. 왜 이렇게 많은 귀중한 시간을 글 쓰는데 보냈을까 생각해보았다. 한국을 떠난 지 45년이 넘었는데 아직도 고국에 대한 뿌리 깊은 미련이 남아서, 현실의 이질적인 문화에 더 예민하게 느껴지는 것일 것이다. 외국에 살면서 이방인으로 소외감을 느낄 때도 있었으나, 현재는 문명의 발달로 지구촌의 인간가족들의 실상을 실시간으로 알 수 있게 되어 변화에 재깍 반응하는 알레르기성 특이체질이 되었나 보다. 세상은 아름답고 신비로운 희로애락의 화려한 전시장이며, 또한 70억 인구의 와우각상의 전쟁터이기도 하다.

첫 이민지인 엘에이에서 일어났던 1992년의 4.29 폭동과 1994년의 노스리지 지진은 큰 충격이었다. 많은 한인들이 삶의 터전을 잃어버리고 고통 속에서 방황했지만, 다시 이민 초심으로 돌아가 고난을 이겨내며 재기하는 모습은, 떼 뿌리 같이 끈질긴 우리 한민족의 생존역사일 것이다. 또한 9.11 알 카에다의 공격으로 110층의 Trade Center인 쌍둥이 빌딩과 펜타곤의 일부가 붕괴되고 2,700여명의 인명피해가 있는 참혹한 사건이었는데, 한편 이것이 십자군 전쟁 같은 종교전쟁으로 번질까봐 두려운 생각이 들기도 했다.

또한 유태인 이상의 교육열로 자녀교육에 열과 성을 다하는 부모들의 아이디어로 조기유학 온 어린아이들의 여러 가지 문제점을 잘

분석해서 여러가지로 협조 해줄 조직적인 단체가 필요하다는 생각이 간절하다. 원거리에서 보는 고국은 그리움과 동시에 사랑과 연민과 자랑이 뒤섞이어 다가온다. 시시때때로 고국의 소식에 예민한 촉수를 향하고 있는 우리 노마드의 가슴엔 커다란 바람구멍이 있어, 계절마다 수시로 고국의 바람이 들락거리며 향수를 달랜다.

글이 책상 앞에 앉는다고 써지는 것이 아니므로, 나를 끌어당기는 것은 일생을 이어지는 문학사랑이 아닐까 생각된다. 어린 시절 9살 전후부터, 본정(명동?)에 있는 서점에서 사본 동화들, 알프스의 소녀나 거지왕자, 빨강머리 앤, 헉클베리 핀의 모험이나 집 없는 아이, 안데르센의 동화 등 그 모든 이야기를 떠올리면, 어찌할 줄 모르게 기쁘고 슬펐던 유년의 감정이 서늘하게 가슴에 되돌아오곤 한다. 60여년의 시간 대부분을 책 읽는데, 시 쓰는데, 칼럼 쓰는데 흠뻑 도취해서 지냈던 불변의 문학사랑의 시간이었다.

> 사랑은 어떻게 너에게로 왔는가 / 햇살이 빛나듯이 / 혹은 꽃눈보라처럼 왔던가 /
> 기도처럼 왔던가 / 말하렴 // 사랑이 커다랗게 날개를 접고 // 내 꽃피어 있는 영혼에 걸렸습니다 ……. 라이나 마리아 릴케

대학 다닐 때, 여름방학동안 청량리에 있는 식물화원에서 서로 다른 꽃 화분의 혼합으로 새로운 종의 더 진화된 꽃을 찾는 실험을 했다. 그때 실험을 이끌던 분이 "한 번 꽃을 사랑하면 불치의 병에 걸린 것" 이라는 말씀을 했는데, 그때 나는 한 번 문학을 사랑하면 일생 문학의 아우라에서 벗어나지 못한다는 것을 깨달았다. 수많은 밤을 지새우며 책을 읽던 일, 책 속에서 순수한 사랑과 진리를 알게 되고, 책이 나를 떠날 수 없듯이 나 또한 책을 떠날 수 없는 친구이자 상담 가이며 사랑의 대상이자 생의 의미를 일깨워주는 멘토였다는 것을 고백한다.

그러기에 미국에 와서 김하태박사(연대 신학대학장, 목원대학원 원장)님을 만나고 그분의 사상과 종교와 세상에 대한 지식과 지혜, 깨끗한 인격이 마음에 삼투되어, 거의 30년 가까이 그분의 교회에 나가고, 또 그분이 창립한 "한얼모임"으로 15가족이 함께 동서철학과 종교와 문학과 예술과 과학을 서로 나누며, 정신적, 문화적, 사회적, 존재론적인 나그네의 공허한 마음을 달래면서 자아실현을 위한 생활을 해왔다.

그렇게 많은 시간과 정열을 문학에 심취된 나머지 좋은 아내가 되지 못한 내게 아침마다 진한 커피를 이층의 내 서재로 가져다주며 격려해주는 남편에게 감사한다. 또한 아이들에게 미안한 마음 가득하다. 사업하는 엄마, 글 쓰는 엄마로, 분주한 매일을 보내다보니 아이들 마음에 상처를 준 것 같아 더욱 가슴이 아프다. 시간을 되돌릴 수 있다면, 더 다정하고 여유로운, 이해심 많은 희생적이 엄마가 되어 소수민족으로서 정체성을 갖게 하고 굳은 자신감을 심어주고 싶은 마음 간절하다.

1967년 3월, 2달된 어린 딸을 안고 남편을 따라 한국을 떠났으니 벌써 45년이 지났다. 1975년에 스위스의 제네바에서 미국으로 이민왔다. 과거의 집착과 추억을 지우고 현재에만 철저히 몰두하며, 아이들 교육과 뒷바라지를 하기위한 돈벌이에 열중하느라 37년이 흘러갔다. 다행이도 아이들은 우리들의 기대에 부응해서 성실하고 올바르게 성장해주었고, 자기 분야에서 든든한 위치를 성취하고 있다.

딸은 약리학 박사로 세 자녀의 엄마인 동시에 Boehringer Ingelheim에서 FDA관계 중책을 맡고 있으며, 사위는 Pfizer 제약회사(뉴욕본부)에서 R&D 부사장으로 있다. 큰아들은 의료전문변호사로 Medtronic 에서 법률문제를 책임 맡고 있으며, 큰며느리는 Amzen 제약회사에서 의약전문변호사로 또 두 손녀들의 엄마로 충실하게 생활하고 있다. 작은 아들은 마취과전문의이며 UC San Francisco 의과대학의 부교수로 폐암연구에 성공해서 NIH (National Institutes of Health)의 큰 그랜트를 받으며 연구에 몰두하고 있으며, 작은 며느리는 내과전문의이며 자선기관에서 노인환자들을 돌보고 있다. 남편과 나는 3년 전에 은퇴해서 길고 힘들었던 이민 1세의 어려운 짐을 내려놓고, 지금은 둘만의 남은 생을 의의 있게 마무리하느라 열심히 노력하며 건강관리를 하고 있다.

돌아보면 어찌 후회와 고통이 없을 수 없겠지만, 우리는 이민 일세로 노마드의 나그네라는 한계를 피부로 느끼며 생활해 왔다. 이제는 회한의 과거를 초월해서 현재 있는 것에 감사하며, 기쁜 마음으로 앞으로의 크리에이티브한 생활에 더 관심과 노력을 기우릴 생각이다.

책을 내면서 여러 가지 복잡하고 어려운 일까지 마다하지 않고 최선을 다해 편집해서 아름다운 책을 엮게 해주신 홍문표 교수님과 박복남 대리님 또 수고해주신 여러분께 감사드린다.

이 책을 강한 의지와 성실함으로 스스로를 개척하면서, 부족한 부모를 이해하고 따라주는 사랑하는 Morten, 정현, 태권, Suzie, 재우, Daniela 에게 바친다.

6월 28일 2012년

란초 산 라파엘에서　김인자

차 례

제 1부 만남, 모든 가능성의 문

제 2부 동거 후 결혼?

제 3부 지식교육과 인성교육

제 4부 지구는 안녕하신가?

제 5부 사랑의 에피센터

제 1 부
만남, 모든 가능성의 문

시간적 선택과 공간적 선택

시간은 우리의 의식 밖에서 소리 없이 흐르고 있다. 우리는 잃어버린 시간과 함께 현재의 시간을 여행하며 지나간 시간의 향기를 간헐적으로 되살리며 산다. 현재라는 시점에서 우리는 많은 것을 시간적으로 공간적으로 선택, 결정하게 된다. 이것인가, 저것인가라는 일상생활에서 수도 없이 하는 선택은 행과 불행을 잉태하면서 미래라는 시간과 연결되어있다.

그리스 철학에서 "시간은 인간이 쓰고 있는 것 중에서 가장 귀중하다"는 말이 있다. 그런데 최근 모국의 돌아가는 현황을 보면, 앞으로 몇 년 내에 세계 경제 질서의 순위가 바뀌어져 선, 후진국의 갈림길이 되는 현시점에서 그 귀중한 시간을 정쟁과 노사분규로 허비하고 있는 것 같아 안타깝다.

배 밑창의 정석과 같은 중산층이 점차로 사라지고 빈부의 차가 심한 불균형한 사회구조에서 물질지상주의와 쾌락에 혼미한 정신이 사이버세계를 타고 초속으로 번지고 있다. 여기에 상업주의와 개인 이기주의, 정치의 진보와 보수의 갈등 등 혼탁한 먹구름이 고국의 하늘을 덮고 있다.

최근 떠도는 말로 TV에 국회의원들의 얼굴만 비치지 않아도 흡연자들의 절반은 줄 것이라는 정치풍자도 있다. 이젠 50-60대는 강제 은퇴되고, 학위를 받아도 취직이 안 되는 젊은이들은 당리당략으로 원리원칙 없이 이전투구 하는 정치에 환멸을 느껴 한국을 훌쩍 떠나고 싶다고 한다.

"노란 숲 속에 길이 두 갈래 갈라져 있었습니다. / 안타깝게도 나는 두 길을 갈 수 없는 / 한 사람의 나그네라 오랫동안 서서 / 한 길이 덤불 속으로 꺾여 내려간 데까지 / 바라다 볼 수 있는 데까지 멀리 보았습니다, // 그리고 똑같이 아름다운 다른 길을 택했습니다. / 그럴만한 이유가 있었습니다. 거기에는 / 풀이 더 우거지고 사람 걸은 자취가 적었습니다. // 훗날에 훗날에 나는 어디에선가 / 한숨을 쉬며 이 이야기를 할 것입니다. / 숲 속에 두 갈래 길이 갈라져 있었다고, / 나는 사람이 적게 간 길을 택했다고, / 그것으로 해서 모든 것이 달라졌었다고……." 로버트 프루스트의 시 (가지 않은 길).

우리는 살면서 공간적인 그리고 시간적인 갈라진 길에서 선택을 하게 된다. 프루스트의 공간적 인생의 길의 선택이외도 시점의 한계를 넘나드는 시간의 선택이 있다.

아르헨티나의 시인이며 작가인 보르헤스가 쓴 단편소설집인 <픽션>의 주제는 모든 생명에 내재된 "시간"에 대한 형이상학적 개념이다. 마치 현재의 일이 과거에 일어났던 일로 간주하고 그대로 추진한다든지, 또는 미래의 일도 현 시점에서 선택하는 것도 시간적인 선택이다. 우리는 많은 가능성이 얽혀있는 시간의 오솔길을 살고 있다. 갈라지기도 하고 만나기도 하는 시간의 다양한 복합성으로 만들어지는 시간의 그물을, 시간의 미로를 지나고 있다. 두 갈래로 갈라지는 시간의 그물에서 우리에겐 오직 선택만 있다. 이민 온 우리도 보다 낳은 생을 찾아 시간적 공간적 선택을 한 것이다. 인생은 선택의 연속이라고 하지 않던가!

시간은 지속적으로 흐른다. 마치 강물이 흐르듯이. 이 평범한 진리에 아찔한 현기증을 느낀다. 인간의 지능이 아무리 발달하여도 인간은 조물주가 배정한 시간에 도전할 수 없기에, 시간은 영원하고 생은 순간이라는 것이 인간의 한계인 것이다.

그러나 한정된 시간에 대한 인간의 승리를 이끌어 낸 선택도 있다. 인류애를 향한 집념으로 자신을 바치는 사람, 인간의 병을 정복하기 위해서 밤새워 연구하는 의학자들, 더 낳은 삶을 위한 발명가들, 고난을 거치며 창조해서 남긴 수많은 예술품들, 생명을 불사르며 남긴 창작들, 그들은 인간정신의 적극적인 활동으로 시간을 초월한 영원의 가치를 남긴다.

잠시도 멈추지 않고 유장하게 흐르는 시간의 한 순간을 우리는 지금 건너고 있다. "당신은 인생을 사랑하는가? 그렇다면 시간을 낭비하지 마라. 인생은 시간으로 되었다"라고 한 B. 프랭클린의 명구를 음미해본다.

3-8-2003 (중앙일보)

만남, 모든 가능성의 문

상점에서 나는 매일 수십 명의 손님들과 만난다. 나나 그들이나 평범한 시민들이기에 우리들의 만남이 어떤 이벤트를 만들지는 않지만 인간적인 상식 안에서 일상의 대화가 이어진다. 특히 주위에 영화배우들이 많이 살고 있어 흥미 있는 사람들과 만기도 한다.

80년대 초, 따뜻한 봄볕이 상점 안으로 밝게 비치던 오전, 자그마하고 아름다운 자태의 여인이 오랜 지기처럼 다정한 미소로 사뿐히 문을 밀고 들어왔다. 누구인가? 생각하는 순간, '황태자의 첫사랑'에 나온 미녀 주인공인 앤 브라이스임을 금세 알아봤다.

내 남편의 청년시절 몹시 가슴을 설레게 했던 그녀, 근처 Toluka Lake에 살고 있다고 한다. 그녀의 남편은 잘 알려진 외과의사이며 5명의 아이들을 두고 있다. 아들이 변호사가 되어 자랑스러워하는 엄마인 그녀는 그 후 오랫동안 단골로 우리 상점을 찾았으며 올 때마다 우리는 자녀교육에 관해 여러 가지 이야기를 나누었다.

역시 80년대 초, 어느 노신사가 핑크색 캐딜락을 타고 와서 바로 가게 앞에 파킹하드니 곧장 우리 상점으로 들어왔다. 남자가 무슨 핑크색 차? 하나 그는 아랑곳없이 콧노래를 흥얼거리며 카드스탠드로 가드니, 카드 랙을 전부 돌면서 카드광인양 수십 장의 카드를 캐시대로 가져왔다.

내가 계산하는 동안 작은 소리로 계속 노래를 뽑으면서, 아시안 여자가 자기를 알아보는지 슬쩍 살피며 눈치를 본다. 그가 밥 호프였다.

그는 매번 올 때마다 계속 작은 목소리로 흥에 겨워 노래를 부르는 타고난 낙천적인 사람이다. 그가 타계한 후 이제 그의 이름을 명명한 거리 이름만 Burbank 시에 남아 있다.

우리의 삶은 만남으로 이루어진다. 사람과 사람의 만남 외에도 유형무형의 세상에 존재하는 모든 것과의 만남으로 역사의 수레바퀴는 굴러가고, 우리의 일상 또한 계속된다.

우리 인생에서 만남의 긍정적인 면을 보면, 하나의 만남이 진정한 자아발견으로 이어져 자신의 길을 결정하기도 하며, 예술가들에게는 위대한 예술형성에 새로운 전기를 마련한 예를 종종 볼 수 있다.

백남준은 단순한 공간적인 예술인 미술에 처음으로 시간적인 것을 접목시킨 비디오 아트의 선구자이다. 테크놀로지와 예술의 결합을 통해서 최초로 전자예술을 창시한 백남준이, 전통적인 음악 관념을 초월해서 음의 한계를 해방시키고 소음과 침묵까지도 음악적 사운드로 간주하는 전위음악을 창시한 존 케이지를 만나지 않았다면, 그의 예술에 새로운 전기를 마련하여 오늘의 포스트모던의 표상적 인물로 그렇게 위대한 작품을 만들어 낼 수 있었을까 생각하게 한다.

독일의 시성 라이너 마리아 릴케는 루 살로메의 안내로 모스크바에 가서 톨스토이를 만나서 서로의 사상을 나누었다. 그 때는 <복음서>의 가르침대로 생활을 하는 톨스토이의 사상은, 존재라는 대지에 깊은 뿌리를 내린 릴케의 실존적 문학형성에 큰 영향을 주었다. 보수적이고 완고한 전통으로 인간성의 상실을 느끼지도 못하는 유럽사회에서, 인간성 상실의 깊은 늪 속에서 인간의 실존을 찾아 소리쳐 부르짖는 소리가 릴케의 시라고 평한다.

릴케는 덴마크어를 공부해서 키케고르의 실존주의 철학서를 읽은 것처럼, 러시아어를 배워서 톨스토이와 러시아어로 대화했다고 한다.

릴케와 살로메가 2번째 톨스토이를 방문했을 때, 그들은 10세의 어린 소년인 보리스 파스테르나크와 만났다. 보리스는 톨스토이의 <부

활>의 삽화를 그려 널리 알려진 그의 아버지 레오나드 파스테르나크를 따라 릴케와 루 살로메와 함께 기차를 타고 톨스토이의 집이 있는 야스나야 플랴나에 갔었다. 후에 보리스는 <안전통행증>이라는 자전적 산문집에서 릴케와 만남이 생애에 가장 커다란 영향을 받은 체험이었다고 회상했으며, 후에 그가 음악의 길과 철학가의 길을 택하지 않고 대시인의 길을 걷게 한 동기가 되었다고 했다.

우리가 가진 인식의 능력에는 한계가 있기에 우리는 전체를 알기가 어렵다. 만남을 통해서 아직까지 보지 못했던 것을 타인의 인식을 통해 새로운 차원을 보게 되고 이해하게 되고 진보하게 된다. 우리는 적극적으로 많은 이벤트를 만나서 우리 생을 다양하게 의미 있게 할 수 있을 것이다. 만남은 모든 가능성의 문이다.

6-9-2007 (한국일보)

백색결혼

가끔 동창들끼리 모여서 삶의 기미 같은 거뭇한 스트레스를 털어내기도 한다. 어느 집이나 이런 저런 사정이 있고, 다면체의 삶에서 어느 구석에든지 그늘이 있기 마련이다. 서로 토해내다 보면 어느새 가슴이 시원해지기도 한다. 대게는 남편의 건강이나 아이들의 결혼문제가 탑 메뉴다.

“요즈음 애들은 결혼이 하나의 선택이 돼버렸단다. 할 생각을 안 하는 거야. 왜 결혼해서 생활을 구속시키고 신경을 쓰느냐는 거지” 시쳇말로 골드미스인 39살의 딸을 둔 친구의 말이다. “우리 애는 여자 친구가 계속 바뀌고 있단다. 이번에는 결혼하려나 싶으면 헤어지고 또 다른 여자와 사귀고 있잖니. 벌써 몇 번째인지 몰라. 결혼 안하고 일생 연애만 하려나봐” 이젠 늙은 총각이라서 나이를 카운트하기도 싫단다.

“우리 아들은 며느리와 은행 어카운트도 따로 쓰며, 행동도 제 각각 편리할 대로 살고 있으니 결혼했으면서도 동거인 같더구나. 철저히 서로의 프라이버시를 존중하면서 각자 자기 일과 취미에 충실하니 친구인지, 하숙생인지, 기숙사 룸메이트인지……. 아이 낳을 생각도 전혀 하는 것 같지 않아. 난 도무지 이해가 안 되는데, 세상이 우리만 세워놓고 변해 버렸나봐” 현재 한국에서의 생활방식이라는 부인들 따로, 남편들 따로의 생활, 부부이면서도 홀로인 생활, 나 홀로족 같은 부부생활인 것 같다.

서울을 방문하고 돌아온 친구의 말로는 한국에서 대학을 졸업하고 안정된 직장을 가진 30대의 여인들이 결혼할 생각을 안 한다고 한다. 나 홀로의 사조가 팽배해, 지금 편하고 하는 일에 재미가 있어 장래가 보장됐는데, 결혼해서 시집 눈치 보며 아이들 키우면서 구질구질하게 살기 싫다는 것이다. 현재가 가장 중요한데 30대의 젊음을 엔조이하고 결혼은 그 다음에 생각할 문제라는 것이다. 그래서 한국의 출산율이 세계 최하위 권인지도 모른다.

2007년 '이상 문학상'을 받은 전경린씨의 단편소설 <천사는 여기 머문다.> 에서도 소위 섹스 없는 '백색 결혼'이라는 생경한 단어와 비록 외국인이라도 사랑보다도 삶 자체에 의미를 두는, 감정이 삭제된 직업 같은 결혼을 수용하는 새로운 소설이다.

"깊은 마음을 제 속에 간직한 채, 아이도 만들지 않고, 친척도 없이, 나로 인해 아무도 상처받는 사람도 없고, 더 이상 아무 것도 이루려는 것 없이 함께 살아가는 일" 즉 21세기의 빠르게 변화하는 트랜드를 잘 집어 일부 한국의 젊은이들의 결혼과 인생에 관한 가치관의 변화를 많은 은유와 상징으로 창작해냈다.

그래서 어떤 학자는 현대인을 가리켜 "자기도취와 자기애에 빠져 막다른 골목으로 향해 달리는 행복추구자"로 표현하기도 한다.

결혼은 전생의 인연으로, 운명적이며 해야 할 때가 있다는 불교의 정혼설의 말은 옛말이 되었다. 현재 편안하니까, 새로운 변화로 일상의 평화를 깨트리지 않겠다는 자기사랑 속에는 자유는 맘껏 누리나 의무나 윤리 같은 구시대적 관념을 회피하려는 이기주의가 내재한다.

최근 TV에서 '주몽'의 여주인공 소서너가 그 어여쁜 미소와 깨끗한 이미지로 콘도 키를 들며 그 콘도를 사라고 유혹한다. 실제로 많이 팔렸다는 신문보도이다. 여자들도 반하는데 젊은 남자들의 마음을 들뜨게 하는 것은 물어 무엇하리. 그녀가 "출생은 운명이지만 주거지는 선택이다"라고 말한다.

출생은 자기 의지대로 되는 것은 아니지만 결혼은 누구를 선택하느냐에 따라 생의 운명이 좌우되기 때문에 결혼이야말로 분명한 선택이다.

미국은 최근 결혼시즌이다. 우리 상점에도 웨딩카드를 비롯하여 앨범이나 기프트와 포장지가 많이 팔린다. 젊은 여인들이 와서 약간의 기분 좋은 흥분을 느끼며 웨딩샤워나 결혼 카드와 선물들을 사간다. 친구의 행복한 앞날을 축복하며 자신의 미래를 꿈꿔보는 흐뭇한 순간이기도 하다.

사랑이 삭제된 결혼은 만화나 소설에서는 가능할는지 모른다. 그러나 인간과 인간의 적나라한 삶에서는 가장 중요한 기본적 감정이 없는 삭막한 모래밭을 일생동안 걷겠다는 말과 같다. 물 없이 생물이 생존하지 못하는 것처럼 삶의 윤활유인 사랑 없이 인생의 많은 굴곡을 어떻게 헤쳐 나가겠다는 걸까?

7-14-2007 (한국일보)

파랑새가 머무는 곳

축 쳐진 가로수에 햇빛이 투명하게 부셔지고 땅에서는 지열이 꿈틀대는 더위로 시간마저 멈춘 듯한 8월의 어느 오후, 포니테일을 달랑거리며 귀엽게 생긴 여자아이가 가게 안으로 들어온다. 뒤따라서 보호자인 듯한 20대의 여인이 따라다닌다. 7-8세 정도 된 아이는 거침없이 갖고 싶은 것들을 캐시대로 가져온다. 어느 듯 많이 쌓였다. 헬로키티, 팅커벨, 프린세스 등 TV에 나오는 캐릭터들이다. 꼬마가 고개를 까닥하니 그 여인이 재빨리 지갑을 열고 계산을 치른다. 영화의 한 장면이 지나가듯 말없이 순식간에 이루어지고 그리고 그들은 나갔다.

명품으로 휘감은 꼬마의 부모는 누구일까? 또래의 친구들과 어울려야할 나이에 20대의 보디가드와 주고받을 대화의 장이 어떤 것일까? 그 아이는 행복할까?

달러의 숫자에 얽매여 뛰는 부모 뒤에서 어린 시절을 바람벽을 쳐다보며 공허하게 보내버린다면 자라서도 그 시절은 텅 빈 공간으로 느껴질 것이다. 가장 감수성이 강한 어린 시절이 감성의 네트에 걸리는 것 없는 진공상태라면 그것은 누구의 책임일까?

사람은 누구나 행복해지고 싶어 한다. “가능한 한 많이 그리고 가능한 한 더 빨리”라는 구호 속에서 우리는 좀 더 성공하기를 바라며 좀 더 물질적 풍요 속에 좀 더 행복한 생을 유지하려 한다.

루터가 성경을 번역한 후로 그리고 구텐베르크가 인쇄술을 발명한 이후로 유럽문화를 이끌어온 사회적 가치는 무조건적인 종교적 믿음을 넘어선 지성의 세계였다. 역사의 나침반이 지적하듯이 삶의 굴곡마다 질문하고 고뇌하고 선택하는 지성인의 문화였다.

그러나 사이버 시대인 오늘에는 이성의 역사적 시효는 가고 지식의 약효는 떨어지고 이제 돈이 인간가치생성의 기준으로 보편화되어 가고 있다. 경제의 기본 단위인 돈은 '글로벌리즘'의 날개를 달고 우리주위를 날아다니며 사람들에게 환상적인 만화경을 굴리고 있다.

그래서 실리적인 우정이나 달러로 계산되는 사랑이나 인간관계의 가장 기본인 부부 사이에도 돈이 사회적 도덕이고 배경이 되어, 하나의 계약행위가 이뤄지고 있는 것이 더 이상 놀라운 일이 아니다.

여기에다 인간의 두뇌를 뛰어넘는 막대한 파워의 컴퓨터세계가 인간의 한계를 훌쩍 넘어서 막대한 파워로 미지의 우주로 향하고 있다. 컴퓨터를 사용해서 더 빠른 정보와 지식을 얻어내고, 태산을 오르는 시간과 노력 없이, 두뇌로만 부를 이루려 한다. 표피적인 지식과 명품의 생활을 위해 인간은 기계에 의존하고 있다.

최근 SBS 인기 드라마 <쩐의 전쟁>이 너무나 뜨거운 반응을 일으켰다. 돈과 사랑이 뒤얽힌 희비가 이어지다가 결국 쩐 때문에 비극으로 막을 내려서 아쉽고 허무하기도 하지만 현실적인 사회의 단면을 본 것 같다. 드라마를 통해 사채업, 불법 추심과 금융 등 소외계층의 문제를 정면으로 부각시킨 데 대한 공로로 주인공 박신양과 박진희가 재정경제부총리로부터 서민금융 정책홍보대사로까지 위촉되었다니 그 드라마 파장에 대한 일반의 관심을 느끼게 했다.

"돈, 그것은 아무리 되지 못한 인간이라도 최고급의 지위로 이끌어주는 단 하나의 길이다. 돈은 절대적인 힘을 가진다. 그것은 모든 불평등을 평등하게 만든다."고 일찍이 도스토예프스키는 말했다. 간질병과 시베리아에서의 감옥생활, 일생을 괴롭힌 가난과 도박중독으로 정신적으로나 육체적으로 피폐해진 그는 자신을 일컬어, 선금을 받고

한 챕터의 첫머리가 이미 인쇄소에 가 있는데 그 끝을 어떻게 맺을지도 아직 모르는 <문학 프롤레타리아>라고 그 자신이 자평했다. 그러나 그가 부러워했던 톨스토이나 뜨르게네프처럼 그도 가난에서 해방되었다면 그의 가족과 실질생활은 낳아졌겠지만 그러나 과연 그의 지고한 정신세계까지도 행복했을까? 지옥과 천국을 넘나드는 고뇌와 깊은 철학 없이 그의 위대한 대작이 탄생했었을까?

온 세상 70억의 목소리가 결국 '행복'이라는 같은 별을 향해 부르짖고 있다. 행복의 필요조건의 하나가 쩐이라면 충분조건은 어디에 있을까?

> "산 너머 저쪽 하늘 멀리 / 행복이 있다고 말들 하기에 / 아, 남을 따라 행복을 찾아갔다가 / 눈물만 머금고 되돌아왔네. / 산 너머 저쪽 하늘 더 멀리 / 행복이 있다고 말들 하지만."......, <산 너머 저쪽> 칼 부세의 시

"행복은 어떻게 이지 무엇이 아니며, 행복은 스스로 느끼는 능력이지 찾아 나설 대상이 아니라는 사실을 저는 잘 압니다."고 1901년 허만 헤세는 행복의 파랑새는 바로 자신 안에 있음을 친구인 칼 부세에게 보낸 편지에서 말하고 있다.

8-18-2007 (한국일보)

안개 낀 12월의 아침

이른 아침에 창문을 여니 희뿌연 안개 속에서 싸한 바람이 확 불어닥친다. 남가주의 겨울안개가 아침풍경을 회칠했다. 아랫마을도 온통 안개로 하얗게 덮여 있다. 세상이 꿈결같이 몽롱하고 희고 섬세하고 아름답다. 그 곳엔 일상의 무게가 사라진 가볍고 깨끗한 선의 세계가 있을 뿐이다. 마야의 베일 같은 안개는 그러나 시간이 지나면서 덧없이 사라지고 엄숙한 하루의 시작을 깨우친다.

어느새 또 한 해가 지나고 있다. 한국을 떠난 지도 벌서 40년이 지났는데, 미국에 온 후 아이들 키우며 밥벌이하느라 시작한 비즈니스를 여전히 한자리에서 계속하고 있다. 이제 2007년 12월, 내가 운영하는 홀 마크 카드샵 안에도 손님들의 발걸음이 분주해졌다.

한 해의 마지막 달에는 개인 일이나 사무적 일이나 주위에 정리해야할 일들이 쌓여있기 마련이다. 또한 새해를 맞이하기 전에 그 동안 소외되었던 마음의 빚도 정리하고 싶어진다. 그래서 사람들은 다양한 삶의 면면을 아우르는 진솔한 메시지가 담긴 카드를 찾는 것이다.

미국의 대부분의 사람들에게는 고향이라는 개념이 희박한 것 같다. 더 낳은 삶을 위해 고향을 떠나고 직장을 옮기고 거처를 옮기는 그래서 인간관계도 실용주의, 개인주의로 바뀌게 되고 자유로이 유전하면서 디아스포라의 삶을 살기에 정작 마음은 더 소외되어 간다. 매일 시간에 쫓기는 척박한 현실에서 각자 따로 뒹구는 낙엽처럼 서로가 고립되고 소통이 뜸해지면서 자기 홀로 외로운 실존의 생활을 하게 된다. 그래서 몸은 멀어졌지만 마음은 가까이 서로 소통하기 위해서 좋은 말이 써진 카드에 더 의존하는 듯하다.

미국생활에서 식품 다음으로 생활화 되어있는 카드문화는 상업주의의 팽배로 보다 일찍 화려하게 자극적으로 선전해서 마치 많은 사람들을 시즌을 이용한 돈벌이 목표물로 몰아가고 있다는 느낌이 들 때도 자주 있다.

손님들이 10월초부터 크리스마스카드는 언제 내 놓느냐고 독촉한다. 그래서 할로윈과 추수감사절과 더불어 크리스마스카드까지 전부 진열했었다. 어떤 사람들은 계모나 시어머니에게 또는 전 남편에게 줄 카드가 어디에 있느냐고 묻는다. 또 목사님과 신부님에게 주는 카드는? 슬픔을 당한 사람에게 주는 X-마스 카드는? 고양이나 개에게 줄 카드는 어디에? 페이퍼 보이와 집배원에게 주는 카드는? 종일 대답하고 찾아주는데 하루해가 훌쩍 넘어간다.

1월엔 정월 1일이 있으며, 2월엔 발렌 타인의 날, 3월엔 세인트 조셉과 세인트 페트릭의 날, 4월엔 이스터, 5월엔 어머니의 날, 6월엔 아버지의 날과 졸업식들, 9월엔 조부모의 날과 10월엔 연인의 날과 할로윈, 11월엔 추수감사절 그리고 12월엔 크리스마스로 이어져 일년 열두 달 시즌을 따라 분주하게 보내게 된다.

이렇게 많은 시즌을 만들어 의미를 부여하고, 그날을 기념하기 위해 가족이나 친구들끼리 만나거나 카드를 보내며 안부와 소식을 전한다. 특히 인생의 허무함이 가슴을 적시는 노년기에 들면, 이런 시즌을 통해서 서로 만나고 안부와 상황을 묻는 일은 한편 외로움을 달래주무로 정신건강에도 필요하리라 생각된다.

사람이 오래 산다고 해도 기껏 백년, 3만 6천 일을 산다. 하지만 삶이 단순하지 않기에 그 중 근심 걱정하느라 많은 시간을 허망하게 보내기도 한다. 심리학자 토마스 카풀러의 걱정에 대한 인생처방을 보면 "사람들이 하는 걱정 중 92%는 아무 쓸모없는 걱정이다. 그 중

40%는 아무도 모르는 미래에 대한 걱정이고, 30%는 남들의 이목에 대한 조바심이며 또 다른 20%는 이미 지나간 과거에 대한 후회이고, 나머지 2%는 혹시 어떤 질병에 걸리지 않나 하는 걱정이다. 그래서 사람이 진정 할 만한 걱정은 8%에 지나지 않는다."고 한다. 그렇다면 해마다 일 년 동안을 지내면서 불필요한 기우로 우리 생의 가장 귀중한 시간들을 많이 허비하는 셈이다.

이제 바쁜 12월이 가면, 새로운 마음으로 새해를 맡기 위해 분주한 일상에서 일탈해서 마음에 여유라는 주머니를 달고 말없으나 더 많은 영감을 주는 자연을 찾으려 한다. 어느 산자락에서 새벽의 해 뜨는 장엄한 광경과 숲 속에서 겨울비를 맞는 나무들의 잔잔한 협주곡을 듣고 싶다. 허공에 회오리치는 바람 소리는 가슴에도 절절이 부딪친다. 석양에 붉게 물든 하늘을 보면 말 이상의 전율이 온다.

말은 인간만이 하는 것이 아님을 자연이 말해준다. 신탁에 묻듯 자연에 가면, 삶의 순리와 평안을 찾게 되는 처방을 받게 될 것이다.

11-29-2007 (한국일보)

새벽 산책

지난 9월 11일 테러참사이후 한 달이 지났다. 10월 7일 미 영국군의 아프간 폭격으로 세상은 거친 파고 속에 휘말려있는데도 새벽은 어김없이 지상에 찾아왔다. 전쟁의 참상을 모르는 새들은 창 밖에서 한동안 몹시 소란스럽게 지저귀더니 어느 순간 딱 멈추었다. 주위가 묘하게 긴장감이 돈다. 웬 일일까? 새들은 해가 곧 뜨리라는 것을 감지한 것 같다. 지난달부터 새벽산책을 시작했다.

해뜨기 직전의 새벽은 고요 속에 생명들의 잔잔한 숨결이 뒤섞여 있다. 걸음마다 짙은 안개가 발밑을 맴돌며 흘러가고 산의 계곡에는 안개 덩어리가 목화송이처럼 켜켜이 끼어있다. 초록의 키 큰 나무들이 안개 위로 청정한 제 모습을 드러내놓고 나무 밑으로는 살랑살랑 부는 바람이 안개를 빗질하고 있다.

꿈속을 헤매 듯 안개 속을 걷는다. 실존은 안개 속, 아무 것도 모른다. 지나간 것은 안개 속으로 사라지고 앞에 오는 것은 안개 속에 가려있다. 안개 속에는 사라진 추억과 그리움과 회한이 잠겨있다. 안개 속을 헤매는 사람들은 길 잃은 방랑자이다. 어느 누가 무엇을 확신할 수 있으랴? 아무 것도 분명치 않은 안개 속에서.

희뿌연 장막 앞에 원근의 거리가 사라지고 주변의 일상적인 사물들이 낯설게 느껴지며 서로가 단절된 서먹서먹한 소외와 고독이 회칠된 안개 속을 현대인은 살아가고 있다. 우리는 보이는 것만을 보면서 보이지 않는 세계는 모르는 채 유한 자로 살고 있는 것이다. 매일의 나날들이 소리 없이 흘러가서 자취도 없이 사라져버리는데 나는 지금 어디에 서있는가……. 문득 자아를 돌아보게 된다.

길을 따라 세워진 외등이 안개 속에 뿌옇게 떠있다. 걸음을 따라 아싸한 풀 냄새가 코끝을 스친다. 하늘은 아직 하품을 하고 있는지 회색빛으로 깨어나지 않았다. 드디어 동쪽 산 너머에서 새벽의 찬 빛이 엉클어진 어둠을 뚫고 비쳐온다. 산그늘 때문인지 언덕아래 지붕들은 아직도 어둠에 젖어있다.

그러나 어둠은 빛을 결코 이겨본 적이 없다. 해가 솟아오르니 안개들이 새벽을 훔치려다 들킨 것처럼 서로를 재촉하며 서서히 그러나 어느 틈에 공기 속으로 숨어든다. 한 가닥 비단실 같은 안개 결이 유유히 옆으로 지나가며 무언지 아쉬움을 남긴다.

안개는 사라진다. 어느 것도 붙잡을 수 없다. 지나간 것에 매여서 욕망과 집착을 놓아주지 않으면 오히려 자신이 얽매이게 된다. 옛 선현들의 지혜도 마음을 비우라는 것이 아니던가! 안개는 과거로 사라졌다. 이 순간이, 현재가 우리에게 있는 전부이다. 누구도 거슬러 돌아갈 수 없는 생의 흐름은 순간순간 현재만을 흐른다. 안개가 사라지니 그것이 존재했던 기억마저 허무하게 느껴진다. 그러기에 삶에는 흐르지 않는 정신적 이정표가 필요하나보다.

고요하게 물러서 있는 하늘은 연한 색으로 붓질되었다. 그것은 햇빛의 모든 색이 서로 떨리면서 되쏘는 깨끗한 흰색이며 새벽을 여는 시작의 빛이다.

해는 아침에 어둠을 가르고 떠올라서 저녁이 되면 일과를 마친 듯 미련 없이 제 궤도로 사라진다. 해 뜨고 달뜨는 것이 자연의 순리인 것을, 무엇이 이 순리를 거스를 수 있으랴! 삼라만상이 자연에서 생성해서 자연으로 돌아가는 순환을 보면 인생도 자연의 한 과정이다. 베풀기만 하는 자연 속에서 인간은 좁은 자아의식에서 벗어나지 못하고 도덕적 안개와 정신적 혼미 속에서 인간대 인간의 경쟁을 벌리고 있다. 이런 것이 인간의 한계이기에 인류 역사를 통해 지구상에서 전쟁은 항상 계속되고 있는 것이다.

앉아서 잔디씨를 쪼던 새들이 푸드덕 날아간다. 길가의 풀꽃들이 밥풀같이 쪼고만 얼굴을 지상에 내밀고 하늘거린다. 마치 우리들 인생같이…….

안개가 걷힌 후의 밝은 햇살이 온 마을에 비치고 있다. 갑자기 길가의 나무 덤불 속에 숨어있던 스프링클러가 물을 뿜기 시작한다. 어느 집에서 개가 멍멍 짖는다. 주위의 모든 것이 그대로 있다. 일상으로 돌아갈 시간이다.

하루는 새벽으로 시작한다. 새벽에 기쁜 마음으로 일어나 그 날을 준비하는 사람은 행복한 사람이다. 오늘은 오늘밖에 없지 않은가.

10-10-2001 (중앙일보)

친구의 화집

지난 주 서울에서 온 소포를 받았다. 포장을 열어보니 [김행자의 제2화집]이라 쓰여 있다. 그림이 Post modernism 화풍이다. 원근도 실상도 없이 선이 단순 강렬하면서도 복잡한 색감에 깊이가 있다. 시적인 그림에는 그녀의 강렬한 꿈이 녹아있다.

책장 안의 글을 보니 생각했던 대로 대학동창이다. 우리는 이대 약학대학에서 같은 클래스였다. 매주 화요일과 목요일 오후, 과학관 지하실에서 화학 실험을 했다. 실험도구를 설치하고 시험관에 물질과 시약을 넣고 온도를 맞춰 반응을 유도한 후 콘덴서를 거쳐 흘러나오는 새 약물이 결정체로 응고하는데 몇 시간씩 기다릴 때가 많았다. 실험결과는 빈칸으로 비어놓은 리포트를 후닥닥 써놓아도 1-2시간의 여유가 있었다. 그럴 때면 나는 살그머니 교수의 눈을 피해 도서관으로 향했다.

2층의 작은 방엔 높은 책장에 그림, 음악, 건축 등 예술가들의 작품집이 꽂혀 있었다. 그 책들의 대부분이 대학의 설립을 도왔던 선교사들이 기증한 도서들이다. 도서관에서 사서를 통하지 않고 직접 책을 빼볼 수 있는 곳은 이 방뿐이다. 나는 후기 인상파인 벤 고흐의 작품집을 들고 구석진 곳으로 갔다. 당시 썸머셋 모음의 소설 [달과 6펜스]를 읽은 후 고오갱이나 고흐의 예술성에 강한 호기심을 갖게 되었으며 그들의 슬픈 인생에 연민을 느꼈기 때문이다.

바로 그 도서관 구석에서 뜻밖에도 행자를 만난 것이다. 그녀는 야수파 주동자였던 앙리 마티스의 작품을 사랑했다. 그 후 우리는 서로 예술에 남달리 의미를 두는 동지가 되었다. 시계바늘을 훔쳐보며 남몰래 과학관으로 돌아갈 때는 서로 동병상련의 마음의 친구가 되어있었다. 화요일과 목요일 오후에는 가끔 도서관으로 몰래 사라지는 공모자였다.

빈센트 반 고흐……. 일생동안 지독한 가난과 고독, 가족에 대한 죄책감으로 시달렸던 괴로운 영혼의 화가, 그에게 삶은 절대로 공정하지 않았다. 웅얼진 마음 속 밑바닥까지의 표현이 가능했던 것은 오브제를 그대로 정확하게 복제하는 사실주의가 아닌, 그의 심혈을 대상 속에 쏟아 부어, 두 번 다시 돌아오지 않는 그 순간의 삶을 강렬하게 표현했기 때문이다.

별을 그릴 땐 검고 푸른 우주가 소용돌이치며 마음 속 응혈 덩어리를 쏟아내는 희뿌연 콧김에 쌓인 신비 속을 회전하는 별의 굉음까지 들리도록, 태양을 그릴 땐 엄청난 빛과 열파로 전 우주를 태워버릴 것 같은 파워로 이글거리며 내뿜는 태양의 속도까지를, 해바라기는 지글대는 태양열에 잎과 몸과 마음이 말라버린 지독한 외로움에 씨가 여물어 터져 나오려는 몸부림을 느끼도록 그렸다. 아- 그가 그린 인물화들은 어떤가! 그들이 그때까지 살아온 전 생애를, 사랑과 슬픔과 괴로움과 기쁨의 모든 생의 단면이 얼굴에 각인된 주름사이로 베어나오고, 햇빛의 반사로 여지없이 굴곡이 드러나는 엇가고만 세월의 지도가 그려진…….

오랜 세월동안 그의 그림은 나의 예술에 대한 인식을 지배해왔다. 그는 진정한 예술의 탄생은 한 인간의 희생 위에 세워짐을 말해주었다. 그의 전 생애가 그림 그리는 일로 채워져서 생의 마지막에는 진정으로 살아본 적이 없다는 느낌을 받게 될 것을 두려워했던 그…….

“신이여 얼마나 더 기다려야하나요!” 그러나 살아생전 그는 [붉은 포도밭]이란 작품 하나밖에 팔지 못하고 간질 성 정신질환으로 고생하다가 결국 오베르에서 권총자살로 생을 마쳤다.

"화가들은 자신의 그림을 통해서만 말할 수 있다"는 그는 그래서 정신병동에서 치료를 받기 시작한 후로도 [병원 안마당] [붓꽃] [라일락] 또 [실 편백나무가 있는 별이 반짝이는 밤] 등을 그렸다.

70년대 나는 스위스의 제네바에서 살았었다. 휴가철이면 자동차여행을 했는데 한번은 고흐가 살았던 아르를 지역을 돌아다녔다. 그곳의 어디를 가든 [밀밭 풍경] [씨 뿌리는 사람] [수확]에서 보는 작렬하는 태양아래 완만한 구릉이 펼쳐져 있고 밀밭과 농가와 곡식창고와 마차 길이 한없이 뻗어있어 그의 생의 발자취를 느낄 수 있었다.

학교를 졸업하고 나는 남편을 따라다니느라 행자와는 40년 가까이 서로 연락이 없었다. 이제 그녀는 약사가 아닌 화가로 변신했다.

"여름방학 때 남해에서 보았던 해돋이 생각나니? 도서관 뒤의 좁은 숲길을 걸으면서 왜 우리들 설익은 인생관을 제법 심각하게 주고받았지? 아름다운 시절이었어! 이젠 할머니 됐니?" "그래……." 전화선을 통해 40년 전으로 되돌아갔다.

"다 생각나는구나. 우리, 세월이 하나도 흐르지 않았구먼!" 그녀의 마지막 말의 톤은 진정 할머니 같은 느릿한 저음으로 회상 속으로 사라졌다. 아득히 지나가 버린 시절은 다시는 붙잡을 수 없기에…….

10-25-2001 (중앙일보)

묘지를 사셨나요?

며칠 전 아는 분에게서 전화가 왔다. 서로 안부를 주고받은 후 그분은 머뭇거리며 물어본다. “혹시 묘지 사놓으셨어요?” “네?” 나는 둥그렇게 뜬 내 눈동자만큼이나 큰소리로 되물었다. 그분의 말로는 요즈음은 대부분 미리 사둔다고 한다. 미리 사두면 더 오래 산다는 말도 있으며 값도 오름으로 일거양득이라는 설명이다. 그분의 질문은 죽음은 먼 훗날로만 생각했던 나에게 불쑥 현실로 떠오르게 해서 불안과 두려움이 슬그머니 가슴을 가래질한다.

옆에서 내 얘기를 듣던 남편은 내 표정을 보며 “저승 가는 것이 그렇게 무서우면 내가 먼저 가서 자리 잡고 있을 테니 나중에 당신이 오면 합장을 하지.”한다. “네? 저승에 가서도 19세기 식 남편으로 군임하려구요?” “아니지, 아예 위아래로 합장하면 겁이 많은 당신이 깜깜해도 안심할 것 아니오.” 남편은 기막힌(?) 제안으로 위로한다.

미래를 사놓으셨습니까? 60세가 넘으면 몇 토막 남은 인생을 생각하게 된다. 정지된 시간을 사는 사람들이 아니라면 우리는 대기자라 말한들 과히 틀린 말은 아니다. 이제 여생을 어떻게 살 것인가? 미뤄논 숙제처럼 초조하게 앞을 가로막는다. 생로병사의 숙명과 부질없이 놓쳐버린 세월이 아쉽게 오버랩 되어 인생의 가을임이 허전하게만 느껴진다.

“아! 너무나도 짧은 우리들의 여름! / 그 발랄한 광명이여! / 벌써 들리는 안마당 깔림돌 위에 / 음울한 소리로 떨어지는 나무토막들. // 어디선가 서둘러 관에 못 박는 소리 들리는 듯. / 누구를 위한? / 여름은 어제. 이제는 가을! / 이 야릇한 소리. 출발의 재촉인양 울리는구나……"

이 시는 만추의 어느 날 불란서 시인 보들레르가 지은 <가을의 노래>중 일부다.

얼마 전 '로즈 힐' 장지에 간 적이 있었다. 평화스러이 자리한 넓은 잔디밭에 시공을 초월한 듯 작은 묘비들이 줄을 맞추어 잔디 풀 사이로 나란히 누워있다. 햇빛이 쏟아지는 언덕에서 바켈츠에 물을 받아 묘비를 씻고 있는 노신사가 있는가하면 꽃을 꽂으며 오열하는 부인, 어느 여인은 하염없이 허공만 응시하고 앉아있다. 주위로 허망한 슬픔이, 아픔이 바람결에 떨리며 맴돌고 있다. 지나간 세월은 어디에?…… 정적만이 고스란히 남아 무심한 하늘엔 흰 구름이 녹아버린 듯 침묵으로 떠있다. 갈 길을 몰라 출렁이는 추억은 어디에 담아둘까? 고뇌를 가슴에 풀칠해버린 한 맺힌 사연은 어찌하나?

아무도 죽음을 경험한 사람은 없다. 논리실증주의사상이 팽배한 오늘의 사조에 사후의 세계가 증명되지 못한 현세에서 우리들의 종착지가 기껏 반 평의 잔디밭 여기란 말인가! 주위를 둘러보았다. 어서 평상심으로 돌아가자. 자기 마음을 조절할 수 있는 사람은 가장 강한 인간이라 했다. 그런 사람은 실존의 한계를 넘어 믿음의 세계와 신비의 세계에 들어가 현실에서도 마음의 천당을 느낄 수 있다고 하지 않는가. 아무리 억만장자이고 권세가 하늘을 찌를지라도 시간을 살 수 있으랴!

그 전화를 받은 후 나의 일상이 지금까지 없었던 새로운 페이지로 넘어간 듯 무의미해진 자아가 느껴지고, 생활의 리듬이 엉클어지고, 생각할 수 있는 범위가 짧아지고, 오늘과 내일의 생활의 한정성이 새삼 느껴지는 순간 주위를 다시 둘러본다. 무엇이 변했나? 이제부터

할 일이 많다고 궁리를 하고 있었는데 묘지라니? 당치않은 얘기 아닌가? 그러나 실존은 적나라하다. 현실의 내 시간을 붙잡고 현실도피를 꾀한다고 현재의 나를 아라비안나이트의 마술양탄자에 태워 시간의 역행을 도모할 수 있을 것인가?

여러 가지 가치 있는 인생이 기다리고 있는 듯했는데 눈앞에 어른거리는 아쉽게 보내버렸던 수많은 시간들, 그 모든 일들을 나는 내일이라는 보물 상자를 가슴에 안고 미뤄왔지 않은가? 그렇다면 나는 그동안 매일 오늘을 살지 않고 내일을 위해 준비하는 오늘이었단 말인가? 시간의 추는 머뭇거리지 않는다.

묘지를 사셨어요? 그 말은 피할 수 없는 미래를 미리 준비하라는 말이다. 또한 미래에 대한 마음을 다스려 오늘에 충실 하라는 말일 것이다.

7-31-2002 (중앙일보)

예술인과 돈은 애증관계(?)

만화경을 돌리면 색종이의 조각들이 우리들의 인생만큼 각양각색의 환상적인 문양을 만든다. 예술가들은 그 환상 속에서 현실의 제약을 넘어서 영혼이 함께 하는 심미적 창조에 몰두한다. 그들은 만화경 속에서만은 행복하다. 그러나 그 환상에서 벗어나면 세상은 차갑다. 지난주 다시 읽었던 시 한 편은 차가운 현실을 실감케 한다.

> “詩 한 편에 삼만 원이면 / 너무 박하다 싶다가도 / 쌀이 두 말인데 생각하면 / 금방 마음이 따뜻한 밥이 되네 // 시집 한 권에 삼천 원이면 / 든 공에 비해 헐하다 싶다가도 / 국밥이 한 그릇인데 / 내 시집이 국밥 한 그릇만큼 / 사람들 가슴을 따뜻하게 데워줄 수 있을까 / 생각하면 아직 멀기만 하네 // 시집이 한 권 팔리면 / 내게 삼백 원이 돌아온다 / 박리다 싶다가도 / 굵은 소금이 한 됫박인데 생각하면 / 푸른 바다처럼 상할 마음 하나 없네”......, 함민복 시 (긍정적인 밥)

가난한 시인의 배고픈 삶을 해학으로 표현해서 미소를 머금게 하지만 뒷맛은 씁쓰레한 아픔이다. 시집 한 권에 3천 원, 지금은 5천 원으로 올랐다고 하지만, 커피 한 잔 값도 안 된다. 커피 한 잔의 목마름이 그 시집을 탄생하기 위해 보낸 몇 년 몇 십 년 동안의 피 마르는 고뇌와 맞먹는 보답이란 말인가?

어디 문인들뿐이랴! 음악가나 화가 등의 돈으로 환산될 수 없는 예술의 창조가 순간적이고 쾌락적인 가치에 떠밀리고 있다. 척박한 삶의 도정에서 얼마나 많은 천재 예술가들이 희생되었는가? 고뇌 없이는 창조가 이루어지지 않는다. 창조를 향한 예술생활이 일상의 호구지책의 연속이라면 예술적 창조성은 박제되고 말 것이다.

1프랑 주고 우유 한잔 마시고 2프랑 주고 버터 바른 빵 한 조각을 사먹던 빈센트 반 고흐는 "우리는 삶 전체를 볼 수 있을까? 아니면 죽을 때까지 삶의 한 귀퉁이밖에 알 수 없는 것일까? 루앙에 가려면 기차를 타야하는 것처럼, 별까지 가기 위해서는 죽음을 맞이해야 한다. 죽으면 기차를 탈 수 없듯이, 살아있는 동안에는 별에 갈 수 없다"고 동생 테오에게 써 보냈다. 별은 그의 작품 "별이 빛나는 밤"의 별이기도 하며, 살아생전에는 그의 꿈이 이루어지지 않음을 감지한 뜻일 것이다. 오늘날 그의 "해바라기" 그림이 천문학적 금액에 경매되어도 그는 정작 37년이라는 짧은 생애동안 지독한 가난에 시달리다가 러시아의 작가 도스도엡스키가 그랬던 것처럼 그도 신경질환으로 비참한 생을 마감했다.

마르크 샤갈도 초창기에는 두 푼짜리 수프나 청어 반 조각으로 하루를 견뎌내며 재수가 좋은 날은 빵 껍질이 놓여있는 방에서 밤을 새워 그렸다. 시적인 아름다운 몽상의 그림은 가난 속에서 탄생했다.

라이너 마리아 릴케는 일생을 가난하고 고독한 방랑자로 집도 없이 소유물도 없이 헤매었으며, 그의 삶은 자기 의지로 택한 준엄한 "시의 길"이며 시인으로서의 체험을 찾아 헤매는, 기다림과 초조와 고뇌의 길이었다.

예술가들은 인생에서 안락한 삶보다는 예술가치의 희귀한 세계를 추구하는 사람들이다. 완성에 가까워지기 위해, 영혼이 녹슬지 않는 삶을 위해 끊임없이 깨어날 때, 파도치는 상상과 격렬하게 숨 쉬는 창조의 혼이 그들을 사로잡게 된다. 그들에겐 세월의 흐름은 별 의미가 없어지게 되고 시간에 대한 인간승리가 이루어진다.

문인은 시공을 넘나드는 상상의 형상화에, 화가는 눈에 보이는 것

속의 깊이에, 음악가는 귀에 들리는 환상의 아름다운 세계에 취해서 그 밖의 세상일은 환등기를 통해서 보인다. 망사 같은 이내가 낀 현실에 소외되어서 실생활에 필요한 것을 붙잡기가 어렵다.

예술의 높은 경지에 오르면 심미의 영혼이 보인다고 한다. 삶의 깊은 면을 투시하는 그들은 그 운명까지도 초월한 영원한 예술을 우리에게 남겨놓았다. 그래서 평범한 사람들은 오랜 시간이 지나야 느낄 수 있는 것을, 그들은 오늘 창조하느라고 고뇌의 생을 살고 있는 것이다. 그래서 인생은 짧고 예술은 길다고 했던가!

11-12-2002 (중앙일보)

안개비

뉴스에서, 주말에 비가 내릴 것이라고 했다. 과연 아침부터 실비가 사분사분 내리고 있다. 창문을 여니 멀리 계곡 사이로 보이는 나무들이 비를 맞으며 정물처럼 고요히 서있다. 마을로 내려오는 길에 나란히 줄서있는 팜츄리가 이따금 지나는 바람에 생각난 듯 흔들리고 있다. 오늘은 일요일, 랭캐스터에 널리 퍼져있는 캘리포니아 주 꽃인 파피꽃을 보러 가기로 했다.

남편과 함께, Fwy 5번을 타고 북상하다가 14번으로 갈아타고 Ave I에서 내려서 좌측으로 돌아서 한동안 가니, 파피꽃 단지가 나왔다. 날씨 때문인지 꽃 시즌인데도 파킹 랏이 한가하다. 햇볕이 쪼였으면 들판이 온통 오렌지색으로 물들여졌을 파피꽃 단지인데, 꽃들은 잎을 오므리고 차갑게 돌아서 있다. 우리는 재킷을 걸치고 야산 위로 올라갔다. 멀리 푸른 초원을 지나 산등성이 너머로 더 높은 산들이 이어져 있어서 아득하게 먼 하늘 끝까지 한눈에 들어왔다. 실비에 씻긴 공기가 손등에 시리다. 들녘엔 비를 머금은 파피꽃이 다른 풀꽃들과 어울려 자연의 아름다움을 한층 과시하고 있다.

노란 비옷을 걸친 노부인이 옆으로 다가서며 "아 푸른색 중국 꽃을 봐요" 내게 말하면서 신기하다는 듯 웃는다. 몇 송이 안 되는 푸른색 들꽃은, 오렌지색 파피꽃으로 뒤덮인 넓은 들에서, 의연하게 밥풀만한 얼굴을 반듯하게 쳐든 채 하늘거린다. "Chinese blue flower"를 노부인이 엎드려서 보고 있다. 저 꽃도 중국에서 이민 왔을까? 여기 와서도, 작은 꽃이지만 랑캐스터의 드넓은 들판에 고요히 자리 잡고 서서, 바람이 지나거나, 안개비가 내리거나, 온 무리 파피꽃 속에서 자기 존재를 확실하게 지키고 있구나!

한줌의 흙을 보금자리로, 비바람 지나치는 야생의 들녘에서, 거침없이 피어있는 푸른색 중국 꽃, 저택의 뒤뜰에 핀 인공적인 장미꽃 못지않게, 현재 자기에게 있는 것에 만족하며 생글거리고 있다. 쪼고만 푸른 꽃은, 인간이 자연 상태를 떠나서 세속적 성공과 부와 명예를 추구하게 되고, 자기애에 사로잡혀 이기주의가 되며 경쟁의식으로 타락하게 된다고, 자연에서 배우라며 인간들을 나무라는 것 같다.

멀리 도시 위로는 먹구름이 뭉클대고 있는 모습이, 그 쪽에 폭우가 내리는 듯한데, 동쪽은 하늘 한 쪽이 파랗게 열려있다. 하늘에서 깨끗한 햇살이 직선으로 내려와서 동쪽편이 사막의 오아시스 마냥 밝게 떠오른다. 안개비는 자유롭게 공중을 날라 다니며, 내가 서있는 이 언덕에도, 저 멀리 산등성이에도, 여기 저기 실비를 뿌리고 있다. 드디어 안개비가 지나간 후, 구름의 그림자에 그늘졌던 들판이 환하게 열리며 멀리, 멀리까지 봄의 숨결을 거칠게 내쉬고 있다.

왜 자연은 우리에게 언제나 순수한 친근감을 주는 걸까? 어쩌면, 인간 자체가 자연의 산물이며, 자연에서 왔다가 자연으로 돌아가는, 그래서 인생도 자연의 일부가 아닐까? 야생 꽃으로 뒤덮인 대지에 서 있으니, 우리의 감각과 지성으로 알 수 있는 이상의 불가사의한 자연의 깊이가 느껴진다. 자연과 함께 있으면, 하늘과 산과 들과 공기 속에서, 그 흐름 속에서 창조주의 뜻이 감지되어, 아무 말 없는 자연 속에서 스스로 숙연해진다.

지나가는 것은 안개비만이 아니다. 우리들의 청춘도, 인생도 지나간다. 자연은 우리에게 많은 것을 시사해 준다. 대 우주 속에서, 아직도 자아라는 껍질을 벗어나지 못한 채, 생의 의미와 가치를 찾지 못하는 우리의 지각을 깨우치며, 항상 침묵으로 계시하면서 느끼게 하므로 언제 보아도 신비롭고 아름답게 느껴진다.

안개가 다시 점점 짙게 내려와서 주위에 깔리고 있다. 멀리 겹으로 보이던 산들이 안개에 지워지고 그 밑의 들판이 안개와 희롱하는 듯 희미하게 사라지려한다. 아래로 내려오는 구름이, 풍경을 잠식해가며 이곳으로 몰려오고 있다.

돌아갈 시간이다. 다시 푸른색 중국 꽃을 드려다 보니 생긋 웃는 것 같다. 그 꽃은 그 곳에서 생명을 유지하며 자연의 들판에서 살아갈 것이다. 누가 보아주던, 보아주지 않던, 그 꽃은 한 줌의 흙을 자기 집으로 알고, 자연의 일부분이 되어 자연처럼 아름답게 살아갈 것이다.

5-27-2003 (중앙일보)

21세기 흑사병-사스

밤낮의 기온 차가 심한 요즈음 기침하는 사람을 보면, 사스가 떠올라 공연히 긴장하게 된다. 중국의 광동, 홍콩과 베이징에서 창궐하고 있는 변이된 감기 바이러스인 사스(중증급성 호흡기증후군)때문에 세계 각국이 비상대책을 세우고 있다. 중국에서만 7천여 명 감염에 5백여 명이 사망했으며, 이미 26개국에 전염되었다고 한다. 사스가 몰고 온 경제피해는 300억불에 달해, 지난 번 전쟁으로 인해 움츠렸던 경기가 더욱 위축될 조짐이다.

"사스지역 전면 폐쇄" 섬뜩한 비상선포 같은 굵직한 신문 기사는, 16세기 유럽인구의 거의 1/3을 휩쓸어간 가공스러운 흑사병을 피해서 피난 갔던 몽테뉴가, 그 이유로 시장 직에서 물러나야 했던 것과 카뮈의 소설 <페스트>를 연상시킨다.

1585년 유럽에 창궐한 페스트가 프랑스의 보르도오시도 강타했다. 당시 몽테뉴는 보르도오시의 시장으로 시의회에 참석하러 가던 도중, 길에서 마차에 살림살이를 싣고 피난 가는 시민을 만나 전염병 소식을 듣고 마차를 돌려 집으로 돌아갔다. 그는 가족을 이끌고 집을 떠나 몇 달 동안 피난 다니다가 보르도오시에 전염병이 수그러들자 돌아왔다. 그러나 그는 시의 책임자로서 비상시에 임무를 외면했다는 시민들의 비난을 면치 못해 결국 시장 직을 사직하고 문필생활로 들어갔다.

밤이 되면 촛불을 들고 아름다운 몽테뉴성의 뒷마당에 있는 돔의 3

층에 있는 그의 도서실로 올라가서 밤새워 사색하며 글을 쓰고 아침이 되면 빈 촛대를 들고 내려와서 안채로 들어가는 생활을 계속했다. 당시 문예부흥기의 지적환경은 신교와 카톨릭교의 사상이 대립되면서, 종교적 신비주의에서 벗어나 이성과 지성으로 신앙을 구명하려는 계몽사상이 신사조로 일어났었다. 또한 문학적으로는 체험문학의 출현을 보게 되는 시기가 몽테뉴가 글을 쓰던 풍토였다. 그래서 그는 책의 서문에서 "내 자신이 바로 내 책자의 재료"라고 말한 것은 현대수필문학의 본질을 보여준 것이다. 그는 에세이집인 <몽테뉴수상록>을 3권이나 출판했다. 그의 수상록은 르네상스 시대의 문학적 총 결산이며 또한 오늘날 에세이문학의 출발점이 되었다.

카뮈는 1947년 <페스트>라는 작품을 썼다. 유럽을 휩쓴 페스트가 알제리의 오랑에도 퍼졌다. 오랑 시는 폐쇄되고 시민들은 그 안에 갇혔다. 쥐벼룩으로 옮겨지는 페스트는 인간들을 공포의 도가니로 몰아넣고, 재앙을 당한 시민들이 절규하는 와중에, 젊은 의사 리유는 끝까지 환자들을 돌보며 전염병과 싸운다. 한편 기사취재 차 온 신문기자 랑베에르는 출입이 차단된 오랑에서 애인이 있는 파리로 탈출을 꾀하다가 막상 탈출 기회가 온 순간, 그는 고통 받는 오랑에 머물러 페스트 구호대에 참가한다. 패배만 남는 전염병과의 투쟁은, 인간의 행복을 채워주지 않는 부조리한 세상에 대해서 반항하는 도덕적 사랑인 것이다.

2차 대전 후, 인간의 본원적인 실상이 무엇이냐는 것과, 신이 우리를 구원해준다면 왜 그 많은 사람이 죽었겠느냐는 의문과 함께, 신의 존재를 의심하는 인간에겐 죽음의 불안만 남게 되었다. 그래서 신 대신에 엄격한 도덕률을 강화해서, 철학적 재구성의 작업이 일어나야 한다는 것을 강조한 카뮈의 상징적 소설이다.

인류역사는 계속 발전하고 있다. 인간의 지능으로 2002년엔 생명의 복제가 탄생했으며, 세포 속에서 종의 특성을 구성하고 있는 3만 5천

개의 유전자를 발견해서 인체의 설계는 낱낱이 밝혀지고 있으며, 이제 난치병의 극복은 시간문제요, 수명도 200세까지 연장된다고도 한다. 또한 세계 인구가 10억이 넘게 되면 기하급수적으로 증가하는 인류를 먹여 살리지 못할 것이라고 예언했었지만, 오늘날 60억이 넘는 인구를 먹이고도 남는 식량을 생산하고 있다. 그러나 전자산업의 혁명으로 유비쿼터스 시대에 들어섰는데 반해, 변이된 새로운 난치병인 AIDS나 사스 등도 계속 발생하고 있는 것이 현실이다.

20세기 초 획기적인 항생제인 페니실린을 만들어냈던 의학자들은 또한 21세기에 맞는 새로운 치료약을 만들어낼 것이다. 우리는 환경오염이나 지구온난화로 인한 모든 문제를 해결하기 위해 노력하고 개선해간다면, 앞으로 치유하지 못할 것이 없을 것을 기대한다. 인간의 종말을 인정치 않는다는 소설가 윌리엄 포크너의 노벨상 수상연설을 믿고 싶다.

5-22-2003 (중앙일보)

Digital 시대와 전위예술

우리는 앨빈 토플러가 말하는 제4물결인 “디지털 시대”를 맞이했다. 역사를 거슬러 올라가면 농경시대, 산업시대, 지식정보전자시대, 이제 인터넷에 이어 디지털시대인 것이다. 모국의 지난 대통령 선거에서 잘 알려지지 않았던 온라인 조직의 노무현 후보에, 잘 알려져 있던 오프라인 조직의 이회창 후보가 패하였듯이 정치, 경제, 사회, 문화 등 모든 분야에 인터넷과 디지털을 사용하는 제4물결 앞에 마주 서게 되었다.

“나노시대”로의 진입을 선언하고 최소 메모리 셀을 개발해서 세계를 깜짝 놀라게 한 첨단 디지털시대를 이끄는 삼성의 생명국제회의장에서, 지난 6월 21일 저녁 전위예술가 오노 요꼬는 한국에서는 처음으로 ‘전위예술 퍼포먼스’를 했다. 그녀는 관객과의 대화를 끝내면서 도자기 하나는 테이블 위에 놓고 모포 안에서 다른 항아리를 깬 조각들을 쏟아놓으며 “깨진 조각을 나누어 가지시기 바라며 앞으로 10년 후 어디에선가 맞나 맞추어봅시다”고 했다. 테이블 위의 도자기는 평화를, 깨진 항아리는 전쟁을, ‘맞추어 봅시다.’는 평화를 기원하는 상징인 듯하다.

또한 지난 9월 15일에는 파리에서 “Cut Piece”라는 제목으로 세계평화를 기원하는 누드 전위예술 행위를 가졌다. 그녀는 무대 위 의자에 앉아 누드가 될 때까지 관객이 그녀의 옷을 조금씩 잘라내게 했다. 그녀는 이런 충격적인 전위예술 행위를 1960년도부터 시작해서

52회나 가졌다. 이런 우스꽝스럽고 황당한 행위가 예술이라니 어처구니없게도 생각되지만, 그 곳에 담겨진 암시와 상징성의 파장은 놀랄 만하다.

전위예술은 2차 대전 후 음악에서는 존 케이지, 미술에서는 잭슨 폴록의 액숀 페인팅 등 미국의 젊은 예술인들이 유럽의 전통예술에서 벗어나 독자적이고 미국적인 후론티어 예술을 시작한 것이 그 시작이다. 이들은 유럽예술에 대한 비양식, 반양식의 미국적인 전위예술을 만들어내어 상징적으로 표현했으며, 미국의 현대시인 월터 위트만이 "나는 모든 것을 만들어 내지 않으면 안 된다"고 했듯이 그들은 미국적 전통을 신대륙에 창시하려 했다.

세계적 포스트모더니즘의 표상으로 부각된 "매체를 통한 인간의 확장"이라는 비디오 예술을 탄생시킨 백남준씨나 행위예술을 통한 평화기원의 오노 요코의 뿌리는 뉴욕에 근거지를 둔 세계적인 아방가드들과의 친분으로 시작되었다.

전위음악계의 무서운 아이(Enfant Terrible)로 불리는 존 케이지가 넥타이를 자르거나 바이올린을 부수는 행위나 작곡가의 주관이 배제된 채 12대의 라디오 수신기를 배치해 놓고 제각기 흘러나오는 라디오의 여러 가지 음향, 음성, 음악의 단편과 소음까지 합친 음이 그의 기상천외의 음악인 것이다.

그는 역사적으로 내려오는 인간의 감성을 지배하는 전통적인 작곡에 의한 음악의 틀을 무시하고, 1950년대 이후 인공적인 조형과 인간의 질서나 인습에서 음을 자유로이 해방시켜 음을 인간의 가치관이나 감수성에서 풀어놓자는 것이다. 이것으로 세계음악계에 던진 파문은 상상을 초월 찬반양론으로 소란이 일었으며 이러한 우연성의 음악이 현대음악에 끼친 영향은 큰 것이다

백남준씨는 존 케이지와의 만남을 통해 그의 예술에 새로운 전기를 마련했다. TV와 전자미디어로 화폭 위에 굳어버린 그림물감대신

에 움직이는 그림, 말하는 그림, 소리 나는 그림을 종합한 '비디오 예술'을 만든 것이다. 즉 본다는 것은 공간적인 것, 듣는다는 것은 시간적인 것이므로 1969년 시공을 합친 보며듣는 그림인 "창조적인 매체로서 TV"를 발표해서 그는 음악과 그림을 종합적으로 동시에 보며 듣는 차원으로 변화시키어 그의 펜들을 열광시켰다. LA의 한국문화원에 가면 그의 비디오예술작품이 전시되어 있다.

전위예술은 2차 대전 후 새로운 상상력의 창조로 독창적인 문명을 창조했으며, 음악이나 미술의 고정개념을 해방시키고 사고의 한계를 넓히었다. 백남준씨가 고장 난 TV를 사용해서 "비디오 예술"을 만들었듯이 이제 디지털을 이용해 어떤 "새로운 예술"이 탄생할지 모른다. 새로운 예술은 좋든 싫든 디지털 매체를 끌어 안고 나갈 수밖에 없게 되었다.

또 실제로 미국은 이제 디지털 TV시대로 진입해서 2009년 6월부터는 디지털 TV로만 볼 수 있게 되어 디지털 TV가 없는 집에서는 기존의 TV에 컨버터를 부착하고 안테나를 꽂아 맞추게 되었다. 우리는 현재 디지털시대인 제4물결 앞에 서있다.

10-11-2003 (중앙일보)

자연의 힘

새벽에 집을 나서니 모처럼 겨울을 재촉하는 실비가 내리고 있다. 재킷의 모자를 올려 쓰고 앞산을 쳐다보니 커다란 검은 그림자가 시야를 가린다. 산은 어둠 속에서 더 짙은 그림자로 먹칠을 하고 숨죽이고 있다. 자연은 언제나 그 곳에 말없이 기다리고 있다. 날씨가 제법 쌀쌀하다. 그 동안의 가뭄으로 캘리포니아 여러 곳에서 산불이 나서 주위로 번지고 있는 화마가 이번 비로 잡힐 수 있으면 좋겠다. 우리 집의 뒷산은 엔젤레스 산맥의 끝자락인데 라 캐나다 지역에서 붙은 산불이 우리 집 뒷산까지 번져왔었다. 산등성이 위로 날름대는 불길을 보니 두려움이 앞서서 피난 갈 생각이 문득 들었었다. 그러나 소방관들의 끈질긴 투쟁으로 불길이 잡혔었다.

TV에서 본, 불길에 집을 잃은 사람들의 절규하는 모습과 과로에 지친 소방관들의 피로한 모습이 떠오른다. 이렇게 오며가며 내리는 실비로 200휘트 높이로 치솟는 불길을 과연 잡을 수 있을 것인가, 우선 하늘을 덮은 구름에 희망을 걸고 싶다. 비야! 억수로 쏟아져서 인간의 힘으로 조절할 수 없는 재해를 자연의 힘으로 막아주렴! 그러나 어슴푸레한 새벽빛에 본 먹구름에 덮인 하늘은 날이 밝아 오니 한쪽으로 파란 하늘이 보인다. 어려운 일이 닥칠 때마다 초능력에 기대고 싶어지는 것이 인간의 한계인 것 같다.

실비를 맞으며 몇 집 건너에 있는 바위산에 가봤다. 이 길은 내가 매일 산보하는 코스이다. 촉촉하게 젖어있는 아스팔트길과는 달리 바위로 뒤덮인 산은 마음이 변한 애인 마냥 차갑고 푸석푸석하다. 밤새 뿌려졌을 빗방울은 어디로 가고 이렇게 메마른 모습일까? 바위는 그 단단한 피부로 빗물을 흡수하는 모양이다. 그 바위를 토양으로 뿌리를 내린 나무들이 듬성듬성 서있다. 비슬거리는 나무라도 가느다란 줄기에 푸른 잎들이 피어있다. 무엇으로 생명을 유지할까? 바위에 공생하는 나무……. 푸른 초원에서 풍성한 비료와 물을 마시며 자라는 울창한 나무에 비해 정말 보잘것없이 비비꼬인 말라비틀어진 나무, 생명의 위대함을 이런 곳에서 재삼 발견하게 된다. LA 북동쪽에 있는 데스밸리(국립공원)에 갈 때마다 깊은 감동을 받듯이, 자연은 시공을 넘어 인간의 능력 밖에서 말없이 숨 쉬고 있다.

자연을 떠나서 살수 없듯이 자연을 거슬려서도 살 수 없다. 메마른 나무가 바위에 공생하듯이 인간은 자연의 힘을 이해하고 자연과 공생하며 사는 것이다. 자연은 또한 우리에게 많은 영감과 신비한 경험을 하게 한다.

보르헤스의 형이상학적 소설 <미로정원>은 그가 젊은 시절 시골 마을을 거닐 때 "영원"을 체험하고 "시간"과 "무한"에 대한 흥미를 갖게 되었으며, 그가 쓴 단편소설인 <미로정원>으로 시간에 대한 철학적 사색을 탐정소설의 형식을 빌려 쓰게 되었다. <미로정원>을 처음 읽고, 그 매력에 며칠 밤을 상상을 하며 빠져들었다. 새로운 형식의 소설에 경이로움까지 느끼며 보르헤스의 천재성에 경탄을 금치 못했다.

알프스 산맥에 있는 엥가딘 계곡은 세계에서 가장 아름다운 고산 협곡의 하나다. 독일 철학자 니체는 편지에서 호숫가의 실스마리아의 풍경은 자기가 마음으로 사귈 수 있는 것이라고 했다. 그는 자연에서 혈연을 느낀 것이다. 니체는 자연 속을 산보하다가 멈춘 바위 곁에서 영원의 시간을 체험했다. 그가 느낀 그 순간 안에 영원의 시간이 존재하는 것이다. 그래서 그 바위는 현재 인기 있는 관광코스가 되었다고 한다.

어스름한 산 너머에서 해가 떠오르고 있다. 지금 또 다른 하루가 시작되고 있다.

차가운 새벽공기를 마시며 집으로 돌아오니 차고 앞에 신문이 배달되어 있다. 현관문을 들어서니 집안에서 커피 냄새가 풍겨 나오고 있다. 몽롱한 머릿속 생각에서 현실로 잡아당겨지는 순간이다. 남편이 커피를 마시며 LA Times를 읽고 있다. 나도 커피를 마시며 한국 신문을 펼치니 신문 일면에 그 동안 걱정했던 산불이 그새 내린 이슬비와 저 기온으로 화마가 잡혔다고 한다. 인간의 힘으로 가능한 한계를 넘는 자연의 재해를 결국 자연의 힘으로 다스린 것이다.

11-01-2003 (중앙일보)

사랑과 나눔의 계절

즐거운 성탄절! 어린 시절, 수도극장 뒤에 있는 초동교회에서 크리스마스이브에 예수님의 탄생을 연극으로 공연했었다. 나는 무대에 잠시 서 있다가 나오는 들러리 역이었는데도 집안 식구들에게 온통 소란을 피우면서 기다렸던 크리스마스! 예배가 끝난 후 어느 댁에서 마련한 따뜻한 팥죽을 먹으며 즐거웠던 기억, 나도 어른이 되면 어린이들에게 사랑과 행복을 주겠다고 마음먹었는데, 그 결심은 어느 듯 세월에 씻기고 바래져서 동화 속의 이야기처럼 희미해졌다.

올해는 성탄절이 다가오는데도 사람들의 마음은 착잡했다. 이락의 후세인 생포로 주가가 상승하며 충동경기가 일어나는 듯 했으나, 장기간 계속되는 대형 마켓의 파업으로 일파만파 작은 소매업소도 우울한 연말이 되었다. 마켓 측은 파업으로 추수감사절의 대목은 놓쳤으니 크리스마스 대목 전에는 타결하리라 예상했었는데 별 진전 없이 연말이 코앞에 와있다.

“올해 안엔 어떤 타결도 없을 것이래요. 마켓 측은 벌써 2억 여 불의 손실을 봤어도 얼마 후에 오픈 할 슈퍼월마트(월마트에서 식료품 일체도 취급하는)와의 경쟁에서 살아남기 위해선 생존전략상 노조의 조건대로는 타협이 어렵다는 거예요.” “마켓 안에 있는 스타벅스는 파리 날리고, 팬다 레스터랑은 문을 닫았답니다.”고 며칠 전 아침 산보에서 만난 부인들이 알려준다.

이제 마켓의 파업이 3개월로 접어들면서 피켓 시위대나 주민들이나 모두 지치고 있다. 그들의 결렬되는 협상을 보면서 옛 이솝이야기가 떠오른다. "말과 나귀가 주인과 함께 길을 가고 있었습니다. 많은 짐을 지어 헐떡이는 나귀는 '내 목숨을 구해주려면 내 짐을 좀 나누어 져주게' 하고 사정했으나 말은 거절했지요. 탈진한 나귀는 쓰러져 죽고 말았습니다. 그러자 주인은 짐 전부를 말에게 지웠습니다. 거기에다 나귀의 가죽까지 얹었지요. 말은 신음소리를 내며 처량하게 탄식하는 것입니다. "아! 내 자신을 이런 참담한 지경으로 빠뜨리다니! 가벼운 짐도 마다했는데 이제 이 꼴이 뭐람!" 말이 공생이라는 지혜를 이해하고 어려움을 나누었다면 나귀도 살고 자기도 좋았을 것이다.

스트라이크는 모국에서도 상생의 타협을 못하고 더 과격한 것 같다. 치열한 세계무역경쟁을 외면하고 파이의 큰 몫을 차지하려는 노사 간의 극단적인 대립으로, 많은 투자가들이 중국으로 기업체를 가져가 연간 10만 명의 일자리를 중국에 주고 있다고 한다. 취업은 별따기인 반면 명퇴의 나이는 점점 젊어가서 사회적 불안요인이 되고 있다는 것이다.

김인숙씨의 이상 문학상 수상작품인 <바다와 나비>를 보면, 모국의 직장인들의 참담한 현실을 알 수 있다. 주인공의 남편은 가족의 생계를 위해 탈진이 되도록 일에 매달려 산다. 새벽에 출근했다가 자정이 넘어서야 퇴근하는 남편, 가장인 그는 어떤 일이 있어도 퇴직당해서는 안 되기 때문이다. 그러기에 직장 일 이외에는 그의 에너지를 나누어줄 여력이 없다.

그런 상황을 이해할 수 없는 주인공은 한 때는 남편에게 다른 여자가 생기지 않았나 의심도 해본다. 가족에 너무나 무심한 남편과 이혼을 결심하고, 그녀는 딸의 유학을 빙자해서 중국으로 건너간다. 거기서 중국 문화혁명 때 극한상황을 경험한 한 노인의 삶을 보면서, 바다처럼 드넓고 깊은 생존경쟁 사회를 한 마리의 연약한 나비로 날아가면서 날개도 떨어지고 바다의 짠물에 쩌든 몸통만으로 안간힘으로 날아가려 몸부림치는 그녀 남편의 실상을 비로소 이해하게 된다. 비록 남편은 몸통만 남아 그녀를 안아주지 못하지만 그녀는 바닷물에 쩌든 남편을 안아준다는 내용이다.

치열한 생존의 경쟁사회에서 살아남기 위해, 더구나 45정이니 56도, 또 요즈음엔 38정이라는 정년퇴직의 사회의 바다를 연약한 날개로 건너가는 소시민인 가장은 몸통으로라도 날아가려고 허덕이고 있는 것이다.

이런 현실에서도 말없이 사회의 각질을 뚫고 사랑의 파문을 나누는 사람들이 있다. 구세군 냄비에 작은 돈이라도 넣는 마음, 그 돈은 부자들의 많은 자선금과 무엇이 다르겠는가? 사회생활에서의 이기적 계산법이 아닌 따듯한 미소로 사랑을 나누는 주위의 보통사람들을 볼 때마다, 어린 시절 초동교회에서 받기만 했던 순수한 사랑이 생각나서 나는 부끄러운 생각이 든다. 작은사랑이라도 실천하는 삶이 곧 사랑의 삶이 아니겠는가!

12-22-2003 (중앙일보)

애주가의 변

“여보, 막내가 다니는 병원(베스 이스라엘)에서 5000명을 대상으로 연구했는데 술을 적당히 마시면 노인치매 예방에 좋다고 하는군.”하며 남편은 4월 2일자 신문을 내게 준다. 신문을 읽어보니 일주일에 맥주나 와인 13잔까지는 치매의 위험을 30%이상 감소해주고, 14잔 이상은 오히려 위험을 증가시킨다고 쓰여 있다. 한데 그이의 주량은? 내가 신문에 쓰여 있는 14잔이라는 수치를 가리키니 남편은 모른 척 돌아서 간다. 14잔은 남편의 보더라인인 것이다.

나의 남편은 술을 사랑한다. 한말로 애주가다. 그래서 매일 아침 일직 기상해서 시작되는 일과에서, 빨리 저녁이 오기를 기다리는 듯싶다. 젊은 시절 직장을 가지면서부터 시작된 술은 연회석이나 동창회 같은 데서만 하더니, 이곳 미국에 와서는 저녁 식사 전 한 잔의 와인으로 시작한다. 술은 하루의 스트레스를 씻어내듯, 이민 초기의 웅비마저 씻어내고 있는 듯하다.

처음 술을 배울 때, 술은 저녁식사와 함께 반주로 드는 것으로 알았던 습관이 지금까지 계속되어오고 있다. 일상생활의 모든 일을 한 번 시작하면 끝까지 계속하는 것이 그이의 습관이다. 낮에는 술을 절대로 하지 않기에 사랑하는 연인을 기다리듯 저녁 반주시간을 기다리는 것 같다.

약간 저혈압이 있는 관계로 오후가 되어야 두뇌활동이 가동되는 나는 이브닝에 시작하는 음악회나 연극, 발레나 영화를 보려고 티켓을 사놓기도 하고, 예약을 해놓고 기다리기도 했으나 수도 없이 마음을 접어두어야 했다. 저녁마다 집에는 남편의 핑크 빛 연인이 기다리고 있기에…….

"당신도 포도주 한잔쯤 마신다면 술의 매력과 달콤함을 알게 되어 애주가들을 이해하게 될 텐데, 또 심장을 더 빨리 뛰게 해서 평소보다 아름다운 시를 거미줄 뽑아내듯이 슬슬 나오게 할 텐데......, 참 아쉽군." 하며 술이 없는 곳에는 사랑이 메말라서 잔소리만 늘어간다면서 대작할 수 없음을 못내 아쉬워한다.

"미안한데……. 뭐 마실 것 가져올까? 녹차 마시겠소? 이런 때 같이 와인 한잔하면 정말 좋을 텐데......." 남편의 미안한 마음이 이제는 아쉬움으로 변하고 있다. 나와 처음 만난 사람은 회식자리에서, 내가 유달리 믿음이 깊어서 술을 멀리하는 줄 알지만, 사실은 한잔쯤 마시고 구름같이 떠서 도연명의 세계를 이해하고 싶기도 하지만 나는 그렇게 할 수가 없다.

나는 술을 마시면 왜 좋은지 그 진의를 전혀 모르고 산다. 호기심이 부쩍 당겨 한번 시음해본 적도 있다. 그것은 시음해본 것이 아니라 사실은 모르고 마셨던 것이다. 아주 오래 전 데이트할 때였다. 반 컵의 맥주는 사이다와는 달리 키 큰 여자를 사로잡았다. 가슴엔 불덩어리가 휘돌고 생각할 수도, 일어설 수도 없이 숨이 턱에 닿고, 먹었던 음식도 반란을 일으켰다. 한 시간 여를 괴로워하다 술의 괴마를 속속들이 알게 된 후로는 알코올이라는 단어는 내 인생에서 지우기로 했다.

어차피 인생의 전부를 알 수 없을진대, 내가 모르는 세계도 얼마든지 있을 것이다. 그런데 그 술을 사랑하는 사람을 사랑하게 되었으니……. 그렇게 일상의 이성적 냉철함과 논리에서 벗어나 술과 더불어 낭만적인 무드를 좋아하던 남편은 요즈음은 술의 양이 세월과 함께 점점 줄어들어 간다.

한데 일본의 니혼 의과대 노인병연구소는, 술을 마실 때 분해효소로 작용하는 ALDH2가 알츠하이머병과 관계가 깊은 유독 효소를 분해하는데 효과가 있다는 사실을 확인했다고 한다. 말하자면 술이 약한 사람들은 술 잘하는 사람들보다 알츠하이머병에 걸리기 쉽다는 연구결과다. 술에 취한 환상적 세계를 모르는 것도 억울한데 치매에 걸리기 더 쉽다니……. 불공평하지 않는가?

"당신, 이젠 큰 소리 치지 못하게 됐소. 당신같이 보리밭이나 포도밭에도 못 가는 사람은 특히 늙으면 보호자가 필요하잖소?" 남편은 엉뚱한 상상을 하는 것 같다. "치매에 안 걸리시려면 와인은 졸업해야지요! 나 몰래 밤중에도 몰래 한 잔 하시는 것 아니에요?" 나의 이런 면박은 수도 없이 반복되었다. 스트레스도 쌓이면 두껍게 딱지가 지는 것인지, 하이 톤의 내 말이 새소리인지 바람소리인지 아니면 자장가로 들리는지 남편의 술사랑은 지금까지 계속되고 있다.

2-2004 (중앙일보)

여행의 기쁨

우리들은 일상에서 이탈한다고 생각할 때 마음이 설레게 된다. 여행하는 것은 도착하기 위해서가 아니라 떠나기 위해서라고 했다. 다람쥐 쳇바퀴 돌 듯 분주하고 건조한 생활에서 벗어난다는 자체가 마음을 흥분케 한다. 여행에서 새롭고 신비한 경험을 한다거나 삶을 반추하게 되는 계기가 된다면 이 또한 여행의 소득이라 하겠다.

새로운 문명의 홍수 속에서 방안에 있어도 화면을 통해 세계 각지의 문물을 소상히 알게도 되지만, 생생하게 직접 보고 느끼지 않는다면 그것은 그림의 떡일 뿐이다. 지금껏 보지 못하던 곳, 아니 상상해 보지 못했던 새로운 것을 직접 보게 될 때의 기쁨 또한 여행의 참 소득이 아니겠는가? 옛말에도 일이 끝날 때를 기다려 쉰다면 끝날 날은 영원히 오지 않는다고 했다. 그렇게 우리의 삶은 복잡한 굴곡의 연속이라는 뜻일 것이다.

지난 번 연휴에 그랜드 캐넌 래푸팅 관광에 다녀왔다. 몇 년 전에 그랜드 캐넌에 갔을 때는 사우스림의 언덕에 서서 천년만년 걸려 형성되었을 지층을 아찔하게 내려다보았었다. 지구의 역사가 퇴적된 신비한 내장이 드러나면서 우주생성의 시간이 누적된 지층! 빛의 감도에 따라 뿜어내는 색감의 변화와 묵묵한 말없음에 그저 경이로운 감동에 젖었었다.

그러나 이번은 그 지구의 내장 속을 흐르는 콜로라도 강에 고무보트를 띄워 지층 밑의 웨스트 림을 흘러 내려갔다. 양쪽 머리 위로 깎아지른 암벽의 병풍 넘어 멀리 보이는 푸른 하늘과 흔들리는 물결, 천애지각의 계곡사이에 들어오니 사위는 모든 것이 자연, 자연만의 소리뿐이다.

햇빛이 물살에 잘게 쪼개지며 반짝이는 여울목에 이르렀다. 물줄기가 서로 부딪치면서 꿈틀대는 소용돌이에 작은 고무보트가 엇박자로 파도를 가르며 지나갈 때, 물살에 뒤집힐 듯 아슬아슬하게 곡예 하던 보트가 가까스로 몸체의 균형을 되찾는 보트 위에서, 사람들의 환호의 외침이 계곡의 정적을 깨우고 지층을 타고 위로 올라갔다.

머리 위로 장엄하게 솟은 암벽 넘어 푸른 하늘에 하얀 새털구름이 지나가고 있다. 저 지상 위에서는 이 순간도 일상의 시간이 흐르고 있겠지!

우리 인간은 매일 매순간 여행을 하고 있다. 태어나서부터 시작된 인생의 여행, 책을 통해 모르는 것을 알게 되는 여행, 또는 역사 속으로 여행하기도 하며 과거의 추억이나 미래의 꿈속으로 자유자재로 여행한다.

사람들은 현재에 존재하면서 마음이 갈 수 있는 모든 곳을 구석구석 여행한다. 그러나 미래만을 자주 여행하면 현재가 소홀해지고, 과거에만 얽매어 있으면 다시 현재를 제대로 살지 못하게 된다. 그래서 사람들은 척박한 현재로부터의 구출을 먼 과거의 노스탤지어나 꿈속의 미래에서 구한다는 것은 어리석다고 했다.

그래서 여행은 현재에서 출발했어도 여행에서 얻은 풍부한 삶의 목적지는 다시 현재가 되어야할 것이다.

여행을 하면 일상의 집착에서 나를 잊고 과거 인간들이 이룩한 역사 속을 드려다 보게 된다. 세상을 먼저 살았던 그 당시 그 상황의 사람들, 지금 살고 있는 우리와 무엇이 다른가?

다른 문명에 대한 이해는 각양각색의 지구인이 한 인간가족이라는 느낌이 들게 한다. 특히 이민 와서 소속감을 상실하고 추억과 현실에서 방황하는 나그네인 우리들은 이제 '세계인'으로서 정체성을 살리며 살아야겠다는 지각이 들기도 한다.

복잡한 일상의 탈출! 여행은 매번 현재를 떠남으로 결국 현재를 더 살찌우게 하는 역리적인 계기가 되었으면 한다.

7-24-2004 (중앙일보)

고독한 영혼의 시인……. 릴케

사랑은 어떻게 너에게로 왔는가
햇살이 빛나듯이
혹은 꽃눈보라처럼 왔던가
기도처럼 왔던가
말하렴!

사랑이 커다랗게 날개를 접고
내 꽃피어있는 영혼에 걸렸습니다

라이나 마리아 릴케의<제 1시집>에서

이 시는 김춘수 시인이 18세 때 동경에 있는 헌 책방에서 라이너 마리아 릴케의 시집을 구입한 후 집에 와서 우연히 펼친 페이지에 실린 짧은 시다. 그는 시라는 것이 정말 있기는 있구나, 하고 크게 감동했다고 한다. 그리고 그는 운명처럼 시인이 되었다. 그 후 2004년 작고할 때까지 그가 펴낸 15권의 시집에 모두 릴케의 숨결이 숨 쉬고 있다니, 릴케는 세월을 초월해서 많은 사람들에게 감명을 주고 있다.

젊었을 때는 릴케의 이 시나 김춘수의 "꽃"이라는 시가 사랑의 시로만 읽혔었다. 그러나 나이가 들면서 그것이 인생의 내재적 가치나 의의, 또는 실존적 세계의 은유라는 것도 알게 되었다.

20여 년 전 정초, 나는 신문의 본국 지에 유명인사 들의 신년사 칼럼을 읽었었다. 그 중 소설가 김승옥씨의 글에는 대학을 졸업하고 벽촌 중학교 교사로 재직할 때 현실적인 어려운 여건으로 자포자기해서 문학을 포기할까 생각했었는데, 그때 릴케의 단 한편의 산문인 <말테의 수기>를 읽고 인간이 언어로 무엇을 할 수 있는가를 깨달았다고, 그래서 문학을 포기하지 않고 <무진 기행>같은 작품을 쓰게 되었다고 했다. 하긴 릴케는 "말테의 수기만 끝낼 수만 있다면 죽어도 좋다"고까지 말할 만큼 심혈을 기울였던 작품이다.

그는 "시는 체험이다"는 주장대로 체험을 찾아 기다림과 초조와 고뇌의 집 없는 방랑생활을 했다. 니체의 여자 친구였던 루 살로메를 통해 알게 된 니체에게서 실존사상을, 조각가 로댕에게서는 사물의 깊이를 직감으로 보는 예술적 감각을, 그리고 시는 지성의 축제라는 폴 발레리에게서는 시론의 영향을 받았다고 한다. 또한 덴마크의 키케고르의 실존사상을 이해하기 위해서 스스로 덴마크어를 공부해서 키케고르의 저작을 읽었다고 한다.

30여 년 전 스위스의 제네바에 있을 때, 릴케가 만년을 보낸 뮈조트 성을 찾았었다. 레망 호수에서 두세 시간정도 가면 그랑봉뱅, 프티봉뱅의 두 산봉우리와 만나게 되고 그 맞은편에 가파른 클레츠 산 주위로 뮈조트의 산간 마을이 있다. 투명한 공기와 빛나는 햇빛, 산비탈의 적막한 고요에 쌓인 외딴 집에서 릴케는 폭포처럼 쏟아지는 시심으로 창작의 무아지경에 빠져 최후의 명작들을 탄생시켰다.

그가 10년 만에 완성한 10편 839행의 <두이노의 비가>와 40편의 <오르페우스에게 바치는 소네트>는 인간 실존의 불안과 유한한 인간 존재를 자아의 심층을 통해서 무한으로 이끌 수 있는 가능성을 제시해서 현대인에게 남겨준 인생찬가로 그의 위대함을 알 수 있다. 그는 3년 후 51세의 나이로 장미가시에 찔린 것이 화농되어서 백혈병으로 작고했다.

가을이 되면 푸른 하늘 아래 단풍든 숲길을 홀로 고적하게 걸어가는 릴케를 상상해 본다. 시상을 위해 스스로 고독과 방랑과 고뇌의 길을 택한 가을의 시인 릴케를 가슴 아프게 되새겨 본다. 생의 깊이를 그만큼 절실하게 파고 든 시인도 드물 것이다. 그가 떠난 지 80년이 지난 지금도 그의 작품은 시공을 넘어 누군가의 영혼을 위로하며 깊은 감명을 주고 있을 것이다.

11-25-2005 <문학의 향기>

굴절된 호상好喪

요즈음 신문에서 이민 1세들의 부고를 매일 접하게 된다. 연세가 80-90세가 넘고 자손들이 많이 있으면 호상으로 보이나 그 중에는 50-60대들의 사망 부고도 자주 있어 충격을 준다. 오늘의 세상 풍속도도 많이 변하여 부모님이 돌아가시기 전 재산을 분배해 달라는 요구가 있지 않나, 부모에게 폭언과 폭력을 행사하는 인간 이하의 자손들도 있다는 기사도 종종 보게 된다.

2008년도 이상 문학상의 우수작품상을 수상한 박민규의 소설 <낮잠>에서, 주인공이 고향친구를 만나기로 약속했으나 일상생활에 바빠 고향에 내려가지 못하다가 결국 친구의 사망 부고를 접하고서야 고향에 내려가 영안실에 누어있는 친구를 만난다.

그가 영안실 옆에 딸린 식당에서 밥을 먹는데, 망자의 아들 직장에서 동료들이 문상을 왔다. 그에게 "안됐네. 조과장 그래도 호상이지?" 62세의 아버지가 돌아가셨는데 호상이라니? 그러나 친구들은 계속 묻는다. "그래 얼마나 받았나?" "뭘?" "뭐긴 이 사람, 몰라 물어?" "글쎄, 허름한 상가건물이라 팔아봐야 뭐 한 2억 되려나?" "에이, 호상 아니네. 요샌 그래도 5억은 받아야 호상이지." 정신병자가 아닌 멀쩡한 젊은 직장인들이 문상 와서 나누는 대화치고는 상상하기가 어려운 비루한 사회상이다.

호상은 연세가 많은 분이 많은 복을 누리다가 죽은 사람의 장례를 일컫는 말이지 그 유산의 다소에 따라 호칭되는 말이 아니지 않는가……. 황금만능시대에 호상의 본의마저 굴절되는, 가난한 노년층을 더욱 슬프게 하는 내용이다.

물론 인간사회 어느 곳에서나 돈은 중요한 필요조건이다. 대화 중 체념하는 상태에서 "Money Talk"라는 말을 내뱉는데, 결국 돈에 의해 모든 것이 귀결된다는 뜻일 것이다. 그리고 유태인의 성경 탈무드에서는 "사람의 마음에 상처를 입히는 3가지는 고민, 말다툼, 빈 지갑인데 그 중에서도 가장 큰 상처를 입히는 것은 빈 지갑이라"고도 했다.

또한 동양의 고사성어에서도 "유항산有恒産이면 유항심有恒心이라" 해서 재물이 있으면 마음도 여유롭고 떳떳해진다고 했으며, 우리 속담에도 유전有錢이면 귀신도 사귈 수 있다는 말도 있다.

세계는 아날로그의 행보에서 초고속의 디지털세계로 시위가 떠난지 오래다. 일일 생활권의 세계는 자본주의의 세계화 시장이 되면서 일상에서 돈의 위력은 점점 더 거세지고 있다.

여기에 지나친 자유는 개인주의를 부추기게 되고 사치품과 명품의 소비는 해마다 30-40%씩 올라가고 성형외과나 피부미용업소는 문전성시를 이룬다. 이제 예뻐지기 위해서 얼굴을 고치는 것은 백화점에서 화장품 고르듯이 상식적인 애교로 통한다고 한다.

시대와 장소에 따라 도덕이나 사고방식도 변한다. 프랑스와 스페인을 가르는 산인 피레네 산의 이쪽에서는 진리가 되는 것이 피레네 산 저쪽에서는 진리가 아닐 수도 있듯이, 모국의 사회현상이 태평양 건너 미주에서 그대로 통하는 것은 아니지만, 그러나 자녀들이 노부모님을 돌보는 것을 기대하는 시대는 지나갔다. 그럼에도 미국의 양로원이나 노인 아파트에 있는 노인들은 자녀들의 방문을 목이 빠지게 기다리는 현상을 생각하면, 노년의 쓸쓸함이 누구에게나 일어나는 문제일 것이다.

오지 않는 자식들을 오게 하느라고 중국의 다렌 바이루에 사는 린

중이라는 노인 내외는 아들과 딸이 매주 두 번 찾아오는 조건으로 자녀들에게 매달 1,000위안을 주겠다는 계약을 체결했다고 한다. 자녀를 보고 싶은 마음에서 효도를 돈으로 사는 비이성적 현상이 일어나고 있다는 것은 남의 일이 아니다.

모국에서도 노인 인구가 늘어나서 2050년엔 10명중 4명이 65세 이상으로 세계 최고령 국이 된다고 한다. 미국은 2041년엔 노인들에게 지급하는 소설 시큐리티 연금이 중단될 수 있으며, 2019년부터는 메디케어 역시 기금 고갈로 중단될 수 있다는 신문기사다. 앞으로 노후는 스스로 책임져야 한다는 말이다. 물론 국가에서 정책적으로 어떤 조치를 취하겠지만 불안하긴 마찬가지다. 재산은 자녀들에게 미리 논아주지 말고 죽을 때까지 간직하고 있어야 대접받는다던 사람들의 말에 거부감만 느껴지는 것이 아닌 사회가 되었다.

4-19-2008 (한국일보)

노벨 문학상을 향한 먼 길

Fwy #5를 타고 센 프란시스코로 가자면 주위에 와인너리가 이어져있다. 그곳을 지날 때는 노벨상수상작가인 존 스타인벡의 <분노는 포도처럼>이란 작품이 생각난다. 마을에 트랙터가 들어온 후, 직장을 잃은 농민들과 기계에 밀린 노동자들이 공황으로 일자리를 찾지 못해 트럭을 타고 돌아다니면서 일일 일자리를 구해서 연명한다. 그 와중에 젊은 엄마가 굶주려 죽어 가는 노인에게 자기 젖을 먹여서 살리는 장면이 나온다.

1929년의 대공황으로 홈레스가 된 실업자군의 비참한 상황이 그려지며, 오늘의 신자유주의의 글로벌 시장경제에서 뉴욕 발 금융 쓰나미로 다시 21세기의 대 공항이 오는 것은 아닌지, 사업하는 사람들의 촉각이 예민해져서 불안해지기도 한다.

2008년에도 한국인은 노벨상을 타지 못했다. 노벨상이 국력이나 지식 또는 인류에 대한 공헌의 정확한 바로 메타는 아니라 하더라도 노벨의 유언에 따라 물리학, 화학, 의학, 문학, 경제학과 세계의 평화에 공헌한 인물에게 주는 상으로 학문을 하는 개인이나 그 국가의 명예임은 틀림없는 상중의 상일 것이다.

다양한 인생행로에서 일생동안 심혈을 기우려 훌륭한 작품을 썼던 많은 문인들이 노벨 문학상을 받지 못했다. 그런데도 오늘날 그들은, 시간을 초월해서 불멸의 작품으로 그 가치가 평가되고 있다.

프랑스의 장 폴 싸르트르는 1964년 노벨상을 브르좌 상이라고 또 그의 좌경사상과 신념에 어긋난다고 거절했으며, 소문으로는 카뮤 보다 7년이나 늦게 받는 것이 자존심을 상하게 해서 거절했다고도 한다. 그런데도 21세기인 오늘날까지도 그의 사상을 초월하는 실존의 불안을 치유할만한 구원철학이 아직은 나오지 못하고 있다고 생각한다.

"인간은 미완성에서 완성되어 가는 것이며 자유에의 적극적인 행동만이 불안과 척박한 현실을 극복할 수 있다."는 그의 실존사상은 한물간 철학일지라도 일상생활에서 우리의 정신세계에 많은 영향을 끼치고 있다.

<닥터 지바고>의 작가 보리스 파스테르나크는 1958년 노벨 문학상이 결정되었으나 당시 스탈린 치하에서 정치적 압력으로 노벨상을 받지 못했다. 그는 그것으로 문학 활동이 통제되고 감시 받았으며 소련작가동맹으로부터 탄핵, 퇴출되어 고독과 빈곤에 시달리며 여생을 괴롭게 지냈다. 그가 병으로 죽음에 이르기 전 "나는 몰리는 짐승처럼 패배하였다. 어디엔가 인간이, 자유가, 빛이 있을 것이다. 지금 내 뒤에는 온통 시끄러운 소리뿐이다. 내가 빠져나갈 길은 없는 것일까?"라고 한 말은 우리를 슬프게 한다.

미국의 1953년 노벨 문학상 수상작가인 헤밍웨이는 그의 소설<노인과 바다>에서 패배를 죽음보다도 싫어하는 작품 속의 주인공 산티아고처럼, 자기인생을 초지일관하게 자신의 의지대로 살다가 62세에 병으로 인한 좌절과 우울증으로 자살했다.

역사적으로 거슬러 올라가면, 노벨상수상작품에 버금가는 작품들이 많이 있다. 그 중에서도 자신의 몸을 시를 짓기 위한 실험도구로 삼았던 상징주의 시인들은 "자기의 인생자체를 하나의 예술작품으로 만들고자." 대부분 고통 속에서 시만을 위한 데카당스의 삶을 택했다.

상징주의 문학의 선구자요 현대시 일반의 창시자인 보들레르의 시집 <악의 꽃>을 아무도 고통 없이 읽기는 어려울 것이다. 지옥 바닥을 오가며 시를 쓴 그의 사진을 볼 때마다 가슴에 통증을 느낀다. '가을의 노래'의 베를렌이나, 17세에 불멸의 시 '감각'과 '모음'을 쓴 천재 시인 랭보, 그들은 길도 없는 영혼을 탐험하며 현실과 비현실의 톱니바퀴에서 비참한 일생을 헤매다가 생을 마감했다.

말라르메는 그의 심미적 소우주 속에서 "세상의 모든 것은 한 권의 책으로 되기 위하여 존재한다."고 말했지만, 일생동안 지성주의라는 진공상태에서 수도사처럼 살면서 그 한 권의 책을 쓰려했으나 결국 뇌일혈로 쓰러져, 정작 그가 남긴 것은 그의 유일한 <시집> 한 권과 약간의 이론적 단편들뿐이었다.

그들은 왜? 무엇 때문에 자신의 인생을 희생했을까?

삶이 그저 최소한의 신체적 욕구를 충족시키는 것만이 아니기에, 그들은 깊고 밀폐된 바다의 밑바닥 같은 무거운 고통을 품고, 저 높은 정신의 성역으로 들어가려 인간으로의 삶을 희생하며 고상하고 난해한 예술의 높은 의미를, 미의 세계를 추구했던 것이다.

거기엔 돈도 명예도 노벨상을 향한 길도 존재하지 않는 것이다.

11-8-2008 (한국일보)

시간의 실체

가을에는 하늘이 늘 푸르다. 이번 10월은 20세 꽃나이로 남편을 처음 만난 지 50년이 되는 가을이다. 50년 세월이라면 한 세기의 반인데, 하루 낮 춘몽처럼 어느새 그 긴 세월이 새어갔을까? 1960년에 만났으니 올해는 51년째이며 또한 남편이 77세인 희수가 되는 해이다.

> “푸른 가을 날 / 처음 만나던 날 / 눈빛으로 말하는 소리 / 가슴으로 들었네 / 멀리 바라보는 눈 속에 / 일렁이는 생의 무늬가 / 빛과 영감으로 / 꿈과 의지로 / 가없는 마음에 문신되어 / 어언 50년 / 디아스포라의 텃밭에서 / 시간은 과거로 / 현재는 미래로 / 우주 속의 물방울로 /이국의 나그네로 / 과녁을 향한 꿈으로 / 지성과 사랑으로 / 같이 걷는 공간의 길 / 같이 가는 시간의 길 / 생의 의미를 호흡하며 / 가치를 공유하며 / 푸른 하늘 멀리 / 빛으로 밝히는 / 안온한 지성이여 / 푸른 가을날 / 눈빛으로 말하는 소리 / 내 가슴에 있네”……. 본인의 시 <남편의 희수에> 전문

지난 봄, 남편의 희수(喜壽) 생일날 조촐하게 파티를 가졌다. 이곳에서 30여 년이나 같이 희로애락을 나눠온 동료들 또 <한얼모임> 회원들과 그이의 생일을 축하하는 자리였다. 주위를 살펴보니 모두 긴 시간의 흐름으로 흰머리가 더 많은 노신사들과 노마님들이다. 우리 모두 바라보는 앞길에는 어떤 삶의 진미가 기다리는 걸까? 삶의 기미가 낀 지나온 시간을 회고하면서 모두 황혼의 아름다움을 다듬고 있는

친구들에게서 살아온 역사가 읽혀진다.

지난 주 <한얼모임>에서, 아르헨티나의 보르헤스의 시간이 주제가 된 시 <시학>과 단편 <두 갈래로 갈라지는 오솔길의 정원>을 소개하는 시간을 가졌다. <한얼모임>은 예전에 연세대학 학장이셨던 김하태박사님과 더불어 몇 가족이 종교철학을 공부하기 위해 모이기 시작해서 벌써 30년이 넘게 매달 모여서 철학과 종교, 문학과 음악, 예술 등 다양한 지식을 서로 나누고 있는데, 문학은 내 소관이어서 일년에 한두 번 정도 발표하고 있다.

> "시간은 나를 이루는 본질이며 시간은 나를 휩쓰는 강이지만 내가 곧 강이다. 시간이 우리 밖에서 흐르는 것이 아니라 우리의 가슴에서 흐르고, 시간은 곧 우리 자신이다. 시간이 무서운 이유는 돌이킬 수 없이 숙명적이기 때문이다"...... 보르헤스의 <새로운 시간론>.

포스트모더니즘 문학의 원조인 보르헤스 문학의 주제는 <시간>과 <무한>이다. 내가 존재하기에 시간이라는 의미가 존재하며, 내가 시간과 함께 가기에 시간이 곧 우리 자신이라는 그의 논리는 유한의 시간을 가진 인간에게 생각을 하게 한다.

시간은 일회성이며 시간이 곧 흘러가 버리는 강물이라는 그의 사상은 허만 헤세의 <싯달다>를 연상시킨다. 싯달다가 산 속에서 구도해도 찾지 못한 생의 진리를 찾기 위해 강을 건너 인간의 삶 속으로 들어가서 모든 세속적 인생을 거치고, 마침내 늙어서 애초에 건넜던 강가에 다시 돌아와 흐르는 물의 상징을 통해 합일을 이루어 해탈하는 것과 사상 면에서 유사하게 생각된다. 보르헤스도 헤세처럼 불교사상에 심취했었음을 짐작하게 한다.

앞서가는 포스트모더니즘의 선각자가 불교철학을 가졌다? 그는 무한의 산책자이며 시간의 해부자이고, "20세기의 창조자"라고 공인된 시인이며, 소설가며, 철학인이다. 그의 형이상학적 문학의 중심에 있는 시간과 무아에 대한 사고는, 그가 거쳐 온 철학적 삶의 깊이를 느끼게 한다.

인생은 그 유한성 때문에 더 가치 있고 존중되어야 할 것이다. 시간이란 삶의 과정에 의미를 부여하는 숫자에 불과하다. 그래서 정신적으로 오래 사는 사람도 있고 육체적으로 오래 사는 사람도 있다. 자동차의 시동을 걸었으면 정지할 때가 있음이 자명한데, 시간의 시작과 매듭을 병행하는 지혜로 살아간다면 마음으로 시간을 다스릴 수도 있을 것 같다.

심리학자 윌리엄 마스턴은 시민 3천 명을 대상으로 "당신은 무엇 때문에 삽니까?"라고 물었다. 설문 응답자의 94%는 "미래를 기다리면서 현재를 그저 참아내고 있다."고 대답했다고 한다. 척박한 현재로부터의 탈출구로 부재한 미래를 위해 현재의 행복을 외면하는 삶이 현재를 사는 우리의 삶의 방식일가?

남편의 희수생일을 지내며 시간이란 실체를 생각해본다. 결국 현재의 시간만이 온전히 존재하는 자아의 시간이며, 완성으로 향하는 도정이며, 그래서 현재를 충분히 살면서 현존한 시간을 무위자연대로 받아들일 때, 미래의 생이 더 풍성하게 꿈을 이루는 길이 될 것으로 생각된다.

10-28-2010 (한국일보)

추수감사절 '만남의 미학'

시성인 릴케가 살로메와 톨스토이를 만나지 않았다면, 또 니체와 키케고르의 사상과 접촉하지 않았다면, 그의 위대한 실존사상이 깃든 깊은 시와 작품은 태어나지 않았을 것이다. 만남이야말로 생활의 동력이며 원인이 된다.

25일은 추수감사절이다. 헤어졌던 가족들이 만나서 서로의 안부를 확인하고 사랑을 나누는 날이다. 자녀들을 대학과 사회로 내보내고 바람 든 무처럼, 가슴으로 바람소리 들으며 기다려온 부모에게는 더할 수 없이 기쁜 만남의 날이다.

삶의 역사는 만남으로 이어진다. 사람과 사람의 만남, 학문과의 만남, 예술과의 만남, 삶의 면면에서 접하게 되는 다른 객체와의 만남이 우리의 인생이다. 교회에서도 추수감사절 예배를 드리고 교우들과 서로의 신앙과 사랑과 만나는 시즌이다.

"좁은 문으로 들어가라. 구경하는 것이 아니라 참여하라." 아침 8시, 파사데나에 있는 D교회. "신앙생활에서 접근은하지만 접촉에는 주저한다. 그저 그 근처에 있지 말고 확신과 사랑으로 접촉해야한다. 문제를 안고 주님과 함께 간다." 확신에 찬 목사님의 설교이다.

우리는 이곳 디아스포라의 삶에서 때로는 단테의 천국과 지옥의 9계단과 만나기도 하면서 이국에서 실존을 위한 노력을 다한다. 예기치 못했던 참담한 경험과 난제의 허방에서 헤매기도 하고, 기쁨과 슬픔의 골짜기와 조우하며 외로움의 쓰나미를 덮어쓰기도 한다. 이 모든 만남이 우리의 삶의 면면한 그림이며 기록이다. 인생은 수 없는 만남으로 이루어졌기에, 새로움과의 만남에서 접근과 접촉의 문제는 우리 일상생활에서 과녁의 대상이 되고 있다.

앙드레 지드의 <좁은 문>에서 알리사와 제로옴은 사촌형제로 서로 사랑하는 사이이다. 어느 날 목사님의 설교 중에 "좁은 문으로 들어가라."는 말씀을 듣는다. 알리사는 성서의 가르침대로 좁은 문으로 들어가기 위해 고상한 금욕주의적 이상대로 도덕적 수련을 실천에 옮긴다. 그녀는 제로옴과 헤어지고 스스로 선험적 덕으로 자신을 얽매고 좁은 문으로 들어가려 힘겨운 싸움을 하다 결국 체력이 약해져 죽게 된다. 임종 시 알리사는 자신에게 묻는다. "나의 마음이 부인하는 이 덕은 과연 얼마나 귀중한 것인가?"라고.

지드는 지성인의 프리즘으로 세상을 보는 도덕적 이성적인 선입견에서 자신을 해방시켜 정신의 자유를 얻는다면 세상은 더 넓고 깊고 더 아름다울 것이라 주장한다. 또한 그의 소설은, 좁은 문으로 들어가려는 사랑을 위한 자아의 희생을 말하려는 것이 아니라, 불필요한 신앙의 형식주의를 고발한 문학이다. 21세기의 정신적 자유 속에서 신앙과 접하는 우리들은 참으로 행복하다.

파스칼도 "우리가 처참한 상황을 경험하지 않고 하나님을 아는 일은 우리에게 자만을 가져온다. 하나님을 모르고 우리의 처참한 상황만을 알 때에는 절망이 뒤따른다……. 예수님께서는 인간이 처참한 상황에 있을 때에 하나님을 우리에게 보여주기 때문이다."고 했다. 신앙생활에서 믿음의 접촉으로 성령의 체험을 한 사람들이 많을 것이다.

> "착하고 정직한 것만이 / 마지막 감동이라고 굳게 믿었던 / 젊고 싱싱한 날들은 멀리 가고 / 노을이 색을 바꾸며 졸고 있습니다" (마종기의 <디아스포라의 황혼>의 부분)

"한 세월 멀리 겉돌다 돌아와 보니 너는 떠날 때 손 흔들던 그 바람이었구나 // 바람은 흐느끼는 부활인가, 추억인가, 떠돌며 힘들게 살아온 탓인지 아침이 되어서야 이슬에 젖은 바람의 잎, 무모한 생애의 고장 난 신호등이 나이도 잊은 채 목 쉰 노래를 부른다" (마종기의 <길목에 서 있는 바람> 부분)

"현존"을 이방인으로써 견디며, 과거의 추억에 잠기어 회한의 노래를 부르는 고장 난 신호등, 그러나 외면할 수 없는 현실은 현재의 실존적 삶이다. 오늘을 살며 오늘과 만나고 사랑하고 늙음을 아쉬워하며 현재만이 완전한 내 것이기에 돌아보지 말자. 돌아보면 울컥 가슴이 아프기에.

진정한 만남은 처음 대화에서 시작해서 마침내는 영적 합일을 이루는 경험을 나누는 것을 의미한다. 인간이 진정으로 인간다워지기 위해서는 사람과 사람사이에 장벽이 없이, 허위가 없이, 영혼과 영혼의 교섭 곧 마음과 마음의 교제가 필요할 것이라 생각한다.

11-25-2010 (한국일보)

새벽의 명상

새벽빛은 은은한 속삭임이다. 가슴에 스며드는 그윽한 그리움의 부름이다. 새벽은 추억처럼 고요한 발걸음으로 다가온다. 멀리서 아주 멀리 우주에서, 촉촉하게 젖은 달빛을 머금은 그늘에서 내 품는 숨결, 이 새벽빛이 어제 저문 황혼의 되돌아옴이며, 자연의 유구한 이어짐이라는 것, 빛을 부르는 새들의 지저귐이 그렇게 새벽을 열었다.

> "당신은 미래이십니다. 영원한 평야 위의 위대한 새벽빛이십니다. // 원시의 숲 그대로 이름조차 없이 계신 모습입니다. / 당신은 사물들의 깊은 알맹이십니다. / 그 본질의 궁극적인 말을 아직 침묵하고 계십니다. / 그리고 다른 사람들에게 다른 모습을 보이는 알맹이십니다. / 배에서는 기슭으로, 뭍에서는 배로 보입니다."라고 릴케는 신과 자연과 새벽빛을 은유로 노래했다.

신묘년 새해다. 계속되던 추위와 비바람에 집안에 웅크려있던 마음이 밝은 햇빛에 다시 새로워진다. 우기에 젖은 집안 공기를 내보내고 신선한 공기로 바꾸려고 뒷문을 여니 나무들 사이로 새들이 날개를 퍼덕이며 지나간다. 새들이 지난 자리엔 아무 변화가 없다. 아니 느껴지지 않는다. 투명한 공기와 그대로인 자연의 그림, 그러나 보이진 않지만 분명히 그곳엔 떨림이, 공기 분자들의 마찰이, 지구중력을 이겨내는 부력이 남았을 것이다.

사라지는 모든 것들은 뒤에 아쉬움을 남긴다. 자연은 그대로이면서 그 자체로 무궁한 변화를 안고 숨겨진 듯한 존재로 초연하게 우리를 지배하고 있다. 그러므로 자연에 순응하고 자연을 사랑하며 사는 것이 행복을 찾는 지혜로 여겨진다.

독일의 대문호 괴테도 일생동안 행복했던 시간은 겨우 17시간이었다고 고백했다니, 그의 위대한 일생이 평탄하지만은 않았던 것을 짐작하게 한다. 수많은 사람들로부터 사랑과 존경을 받았으며, 천재적 두뇌의 소유자로 다방면에 재능이 뛰어났던 그도 그의 문학의 깊이만큼, 밝은 낮과 어두운 밤의 굴곡이 공존하는 삶이라는 광장을 거쳐간 것이다. "눈물 젖은 빵을 먹어보지 않은 사람과는 인생을 논하지 말라."는 그의 시구를 읽을 때는 그가 인생을 맹렬하게 사랑하고 사색한 '삶의 시인'이란 생각이 든다.

전에는 자연의 소리가 지구 돌아가는 소리인줄 알았다. 아니 그 신비한 있음의 은유인줄 알았다. 그래서 아무 소리 없어도 그 존재를 심의로 들었다. 21세기인 현재는 지구의 돌아가는 소리뿐만 아니라 지구 곳곳에서 삐걱거리는 소리들, 서로 부딪치고, 전쟁과 폭력과 자살폭탄까지 또 천재지변까지, 엇박자로 돌아가는 지구의 괴로운 신음이 실시간으로 공중파장으로 세계를 날아다닌다.

초속으로 자전 공전하는 21세기에서 어제는 오늘이 아닌 먼 과거이다. 현재는 매분 매초 들리는 지구촌의 아우성에 어느 버튼을 눌러야 될지 모르고, 자아를 상실한 시대이며, 존재의 불안한 시대이며, 지구의 모든 곳에서 360도로 파송하는 전자파의 시대이다. 우리는 이 혼란 속에서 어떻게 자아를 찾고 행복을 찾을 수 있을까?

미국의 철학자이며 시인인 에머슨은 그의 저서 <자연론>에서 "숲 속에서 청춘은 영원하다. 즐거움을 만들어내는 힘은 자연과 인간과의 조화 속에서 존재한다. 자연의 가치를 인식하지 못한 사람들에게는 광대한 하늘도 평소보다 작고 하찮아지는 법이다. 자연은 속삭인다. 그대는 나의 창조물이다. 고로 아무리 슬픔이 닥칠지라도 나와 함께 있으면 즐거우리라."고 말했다.

새벽의 적막에 취해있는데, 아래층에서 낯선 소음이 들려왔다. 방문을 열고 보니 항상 어스름 새벽에 일어나서 뒤뜰의 나무들을 돌보곤 하던 남편이 어느새 비발디의 '사계절'을 자장가처럼 켜놓고 소파위에서 코골며 다시 잠들어 있었다. 잔잔한 일상의 행복이 내게도 전해온다.

과거에 대한 향수나 아직 오지 않은 미래에 대한 불안보다는 주어진 오늘을 새롭고 즐겁게 살라고 매일 새벽은 다시 싸하게 다가오며 찬란한 빛으로 어두움을 밀어내고 있다.

1-29-2011 (한국일보)

6.25와 남북전쟁

6월 25일은 1950년 한국전쟁이 일어난 날이며, 이번 6월 30일은 미국의 남북전쟁(1861-1865)을 테마로 쓴 마가렛 미첼의 <바람과 함께 사라지다>가 발간된 지 75주년 되는 날이다.

한국의 6.25사변이나 미국의 남북전쟁이나 둘 다 남과 북의 동족산장의 참혹한 전쟁이었다. 한국전쟁은 1950년 6월 25일 발발해서 1953년 휴전협정 체결로 끝이 났으나, 전쟁으로 인한 비극의 상흔은 지금도 한인들 가슴속 깊은 한으로 남아있다.

올해는 6.25사변이 난지 61년이 된다. 해마다 6월이 되면 다시 돌아보게 되는 전쟁의 상처는 잊으려야 잊을 수 없는 우리 세대가 짊어지고 가야하는 비극인 것이다. 전쟁은 인류에게 상처와 고통과 희생만을 강요한다.

그러나 누구보다도 비통한 사람들은 전쟁의 와중에 가족을 잃은 사람들과 서로 헤어진 이산가족들일 것이다. 1985년부터 남북 이산가족 상봉이 시작되었으나 정치적 상황 때문에 계속되지 못하다가 2000년부터 다시 연속되었으나, 60년을 헤어졌던 가족이 일회성 만남으로 그 깊은 한을 풀 수 있는가? 도대체 일회성의 만남으로 풀 수 있다는 것인가?

또한 60여 년의 세월이 지나는 동안 120만 명의 상봉신청자들 중 5만여 명이 벌써 세상을 뜨셨고, 지금까지 2만 여명만이 가족상봉을 할 수 있었다고 하니, 그들의 억울한 한을 누가 책임질 것인가? 무엇보다도 남북이산가족상봉은 인도적 차원에서 시급히 실행되어야할 민족의 요구이다.

이산가족상봉 현장을 TV에서 볼 때마다 우리 모두 눈물 흘리며 가슴아파하는 것은 보면, 전쟁의 여파는 지금도 계속되고 있는 것을 실감하게 한다. 전쟁은 역사의 기록으로 끝나는 것이 아니라 세월의 흐름만이 그 상처를 어루만지며 달래주겠으나, 이산가족들의 슬픔이 해결되지 않는 한, 아직 잊히지 않은 것이다.

1861년부터 1865년까지 4년간 계속되었던 미국의 남북전쟁은 그 전쟁의 목적은 남부의 450만 명이나 되는 노예해방이 명목이었으나, 내용 면에서는 공업이 발달한 북부와 목화 농장으로 흑인 노예가 필요한 남부의 경제 전쟁이었다.

북의 승리로 흑인노예들은 해방되었으나 150년이 지난 오늘날 그 후손들은 백인들과 동등한 기회와 자유와 권리를 누리며 링컨 대통령의 이념이 실행되고 있는지 의문이다. 바로 1992년 LA에서 일어났던 흑인들의 4.29 폭동을 우리는 생생히 기억하고 있다.

1951년 피난시절 언니의 방에 있던 책장에서 나는 5권으로 된 작은 책을 발견했다. 당시는 어거스틴의 <참회록>이나 그 외 소설들도 검은 점박이가 박힌 누런 종이로 만들어진 책들이 대부분이었으나, 이 <바람과 함께 사라지다>는 흰 종이로 예쁘게 제본된 일본 책의 번역본이었다. 언니 몰래 가져다 읽으면서 미국의 남북전쟁과 남부의 아름다운 문화와 흑인 노예들의 비참한 생활을 이해하게 되었다.

마가렛 미첼이 남편의 권유로 미국의 남북전쟁에 관한 소설을 26세에 쓰기 시작해서 7년이나 걸려서 탈고한 <바람과 함께 사라지다>는 1000페이지가 넘는 대작이다.

그러나 36세인 1936년에야 맥밀런 출판사에 의해 출간되었다. 그 해에 150만 부가 팔렸으며 플리쳐상이 수상되었다. 제작자인 셀즈닉이 영화화 권을 취득해서 1939년 플레밍 감독에 의해 상영시간 3시간

50분의 영화가 만들어졌으며 동년 아카데미상 10개를 획득했다.

"일찍이 그리운 남부라 불렸던 곳, 기사와 목화의 향수가 있던 곳, 이 아름다운 토지."인 조지아 주의 태라와 아틀렌타에서, 1861년부터 시작된 남북전쟁과 태라농장의 장녀 스카알렛과 실존적 사상과 실용적 생활관을 가진 레트 버틀러 선장의 애틋한 사랑이 가미된 전쟁 이야기다. 애슐리와 메리를 중심으로 한 남부 상류사회의 문화와 전쟁과 배고픔과 무너진 남부신사들의 자존심과 전후의 괴롭고도 비참한 1873년까지의 전쟁을 통한 역사 이야기기도 하다.

레트의 사랑을 잃은 스카알렛은 그러나 "내일은 내일의 태양이 뜰 거야."라며 다시 꿋꿋하게 일어선다.

"아줌마들이 읽는 책을 엄마도 좋아하네요. 마가렛 미첼이 '스미스' 칼레지에 다녔기 때문에 그래서 저를 '스미스'에 보내셨어요?" 내가 <바람과 함께 사라지다>에 열중하는 것을 알고 우리 딸은 내게 물었었다.

6-25-2011 (한국일보)

제 2 부

동거 후 결혼?

비즈니스에서도 <실사구시>

상점 앞의 통유리로 내다본 파킹랏엔 뜨거운 햇볕이 지글지글 작렬하고 있고 공기들도 헉헉대며 현기증을 일으킨 듯하다. 찌는 더위 때문일까? 그 동안 장사가 안 된다고 주위에서 우려하는 소리를 많이 들었다. 옆집의 스시집도, 그 옆의 Subway 샌드위치가게도 또 그 다음의 건강식품점도 손님이 줄었다고 집집마다 걱정이다. 나도 이 가게를 20여 년 운영하면서 나대로의 꿈이 있었는데, 요즈음엔 계절 탓인지 날씨 탓인지 손님들이 딱 끊기고 실내 음악만이 적막에 쌓인 상점 안에 가득 차있다.

하긴 이 더운 날에 누가 카드를 사서 보내겠는가!……. 집에서 이메일로 보내면 될 것을 굳이 카드를 사러 나올 필요가 있겠는가? 컴퓨터가 발달되면서 이 메일 때문에 카드의 판매가 줄어들고 있다. 홀마크 회사에서도 줄어드는 매상을 올려 보려고 연구한 끝에 음악이 나오는 카드, 개인의 메시지를 프린트해서 만드는 자기만의 카드, 또 기막히게 재미있는 3차선 입체 카드 등 새로운 탈출구를 찾아 여러 가지로 노력하고 있다. 더구나 지금은 아무 시즌도 없는 여름이지 않는가.……. 마음을 달래면서 지난봄의 신문 기사를 생각해 보았다.

지난 4월 김대중 대통령 취임 초 메들린 올브라이트 미국 국무장관이 김 대통령을 예방했었다. 당시 그녀는 김 대통령이 미국에 정치적 망명 시 써준 <실사구시(實事求是)>란 족자 한 폭을 들고 갔다는 신문보도를 읽은 적이 있다. 올브라이트장관은 그 한 폭의 족자로 예방에서 이미 소기의 목적을 달성하고도 남았을 것이다. 최대강국의 국무장관도 방문 시 인화(人和)에 그토록 사려 깊은 매너를 지닌 데에 깊은 인상을 받았다.

또한 오랜 세월에 걸쳐 유학자들에게서 회자되고 있는 중국 고사성어에서도 하늘이 주는 이익이 땅에서 주는 이익만 못하고, 땅에서 얻는 이익이 인화에서 받는 이익만 못하다고 했다. 그렇다면 개인의 사업에서도 고객과의 인화가 얼마나 중요한 것인가를 짐작하겠다.

우리 상점이 위치한 곳은 코리아타운에서 멀리 떨어져있고 영화사들이 모여 있는 버뱅크라는 도시에 있어서 한국경기와는 별 무관한 곳이다. 그러나 요즈음은 한국타운의 상점뿐만 아니라 주위의 미국상점들도 불경기를 염려하고 있다.

카드나 간단한 선물들은 그런 대로 팔리는데 고가품목에서는 적신호가 뚜렷하다. 야드로(스페인에서 만든 조각품들)나 하물(독일 제품) 등 비싼 선물이 나가야 매상이 오르는데, 주위에 있는 워너 브라더스 영화사 직원들이나 배우들도 예전과 달리 주머니를 닫고 있다. 그래서 나도 '실사구시'라는 처방을 써서 문제점이 어디에 있고 시정하는 방법이 무엇인가를 캐보려 한다.

LA를 중심으로 남가주에 사는 동포들은 92년에 4.29폭동을 겪었으며 또 94년에는 LA북쪽에 있는 한인들이 비교적 많이 사는 노스리지 지역의 대형 지진도 겪었다. 그러므로 전과는 다르게 생존에 대한 의식의 변화도 있었을 것이다. 또한 빠르게 변화해 가는 영상시대의 촉각적 선전으로 전통적 상품에 대한 애착의 연속성이 단절되어가고 있으며, 그 결과 종래의 수집품에는 흥미가 적어져가고 있는 현실이다.

이제는 선물을 주고받는 것도 그 패턴이 바뀐 것 같다. 실용적이고 부담스럽지 않은 것, 매일 스트레스가 안개처럼 끼어있는 일상생활에서 한 순간이나마 기분 좋게 해주며 웃게 해주는 가벼운 품목들의 회전이 더 빠른 것 같다. 이런 흐름을 바닥에 깔고 나름대로 소매경험을 간추려 보았다.

상점의 물품은 내 취미가 아닌 다양한 취향의 손님들 위주로 물품을 구입할 것, 시시때때로 값이 부담 없는 것을 구입해서 필요한 것을 적시에 공급할 것이며, 유행을 타고 있는 물건이라도 적당량만 구입해서 재고를 조정할 것이며, 최대의 효과로 새로 주문한 물품들은 유리창 바로 앞에 진열할 것 등이다. 부담 없는 가격을 생각한다면, 90년대부터 물밀 듯이 수입되는 값싼 중국제품도 그 동안 싸구려라고 거부해왔으나 이제는 취급할 것이다. 비록 상점의 품위가 떨어진다 해도 비즈니스의 생존을 위해서 다양한 물품을 취급할 필요가 있다.

더욱 중요한 것은 손님들이 지불하려면 기다리지 않게 신속하게 대응하고 최대의 서비스를 할 것 등을 다짐해 본다. 위의 어프로치로 시시각각 닥쳐오는 대형 매점들의 횡포 앞에서 나도 단골 고객 창출을 위해 시시각각 깨어 있으려 노력할 것이다.

7-30-1998 (한국일보)

토팡가 캐년의 숲

일상생활의 흐름에 이끼가 끼어 마음이 권태로울 때, 나는 산과 바다를 찾아간다. 엘에이 근처에는 아름다운 등산 코스와 태평양 연안의 비치가 많이 있어서 비교적 탈 엘에이를 했다가 신선한 기분으로 마음을 가다듬어서 돌아올 때가 많다.

지난 주말에도 그 아름다움에 대해 가끔 들었던 토팡가 캐년을 찾아들었다. Fwy-134에서 토팡가 캐넌 길로 접어들어 산길을 따라 선뜻 고개 위로 올라서니 코앞을 스치던 운무가 산 아래로 흩어지면서 따사로운 햇볕이 밝게 내리 비치고 있다.

주위를 둘러보니 사계절의 구분이 분명치 않은 남가주이지만, 아스팔트 위에서는 건너 뛴 봄이 산 속에서는 무르익고 있었다. 연두색의 들풀들이 잔잔하게 깔린 등성이를 넘어가니 올망졸망한 산들이 동양화의 풍경처럼 겹쳐있어 시야를 막는다.

꼬불꼬불한 산길을 따라 초록의 산 속을 누비며 달렸다. 도심에서 과히 멀지 않은 곳에 이와 같이 깊은 계곡으로 둘러친 산들이 모여 있다니……. 한가로운 이 차선을 따라 산등성이를 굽어 도니 또 다른 산이 앞을 가린다.

왼쪽엔 급경사진 높은 산이 곧 쏟아질 듯이 서있고 오른 쪽엔 낮은 개울 밑 자갈들 사이로 시냇물이 졸졸 봄을 만끽하며 흐르고 있다. 아기자기하면서도 숨을 몰아쉬게 하는 좁은 길을 따라 아름다운 자연을 감상하며 달렸다.

숲 사이로 보이는 푸른 하늘과 높이 솟은 나무들 사이를 휘젓고 날아다니는 산새들 소리, 들풀이 휘둘러진 언덕들, 그리고 유채 꽃이 나부끼는 산길에 흠뻑 취해서 달렸다.

앞산을 돌아가면 무엇이 나올까 하고 문득 내가 볼 수 없는 것에 대한 불안감이 스며들었다. 경험해보지 않은 미지에 대한 기대감, 그리고 호기심과 더불어 급하게 경사진 산길을 달리며 가벼운 흥분마저 느꼈다. 자연과 가까이 접했을 때에는 자연에로의 회귀를 노래했던 박목월 시인의 시가 떠오른다.

> "산이 날 에워싸고 / 씨나 뿌리고 살아라한다. / 밭이나 갈고 살아라. 한다. / 어느 산자락에 집을 모아 / 아들 낳고 딸을 낳고 / 흙담 안팎에 호박 심고 / 들 찔레처럼 살아라. 한다. / 쑥대밭처럼 살아라. 한다. / 산이 날 에워싸고 / 그믐달처럼 사위어 지는 목숨 / 구름처럼 살아라. 한다. / 바람처럼 살아라. 한다. <산이 날 에워싸고>

자연의 정서를 외면한 생활을 상상하면 숨이 막힌다. 푸른 하늘에는 새털구름들이 붓질한 것처럼 온 하늘에 덮여있다. 구름 저 넘어 하늘 속에는 무엇이 있을까? 우주에는 수십억 개의 태양계가 존재해서 빈 공간이 아니라고 한다. 또 각 태양계는 수십억 개 이상의 별들로 이루어졌다니 인간의 상상으로는 그 불가지한 신비성을 가늠이나 할 수 있을 것인가?

우리가 볼 수 있는 것은 빛이 있기 때문인데 우주의 끝에 있는 행성의 빛이 닿지 않는 암흑에는 무엇이 있을까? 허블망원경으로도 볼 수 없는 인간으로서 측량이 불가능한 무한대의 그 곳은 인간의 영역을 초월한 다차원적인 세계일 것이다. 그곳은 아니 이름 할 수 없는 거룩한 신들이 사는 배후세계로 생각한다면 지나칠까? 우리 지구의 태양계는 우주의 다른 태양계 중에서 상대적으로 작은 것이며 그 중에서도 작은 별인 지구 위에서 우리는 인간들끼리 치열한 생존경쟁을 하며 싸우고 있으니 와우각상지쟁(蝸牛角上之爭)이라고 비유해도 지나치지 않을 것이다.

여기서 그의 우주관을 밝힌 인도의 철학자이며 교육자인 라드하끄리슈난의 말을 생각해 본다. 그는 우주의 생성이 합리적인 이념이 우선하고 있다고 하면서 "태초에 말씀이 있으셨으니"라는 성서 말씀이라든가 "태초에 생각을 이루었으니"라는 베다의 말씀을 지적하고, 그는 "우주는 목적이 있는 창조물"이라고 말한다. 그러므로 그 목적을 이룰 때까지 이러한 창조활동은 계속될 것이며 우리 인간사는 그 한 과정의 일부라고 주장했다.

그는 과학자가 아닌 철학자이지만 그의 지식과 사색에서 나온 말을 떠올리면 우리 인간은 지구라는 아주 작은 행성에 속한 것이 아니라 우주에 속한 존재가 되는 것 같다.

숲 속의 자연에 매료된 도취에서 벗어나 좁은 길을 따라 돌아 나오니 바로 눈앞에 태평양의 잔파도가 낮게 깔린 물안개와 노닐고 있다. 안개는 오순도순 저희들끼리 몸을 비비며 파도 위를 지나고 있다.

깊은 호흡을 몰아쉬게 하는 의지적인 산에 비해 바다는 먼 수평선까지 너그럽고 의연하게 다 내 놓았다. 산은 몇 억 톤의 무게로 흔들림이 없으나 바다는 발밑에, 더 낮게, 그래서 낮은 곳으로 흐르는 모든 것을 수용하고 있다. 지난 세월의 회한까지도 품어 안은 바다는 만물의 달관 자로 의젓이 물러나 있다.

자연은 우리에게 참 많은 것을 시사해준다. 종종 안개와 엉킨 혼탁한 세상의 늪 길을 빠져 나와 이민생활의 고달픔과 소외감을 잊어버리고 자연으로 들어가 자연을 호흡하며 복잡한 인간사를 잊고 싶다.

태평양을 건넌 뿌리 깊은 고집으로 다져진 현재이지만, 오랜 이민생활이 쌓여도 객지로 떠도는 바람을 의식하게 된다. 세월은 어느 순간도 잡을 수 없이 강물처럼 흐르는데 풀기 잃은 마음으로 벌집같이 숭숭 뚫린 바람구멍으로 상처받은 이민 생활은 그러나 그만큼의 삶의 무게가 화석처럼 층층이 쌓여 있을 것이다.

지나온 삶이 충실한 내일을 위한 밑거름이 된다면, 과거를 후회하지 말고 매일에 최선을 다하며 의의 있는 생활을 위해 노력해야겠다. 낮게 흐르며 말없는 바다처럼, 하늘로 치솟은 의지의 산처럼…….

3-2001 (중앙일보)

주홍글씨

최근 신문에 계속 나고 있는 사제의 성추행 문제는 일반인들을 곤혹스럽게 한다. 가장 성스러운 위치에 있는 그가, 사제가 되기 위해서 젊은 시절부터 극기의 생활과 교육을 받아왔을 텐데 평범한 인간의 범주에서 벗어나지 못한 것을 보면, 그 시스템에 어떤 문제가 있지 않을까 생각하게 한다.

물론 거의 모든 사제가 훌륭한 사역을 하고 있다고 생각하지만. 허균의 <홍길동 전>에서 "성스러움은 성인이 만들지만 육체적 성은 하나님이 주셨다"고 한 구절을 읽은 것일까?

인간이 잘못을 하면 반성하고 후회하며 고뇌할 때 다시는 그런 일을 저지르지 않게 된다. 러시아의 문호 도스도엡스키(1821-1881)는 시베리아 유형지에서 그의 형에게 보낸 편지에서 "인간은 어디에서나 인간이다. 강도들 사이에서도 뚜렷이 인간을 알 수 있었다. 무지라는 껍질 밑에 있는 진지하고도 강인한 아름다운 심성을 찾았다. 황금을 채굴할 수 있었다"고 썼다.

도스도엡스키는 고민은 인간의 특징이며 고민함으로 추악과 범죄를 씻을 수 있다고 생각했다. 가난과 병마와 도박중독에서 헤어나지 못한 채 인간이 겪을 수 있는 모든 명암을 거친 그는 그늘진 사람, 상처받은 사람과 죄지은 사람에 대한 연민으로 사회의 도덕에 관한 고뇌하는 소설을 썼다. 그는 인간 생활의 선악의 관념은 상대적이지 절대적은 아니라고 생각했다. 그러나 그의 사상은 21세기인 오늘날 얼마만큼 인간생활에 투영되고 있을까…….

지난 달 신문에서 "주홍글씨"라는 해괴한 재판을 읽었다. 텍사스 주의 코퍼스 크리스티 마을의 마누엘 바나레스 판사는 14명의 성범죄자들의 거처 앞에 "위험, 이곳은 등록된 성범죄자가 거주하는 곳임"이란 팻말을 세우게 하고 이들이 소유한 승용차에도 같은 내용의 스티커를 붙이게 했다고 한다. 또한 19세의 성범죄 자 로버트에게 "결혼할 때까지 섹스를 해서는 안 된다"는 판결을 했으며 혼전 섹스금지 명령을 어겼을 때는 종신형에 처한다는 조건을 달아놓았다고 한다. 그래서 그는 주홍글씨법관으로 불리며 로버트의 변호사가 인권침해를 들어 법사윤리위에 고발했다는 기사를 읽었다.

성도덕이 문란하고 가치판단이 삭제된 자유가 방종으로 흐르는 현대의 복잡한 물결을 무엇으로 막을 것인가는 현대의 사회적 문제이다. 바나레스 판사의 판결은 시간이 걸리더라도 견고한 제방을 쌓아 막으려 하지 않고 회초리로 막으려는 편협한 판결로 생각된다. 성범죄뿐만 아니라 수많은 종류의 죄인에게 원시적(순진한?) 방법으로 팻말이나 스티커를 붙여서 죄를 다스린다면 세상은 범죄가 줄어들거나 정화되리라는 기대는 버려야할 것 같다.

팻말과 스티커를 보는 사람들은 불안하게 되고 믿을 수 없는 이웃 때문에 스트레스를 받게 될 것이다. 또한 순간적인 죄로 주홍글씨를 안고 살아가는 당사자들의 심리적 고통은 어떻겠는가.……. 그들은 죄값을 반드시 치러야 하며 고통을 받아서 새사람으로 태어나야 하겠지만, 과연 그들은 팻말이 붙은 집에서 생활하며 스티커가 붙은 차를 타고 다니면서 고뇌하며 죄를 뉘우칠까? 오히려 자포자기하고 더 나쁜 길로 갈 수도 있을 것이다. 지울 수 없는 낭패감과 모욕은 일생을 따라다니며 이 세상을 저주하게 할는지도 모른다. 수치심 때문에 반성대신 분노를 일으키며 잘못된 길로 내달리게 된다면 그것은 잘못된 재판이다. 그 판사는 심리적인 면을 경시한 것 같다. 인간의 깊은 의식 속에 있는 잠재의식은 우리의 현재를 지배한다고 생각된다. 무의식적으로 행동하거나 판단할 때 과거 속에 잠재한 지난날의 의식이 오늘의 삶을 이룬다고 생각한다.

사람은 누구나 실수를 거듭하면서 성장하고 성숙하게 된다. 부족함이 많은 인간에게 고뇌하고 후회하면서, 재생할 기회를 주면서 사회를 정화해나가야 되지 않을까? 하물며 편협하고 비인간적 판결을 현대의 판사가 내렸다는 것이 놀라운 일이다. 마치 중세기의 법관의 판결이 재생한 것 같다.

나타니엘 호오손의 <주홍글씨>는 그 시대의 참담한 상황과 인간 권리를 삭제한 도덕률 때문에 주홍글씨를 가슴에 달고 감옥 같은 세상에서 살아가야 하는 인간을 구제하기 위한 사회적 고발소설이었다.

마누엘 바나레스 판사의 판결은 죄를 다스리는 판결이 아니라 인권을 침해한 판결이라고 생각한다. 인생에서 고통은 위대한 교사이며 심성은 고통의 입김을 통해서 자란다고 했다.

"인생은 학교다. 여기에서 행복보다 불행 쪽이 더 좋은 교사다."라고 소련의 문예평론가 우라지 밀 프리츄는 말했다. 고통과 불행을 딛고 일어설 때 뿌리 깊은 나무로 성장해서 그늘을 많이 드리는 큰 나무가 될 수도 있을 것이다. 오죽했으면 주홍글씨 같은 판결을 했겠는가고 이해되지만, 그러나 재판관으로 현재만을 보지 말고 먼 미래를 봐야할 것이다. 죄를 미워하되 사람은 미워하지 말라고 했다.

4-2001 (중앙일보)

악처란 남성들이 만들어낸 말?

남자들에게 자신을 갖게 하는 3가지 요소는 좋은 가정, 현처, 좋은 의복이라 한다. 또 노화를 재촉하는 3가지 요소는 두려움, 분노, 악처라는 말이 있다. 일상생활의 도덕기준에서 악처나 현처의 의미도 대부분 시대나 환경에 따라서 또는 보는 시각에 따라서 다르게 붙여질 수도 있을 것이다.

새벽마다 우리 동네 주택가를 쟈깅하는 40대 초반의 캐럴은 미모와 지성을 갖춘 캐리어 우먼이다. 또한 11살짜리 죠슈와의 어머니이기도한 이혼녀이다. 이혼하기 전, 남편 스티븐은 디즈니사가 대량 감원할 때 회계사직에서 물러난 후, 3년 동안이나 캐럴의 적은 수입으로 3식구가 살았다. 다시 직업을 찾는 과정에서 스티븐은 척박한 현실에 도전하지 못하는 나약한 성격과 마마보이로 자라서인지 책임감이 약한 남성임이 드러났다.

스티븐은 가족을 위해서 그의 자존심을 낮춰서 적은 연봉의 일이라도 다시 일을 시작할 기회가 있었는데도 거절했다. 시간이 지날수록 그의 취업 조건은 나빠져서 좋은 자리는 유능한 젊은이에게 돌아가므로 그의 실직은 계속되고 결국 이혼으로 이어졌다. 앞으로 대학원에 가서 MBA를 할 것이라던 스티븐은 그 후 몇 년이 지났으나 지금도 직업소개소를 들락거리면서 노쇠한 어머니의 연금에 기대어 살고 있는 고독한 무능력자로 전락했다. 캐럴은 현대식 악처일까?

토니 블레어 영국 총리의 부인 셰리 부스여사는 두 번째 집권을 위해서 선거전에 혼신을 다하는 남편에 가담하지 않고 그녀에 의뢰된 소송변호일을 계속한다고 해서 영국 노동당원들을 놀라게 했다. 그러나 다행히 블레어 총리는 압도적인 의석수로 재집권에 성공했다.

르윈스키와의 스캔들로 4백만여 불에 달하는 변호사비용을 충당하기 위해 클린턴 전 대통령은 해외 강연에 동분서주해서 수입을 올리는 것도 그의 부인 힐러리 상원의원이 채근한 것이라고 한다. 위의 두 부인들은 현대엔 똑똑한 현처일는지 모르나 불과 세기 전 만해도 유교에서 말하는 칠거지악에 들어가는 내쫓길 여자들이다.

악처라는 대명사의 뿌리를 캐어보면 서양에서는 아마 기원 전 4-5세기경에 "너 자신을 알라"는 서양철학의 비조격인 소크라테스의 처 크산티페를 들 수 있다. 소크라테스는 가난한 집안 살림은 돌보지 않고 아테네 시의 광장을 배회하면서 사람들과 진리가 무엇인지, 정의가 무엇인지 토론하다가 집에 돌아오면, 그의 처 크산티페는 현실을 외면한 남편에게 바가지를 긁어댔다고 한다. 그러나 무반응의 침묵으로 일관하는 소크라테스 때문에 더욱 화가 나서 물바가지를 퍼부었다고한다.(오죽 했으면?) 그러나 소크라테스 왈 "천둥이 치고 나면 비가 오는 법이지......"라고 말했다는 에피소드가 있다. 그런데도 소크라테스는 "어쨌든 결혼하라……. 그것은 누구에게나 좋은 일이다"고 권했다고 한다.

동양의 예로는 한 수 앞서 기원전 12세기경 서백 주나라 문왕을 도와 주나라를 창설한 여상 강태공의 처 마 씨를 들 수 있겠다. 마 씨는 여상이 책만 읽고 위수에서 곧은 낚시만 드리우고 세월을 보내면서 가난한 살림은 돌보지 않으니 보따리를 싸서 친정집으로 도망가 버렸다.

후일 문 왕이 주나라를 세운 후 여상이 제나라 제후에 책봉되어 즉위하러 가는 도중 길바닥에 어느 여인이 엎드려 울고 있었다. 그 여인이 마 씨 부인이었다. 마 씨 부인이 지난 일을 후회하고 다시 같이 살기를 청원했으나 여상은 물을 떠오라해서 떠온 물을 땅에 엎지른 후 "엎질러진 물을 다시 주어 담을 수 있다면 같이 살 수 있다"고 했다고 한다.

위의 두 에피소드는 남성위주의 사고방식에서 근원된 것이지, 매일 생계는 제쳐놓고 말만하고 다니는 백수남편에게 또는 곧은 낚시로 세월을 보내는 무능한 남편을 21세기의 여성들이 Better Half로 모시겠는가? 자신의 일의 의의와 중요성을 이해시키고 참고 기다려야함을 설명해서 인식시켰다면, 크산티페나 마 씨 부인이 세칭 악처라는 대명사의 시조가 되었겠는가? 현대여성들은, 처음 이해할 수 있는 대화를 시도하다가, 참다가, 불만을 토하다가, 결국엔 포기하고 이혼하는 세상이다.

술처럼, 목이 컬컬할 때 추겨주고, 아무리 놔둬도 불평 없이 혼자 생계를 책임지고, 언제고 필요할 때 그 곳에서 기다리는 여자? 여자가 비하되든 시대는 지나갔다.

기성의 가치관과 사회적 인습에 얽매인 남성 앞에서 운명으로 받아들이고 체념하며 사는 여자는 앞으로 점점 사라질 것이다. 세칭 공처가, 엄처가, 기처가라는 말이 자주 회자되는 것을 보면 여러 분야에서 역조현상이 계속 일어나고 있는 것이다.

왜 여성에게만 악처나 현처라는 단어가 통용될까? 남성에게 악부나 현부라고 부르는 것을 들어본 적이 없다. 이민을 왔기에 어렵고 막막한 긴 터널을 지나온 우리 모두 시대의 변화를 이해하고 남과 여의 이분법을 초월해서 나를 위한 최선의 친구이며 반려자로 생각을 바꾼다면 또 악처도 적극적 생활태도를 가진 현대적 이미지의 여권이라고 생각한다면 악처라는 단어가 무의미해질 것이다.

6-19-2001 (중앙일보)

어머니 사랑

오는 5월 13일은 어머니날이다. 매년 5월 2번째 일요일이 미국의 어머니날로 1907년 안나 자비스에 의해 제의되었으며, 1914년 우드로 윌슨 대통령이 정식 선포한데서 시작되어 올해가 93번째가 된다.

지난 4월 초, 부활절 분위기로 분주한데 어떤 손님이 벌써 '어머니날' 카드를 찾는다. 헝가리나 스페인, 폴튜갈의 어머니날은 5월 6일이며 이웃 멕시코는 5월 10일 이여서 외국에 보낼 분들은 4월부터 카드를 사간다. 어느 시즌이나 어머니에게 드리는 카드를 고르는 사람들의 표정은 사뭇 진지하다. 어떤 분은 읽다가 회한에 빠져 눈물을 흘리는 것을 자주 보게 된다.

어머니날! 지고지순한 사랑, 인간의 본향인 사랑을 주기만 하셨던 분, 애틋한 그리움이 가슴에 번진다. 인류 역사상 어떤 위대한 인물이라도 어머니의 뒤안길 사랑과 가르침이 인간성의 기본이 되었을 것이다. 하나님이 만물을 창조하실 때 인간은 심장 가까이에 유방을 두고 동물은 심장에서 먼 곳에 유방을 만든 것은 그분의 깊은 배려에서라고 한다.

지난 4월 16일 전 세계를 경악케 했던 버지니아 텍 조승희 총격사건은 미국에 이민 온 우리 한국부모들의 가슴에 심한 충격을 주었다. 그리고 오늘날 진정한 가족 간의 영적 대화나 자녀의 정서적 성장을 생각할 여유 없이 생업에 분주하기만 한 이민 자 우리들의 현재 상황을 점검하게 하였다. 또한 그의 부모의 헌신적인 사랑과 희생이 알려지면서 그들의 처절한 심경이 동병상련의 아픔으로 느껴진다.

그러나 우리들의 우려와는 달리 대부분의 미국인들은 그 사건을 인종적 지역적 감정을 초월해서 그 개인의 자폐된 정신질환 때문으로 여론이 형성되고 있는 것은 이민으로 만들어진 미국의 다 민족 사회에서 병들고 시달린 아픈 실존을 이해하는 인간적 시각으로 여겨진다. 더구나 버지니아 텍 학생들이 조승희를 애도하는 꽃을 사와서 '그 동안 얼마나 아팠겠느냐......'는 말을 했다고 한다. 특히 희생된 자녀의 부모들이 억울하고 처참한 슬픔의 분노를 터트리지 않고 인내로 다스리며 사태추이를 지켜보는 의연한 태도는 미국의 다른 한 면을 보게 된다. 다가오는 어머니날을 맞아 상처받은 어머니들의 마음이 치유되기를 간절히 기원한다.

미국에 온 후 이곳 남가주의 소도시에서 카드와 기념품과 책을 파는 홀마크 카드(Hallmark Card) 스토어를 오랫동안 경영하고 있다. 1911년 조이스 홀이 포스트카드 판매의 비즈니스에 이어 창설한 이 회사는 오늘날 미 전국 카드생산의 40% 내외를 점유하고 1만 여의 지점을 가지고 있는 대회사로 성장했다.

나나 단골고객이나 그 동안 우리가 공유한 시간이 꽤나 축적되어서 서로들 쳐다보기만 해도 대개 그날의 기상도를 짐작하게 된다. 당시의 말썽꾸러기 어린 소녀들이 이젠 의젓한 엄마가 되어 다시 그들의 아이들을 데리고 카드를 사러온다. 마치 고향집을 방문하듯이 반가운 마음으로.

어머니날 카드라도 어머님의 나이와 취향에 따라 그 종류가 다양하다. 나 혼자 또는 우리 부부로부터 어머니에게, 우리 가족 모두가 또는 어린 딸이나 아들로부터 엄마에게 주는 카드가 다 다르다. 또 최근 늘어만 가는 스탭머더나 장모에게, 또는 딸이나 며느리에게, 직장동료에게, 친구에게, 또 친구의 어머니에게, 그 외에도 할머니, 숙모, 언니, 이모, 손녀, 조카딸, 사촌 등 그들의 나이에 따라 각각 다르게 만들며 또한 가족의 일원인 개나 고양이로부터 엄마에게 등 그 종류를 헤아리자면 정말 놀라게 된다. 그래서 어머니날의 카드는 1000가지가 넘는 종류를 내 놓는다. 그래저래 미국문화의 독특한 한 축을 차지하고 있는 카드는 아무리 IT문화 속의 E-mail이 성행해도 계속 이어질 것 같다.

어머니 날! 광속으로 변하는 세계화의 신자유주의경쟁 속에서 눈부시게 발전하는 문명의 이면에, 황폐해 가는 정신문명 속에서도 그러나 어머니의 절대적 사랑은 우리 자녀들이 세상을 밝게 보는 점안 약이 될 것이다.

5-5-2007 (한국일보)

겨울을 위한 전정

주말 아침은 웬지 시간이 흐르지 않고 고여 있는 것 같은 여유를 준다. 침대에 누어서 느긋하게 게으름을 피워도 시간이 그대로 있어 하루가 가득히 차있다는 느낌이 드는, 웬지 오늘은 나만의 아늑한 시간이 기다리고 있는 듯 한가롭게 느껴진다. 그 동안의 많은 추억들이 실타래처럼 풀어져 지금, 과거가 모두 현재로 재현되어 어린 시절의 작은 기억까지 재 상영되는 듯 공상에 빠져서 고요 속에 잠겨있다.

그런 아침, 정원에서 아늑한 고요를 찢는 기계소리가 요란하다. 웬 불청객? 정원사들이 지나 주 시작했던 나무 가지들의 전정을 이제 마무리 작업을 하느라고 단잠을 깨우고 있다. 우거진 가지와 잎들을 정전해서 겨울의 강풍에 퇴로를 내주어 넘어지지 않도록 겨울차비를 하고 있는 것이다.

모처럼 운동복을 입고 산책길에 올랐다. 며칠 전까지 싱싱하고 푸르기만 했던 나무 잎들이 어느새 노랗거나 초록과 붉은 반점을 띤 가을 잎으로 변해가고 있다. 중학교 수학여행 때 토함산에서 보았던 빨갛게 타오르던 단풍처럼, 꺼지지 않는 불씨로 가슴의 어딘가에 입력되어있는 유년의 그리움처럼 나무들은 다시 가을빛을 띠기 시작했다.

나무를 정전하느라 바쁜 정원사들과 얘기를 나누고 있던 노신사가 지팡이에 몸을 의지하며 천천히 내 쪽으로 오고 있다. 길 건너에 사는 스미스 씨다. 그는 올해 91세로 산보하면서 목에 호루라기를 걸고 다닌다. 전부터 의아해하는 나에게 만일 자신에게 무슨 일이 일어나면 호루라기로 이웃에게 알리기 위해서라며 웃으면서 힘껏 불어본다. 허나 그 기어드는 호루라기 소리라니…….

그런데도 스미스씨는 만날 때마다 미소를 띠며 행복해 한다. 나뿐만이 아니고 만나는 모든 사람에게 기쁨을 나누어준다. 자녀도 없는, 그렇게 나이 많은 분이 혼자 살면서 지나간 삶의 회한과 외로움을 느끼며 우울할 텐데도 소년처럼 마냥 즐거워 보인다. 주름투성이의 흰 얼굴은 순진한 아이같이 사랑스러워 보이기까지 한다.

현재를 생이 완성되어 가는 한 순간으로 받아드리는 사람은 미래를 두려워하지 않고 방황하지도 않고 현재를 행복하게 소유한다. 스미스 씨는 이미 생을 달관해서 생과 사를 초월한 분인 것 같다. 그래서 현재 느껴지는 이 순간의 모든 것을 사랑하는 마음으로 대한다. 희로애락을 넘어서 생을 다스릴 줄 아는 성숙한 사람은, 또 주어진 생을 위해 노력하며 충분히 사는 사람은, 다가오는 죽음에도 이렇게 의연하고 여유 있게 받아드리는 것인가?

<파우스트>의 저자인 괴테는 "인생의 의미는 돈이나 명예나 쾌락에서 구할 수 있는 것이 아니고 노력과 고생 속에 숨어있다. 자유도 생명도 그것을 매일매일 노력해서 얻는 자만이 누릴 자격이 있는 것"이라고 깨우친다. 그의 인생관은 자기의 생을 완전히 살아버린다는 것이다. 운 좋게 태어나서 천재성으로 이룩한 화려한 생이 아니라 노력과 근심에 가득 찬 끊임없이 돌아가야 하는 치차 같이 그는 부단한 자기연마와 끊임없는 노력으로 이룩한 생의 완성 자이며 동시에 문학과 인생의 거목이었다.

가지를 쳐내는 아픔을 감내하며 묵묵히 서있는 나무는 속으로는 생존을 위한 치열한 순환이 계속되고 있을 것이다. 겉으로 보이지 않는 깊은 땅속 흙과 바위틈에 거미줄모양 뻗어서 한 방울의 물이라도 흡입하려 끊임없이 노력하는 뿌리와 지구의 중력을 이겨내는 피나는 삼투작용으로 저 멀리 가지 끝까지 물을 전달하는 줄기들, 그 노력의

대가로 꽃피고 열매 맺고 울창한 잎을 피우는 나무는 아무 두려움이나 방황이 없어 보인다.

겨울이 되면 잎이 다 진 겨울나무의 가지들은 하늘을 향해 서로 조화롭게 뻗어있는 것을 볼 수 있다. 가지들이 서로가 상대를 배려하듯 여유를 두고 자란 것이다. 그런데 사람들만이 생존의 이기주의로 경쟁하느라 초조하고 불안한 삶을 서로 엉켜 살고 있다.

욕망덩어리의 인간사회도 이성과 양심으로 정전해서 마음을 비우고 한결 조화와 균형을 이루며 산다면 좀 더 밝은 세상에서 스트레스 없이 자유롭고 다양하고 즐거운 삶을 살 수 있지 않을까 하는 꿈을 꾸어본다. 겨울로 들어서기 위해서 나무도 가지치기한다. 자연은 우리에게 많은 것을 시사해준다.

10-27-2007 (한국일보)

동거 후 결혼?

산과 들이 진초록으로 물들여지고 꽃들이 만개한 요즈음은 결혼씨즌이다. 결혼은 자기의 취향과 판단과 선택으로 시작하는 인생의 새 출발이다. 오늘날엔 결혼의 의미나 결혼관이 많이 변한 것 같다.

많은 현대인들은 내일은 오늘이 아니라는 생각으로 현재의 행복에 가치를 두고 있으며, 성의 개방으로 결혼이 필연이 아닌 선택으로 변속되었다. 하긴 "결혼은 어떤 나침반도 일찍이 항로를 발견한 적이 없는 거친 바다"라고 시인 하이네는 말하지 않았던가?

최근 럿거스 대학과 갤럽의 설문조사에서 '결혼 전 동거'를 해서 마음에 맞는 사람이면 결혼하는 것이 좋은 방법이라는 젊은이들이 62%나 된다고 나왔다. 과연 놀라운 변화이다. 기존 도덕윤리의 인식으로는 기절초풍할 발상이지만, 결혼이 사랑과 상호 이해의 결과라면, 상대를 잘 알고 이해하기 위해서 혼전 동거를 해본다는 것은 인간 본능의 사실화로 시대의 흐름이며 안전한 항로를 찾는 길일는지도 모르겠다.

휘닉스의 명문 변호사집의 아들인 팀은 대학 때부터 시작해서 걸프렌드를 여러 명 거쳤다. 불량기가 많은 청년? 그러나 팀은 여성편력으로 그 바쁜 중에도, 포모나대학을 나온 후 하바드 법대에서 Law Review지의 편집멤버로써 우등생으로 졸업했다. 큰아들과는 동창으로 현재 그는 휘닉스에 있는 굴지의 Law Firm에서 일하는 유능한 변호사다. 그는 LA에 오면 우리 집에도 가끔 인사하러 오는 성실하고 상냥한 청년인데, 며칠 전 집에 왔을 때 "결혼은 언제 하나요?" "이번에 동거하고 있는 제인 하고는 거의 결혼할 생각입니다"라고 한다.

이런 현대인의 결혼 전 동거는 그 발상의 원천을 찾아 올라가 보면 서구 철학과 문단을 진감시켰던 프랑스 실존철학의 대명사격인 싸르뜨르를 들 수 있다. 철학가이며 문인인 싸르뜨르는 50년대 우리나라에도 소개되어 나도 그의 책들을 읽으며 실존주의 사상을 이해하게 되었으며 우리시대 많은 젊은이들의 정신세계에 커다란 영향을 미쳤던 대가이다.

그와 시몬느 드 보바르는 소르본느의 고등사범학교에서 만났으며 둘 다 철학을 전공했다. 그때 싸르뜨르의 제안으로 2년 동안의 실험적인 계약동거를 시작했다. 그리고 2년 뒤 그들은 '서로에게 다른 사람과의 우연적인 사랑도 허용하는' 서로의 인격과 자유를 존중하는 영원한 관계로 들어가는데 합의했다. 당시 2차 대전 후 실존철학에 심취한 젊은 세대에게도 세기를 앞서가는 싸르뜨르의 계약동거 뉴스는 이해하기 힘든 파격적인 사건이었으며 한국 신문에도 해외토픽으로 개재되었었다.

휴머니즘을 실존철학의 기치로 삼고, 자유에의 실천으로 인간구제를 외쳤던 대표적인 지성이 보바르와의 계약동거로 세계에 커다란 파문을 일으킨 것이다. 그 후 보바르는 자서전에서 그들의 계약 결혼은 '영혼과 가슴과 육체가 일체된 사랑이었다.'고 술회하기도 했으나, 나중에는 싸르뜨르의 수많은 여인관계에 실망해서 사이가 좋지 않았다. 정식 결혼하지 않았던 두 사람은 죽어서 몽파르나스 묘지에 나란히 묻혔다.

영국의 D H 로렌스는 1928년 <차타레이부인의 사랑>이라는 소설을 썼을 때, 차타레이부인과 정원 숲지기와의 정사를 13번에 걸쳐 성적충동을 일으킬 만큼 섬세하게 묘사해서 간통까지도 미화한 그 책은 구라파에서 외설물로 판금 되었었다.

30여 년이 지난 1960년 영국의 팬긴출판사에서 <차타레이부인의 사랑> 완본을 출판하자 검찰당국이 음란물 출판으로 기소했다. 이에 출판사 측에서 35명의 명망 있는 증인이 나왔는데, 한결같이 이 작품이 문학적, 교육학적, 사회학적 가치가 있는 책이라고 증언했으며, 특히 신학자인 로렌스감독은 "종교적인 도덕률에서만 보았을 때는 간통이 옳지 못한 불륜이나, 성의 신성함을 잘 묘사한 예술이나 문학은 다르다"는 증언을 했으며, 그 재판에서 판금이 해제되었다.

싸르뜨르와 보바르부인의 계약결혼이나 로렌스의 <차타레이부인의 사랑>은 현대에는 신문에 토픽으로 날 기사거리도 아닐 텐데, 그 당시 서구 보수적 사회를 흔들어놓은 대 사건임을 생각하면 격세지감이 든다.

현대 미국에서는 일찍 결혼할수록 이혼율이 높다고 한다. 또 결혼해서 15년 내의 이혼율이 45%에 이른다고 한다. 축복 속에 결혼해서 불행 속에 이혼으로 끝난다면 당사자의 고통은 물론 부모와 주위 사람들에게도 참으로 안타까운 일일 것이다.

결혼 전 동거를 하던 안 하든 서로의 다른 점을 이해하고 존중하며 서로의 부족한 점을 보완해 가는 삶의 과정에서 인간과 인간이 만나게 되고 우정이 싹트고 사랑으로 열매 맺어질 때 그 결혼은 행복할 것이다.

결혼한 후 젊어서는 사랑과 존중으로, 중년에는 우정과 믿음으로, 말년에는 서로의 보호자로 의지하는 삶은 얼마나 아름다운가!

7-14-2001 (한국일보)

날개 돋친 성조기 판매

9월 11일……. 우리가 살고 있는 지구는 화면이 바뀌었다. 온 몸에 시커먼 먼지를 뒤집어쓴 소방관들이 처참한 모습으로 폭풍우처럼 쏟아지는 먹구름 먼지와 파편 속을 걸어 나오는 사진은 우리에게 큰 충격을 주었다. 분노와 슬픔과 탈진된 표정에서 "America under attack"란 실황을 느낄 수 있었다.

열린사회와 민주주의의 에피센터 격인 미국이 얼굴 없는 테러리스트로부터 엄청난 비인도적 공격을 당한 것이다. 그것도 미국의 경제적 군사적 심상인 뉴욕과 워싱턴에서, 미국의 자랑인 세계무역센터 쌍둥이 건물이 완전 붕괴되고 펜타곤이 일부 파손되었다. 천인공노할 야만적 방법의 자결 대에 의해 새로운 하루를 시작하려는 선한 시민들이 희생당했다.

텍사스의 시골신사 부시가 막강한 미국의 대통령이 되어 그의 애교 있는 재스쳐가 뉴스거리가 되고, 전후가 맞지 않는 언어사용으로 노련한 정치가들을 놀라게 할 때가 많았던 부시는 이번 사건으로 백악관 입성 후 최대의 위기를 맞이했으며 또한 그의 능력을 보여줄 기회이기도 하다.

미국은 군사적으로 수퍼국이며 경제적으로 세계 자본주의의 중심지이다. 특히 후진 국가들의 젖줄이다 싶은 광대한 미국은 또한 신경제의 창조자이고 IT산업의 첨단국가이다. 그러한 미국이 어찌 이 엄청난 사건을 사전 감지 못하였단 말인가? 하기야 예고된 위기는 위기가 아니라고도 한다.

부시대통령은 9.11의 대 천재지변 같은 사건을 명백한 테러사건으로 천명하고 응징을 선포한 하루 만에 이것을 전쟁행위로 확대 재천명했다. 응징의 차원을 확대하고 국가의 모든 자원과 능력으로 테러분자들은 물론 그를 동조하는 나라까지도 상응한 보복을 하겠다고 다짐하고 있다.

뉴욕발의 그 쇽크는 일파만파로 바로 세계경제에 미쳤다. 그렇지 않아도 미국을 비롯한 세계 경제가 침체일로에 있던 요즈음 월가는 마비되고 세계경제의 맥박은 경직되었다. 그러나 워싱톤의 정치가에선 의회가 여야를 초월해서 200억 불의 예산을 승인해서 부시정부가 복구와 응징수행에 자유롭게 쓸 수 있도록 했다. 또한 모든 신문은 비판의 소리는 일체 없고 자성과 정책의 재정비가 필요하다는 의견을 피력했다.

특히 전 국무장관인 키신저는 사상자들을 돌보는 동시에 하루 빨리 정상적 삶으로 돌아가 우리의 삶이 붕괴될 수 없음을 보여주어야 한다고 했다. 또한 테러행위에 대한 응징의 차원을 넘어서 이런 일을 저지른 시스템을 파괴시키므로 서 진주만 공격 때처럼 단호한 끝을 맺어야한다고 했다.

우리 샤핑몰에서는 성조기 구입이 물결치고 있다. 많은 시민들이 차에 달기 위해서 또 집에 걸기 위해서 국기를 찾고 있다. 몇 백 개의 성조기가 불티난 듯 팔려나갔다. 또 FM 10.51에서는 미국 국가를 간간이 부르고 있다. 또한 적십자사에서는 헌혈하려는 많은 사람들이 줄서서 기다리고 있다. 이것은 국가가 위기에 처했을 때 모두 뭉쳐 정부의 정책수행에 동조하려는 국민들의 의지이다. 우리도 그들에 동조하며 주위의 한인 사상자 가족을 찾아 위로해야할 것이다.

이민으로 이루어진 나라인 미국에서 외부로부터의 공격에만 초점을 맞추어, 아라스카와 해외에만 미사일 방어를 설치한 국방정책에서,

이번에는 내부적 테러도 막아야한다는 자성의 기회가 주어진다면 전화위복이 될 수도 있을 것이다.

이번 일은 테러범이나 그들의 조직을 밝혀내어 깡그리 소탕해야 할 것이다. 미국의 자존심뿐만 아니라 민주주의 수호를 위해서, 세계의 평화를 유지하기 위해서 비민주적, 비인도적인 야만적 방법의 테러는 절대로 용납될 수 없음을 단호히 보여주어야 할 것이다.

시간이 지나면 이번 사건도 역사의 페이지로 넘어갈 것이다. 그러나 역사의 페이지마다 우리에게 주는 교훈이 있다. 여러 방면에 관심과 상식을 가지고 긴장되게 깨어있는 사람은 어떤 상황에서도 최선을 다할 수 있을 것이다.

9-14-2001 (중앙일보)

뉴욕 테러사태, 그 후

상점 문을 열자마자 블론드의 머리를 길게 늘어뜨린 화사한 차림의 여인이 들어왔다. 근처 오피스 여인인줄 알고 "무엇을 도와드릴까요?"하는 말에 의아한 듯 나를 보며 "전 꽃집을 하는 앨런인데요." 응? 그때야 자세히 보니 그녀가 몇 집 떨어진 꽃가게 주인 앨런임을 알았다. "머리를 블론드로 염색했지요. 남편은 얼굴이 너무 아랍 적이기에 수염을 깎고 바깥출입을 삼가 하고 있어요. 특히 아이들의 등하교가 불안하기 짝이 없어요." 그들은 아랍인이기 때문에 최근의 테러사건에 대한 보복적 피습을 두려워하고 있다. 1941년의 일본의 진주만 공격으로 무고한 일본인들은 격리 수용되어 비참한 생활을 했던 것을 알기에, 뉴욕테러사건 이후 앨런 가족도 조심하는 것이다.

어떠한 명분과 논리로도 정당화될 수 없는 뉴욕 대 참사이후 신문이나 방송에서 많은 식자들이 그 사건에 대한 원인을 규명하고 사후대책과 앞으로 미국의 자세에 대해서 많은 의견을 피력했다. 또 지난날 방심했던 공항관리나 넘치는 안일 속에서의 허점도 지적했다. 또한 미국이 21세기의 첫 전쟁을 치르는데 있어서 여러 가지 신중하고도 유익한 견해를 발표함으로써 상대편 적에 대해서 알게 되어 이번 전쟁이 국지적이고 얼굴 없는 어려운 전쟁임을 이해하게 되었다.

13억의 아랍인들은 이슬람종교로 얽혀있다. 이슬람 근본주의자들은 물질문명으로 치닫고 있는 기독교권인 서방세계는 타락했다고 생각한다. 또한 이스라엘을 두둔하고 국제사회에서 그들 편에 들어 행동하는 미국을 제 일의 적으로 생각하고 있다. 그들의 일부는 지하드(성전)를 그들의 최고의 의무로 생각하고 있기 때문에 뉴욕참사같은 자살폭탄테러를 할 수 있는 것이다.

비사회적, 비국제적, 비문화적인 그들의 잔인한 테러를 국제사회가 분노하고 있는 것은 당연한 일이다. 그러나 눈에는 눈으로의 유태인식 응징을 즉각 할 수 없는 이유는 테러는 테러를 낳고 또 다른 테러로 이어지며 결국엔 문명충돌로 이어질 것을 두려워하기 때문이다. 또한 역사적으로 종교전쟁은 더 잔인하고도 더 두려운 전쟁이기 때문이다. 우리는 11세기경 인류역사상 가장 오랫동안 약 200년 동안 계속된 십자군 전쟁이 얼마나 참혹하고 잔인한 종교 전쟁이었나를 알고 있다.

또한 전쟁의 후유증이 얼마나 오랫동안 심각하게 사람들의 일상생활에 영향을 미친다는 것은 한국전쟁을 겪어본 1세들은 다 잘 알고 있다. 백전노장이며 노르망디 작전을 성공시켜 2차 대전을 승리로 끝맺게 힌 제 34대 아이젠하워 대통령도 "가능한 어번 수단을 동원해서라도 전쟁만은 피해야 한다."고 하는 것이 그의 경험이었다.

누구도 전쟁을 원하지 않는다. 아무도 인명피해를 원치 않는다. 그럼에도 지금 미국은 잔인하게도 수천 명에 가까운 선민의 사상자를 낸 참혹한 테러와의 전쟁을 선포했다. 부시대통령은 단호한 응징으로 그들의 뿌리를 뽑겠다고 말했다. 더러운 전쟁으로 장기전이 될 것이라고도 했다. 또한 타협은 없다고 천명했다. 부시대통령의 결연한 자세는 지난 20일의 의회연설에서 초당적인 지지를 받았다. 또한 전에 부시대통령을 탐탁하게 생각지 않았던 일부 국민들도 이제 긍정적으로 받아들이고 America united란 구호로 단결하고 그 정책을 83%나 되는 국민이 지지하고 있다.

그러나 일부 대학생들은 반전데모를 하고 있다. 참으로 미국다운 자유로운 의견표출이다. 한편 부시대통령은 아랍계의 미국인들이 무고한 피해를 당하지 않도록 성명을 발표하며 아랍사원을 방문했다. 그것은 아랍인들과의 문명충돌을 막기 위한 현명한 처사라 생각된다.

9월 11일의 미국의 상징적인 건물인 세계무역센터와 펜타곤의 테러사건은 미국의 자존심에 먹칠을 했다. 또한 미 국민들의 분노와 사상자 가족들의 억울함과 슬픔을 생각할 때 국민의 정서를 고려해서 부시 대통령의 강력한 응징은 불가피하게 되었다.

성조기는 아름다운 국기이다. 색채와 디자인 면에서도 훌륭하지만 의미와 품위가 조화되어 사랑을 받는다. 미국의 국가도 깊이 있고 아름답다. 미국인은 국가와 국기 아래 뭉쳤다. 미국은 이민의 나라이다. 우리는 모두 이민자들이며 같은 배를 타고 있다. 국가의 역사적 역경에 우리도 관심을 가지고 가능한 범위 내에서 적극 협조하도록 하자. God Bless America!

10-2001 (중앙일보)

라마단과 겹친 추수감사절

겨울을 재촉하는 비가 내린 후 아침저녁으로 싸늘한 기온이 대지에 스며들더니 나뭇잎이 빨갛게 단풍들었다. 골목을 막 돌아 나오는데 담 벽을 덮은 담쟁이넝쿨이 아침 햇살에 투사되어 새빨갛게 타오르고 있다. 엊그제 새 밀레니엄의 청사진을 높이 띄었던 축연이 생생한데 벌써 한해가 저무는 11월이 되었다.

22일은 추수감사절이다. 금욕과 검약과 도덕주의의 영국 청교도들이 신 대륙을 찾아 May flower 이민선을 타고 뉴잉글랜드에 도착한 후 악천후 속에서 신천지를 개간하며 갖은 고생 끝에 그 해의 수확을 하나님께 감사드렸다는 추수감사절, 우리 한인들도 보다 낳은 삶을 위해 이곳에 이민 왔기에 추수감사절은 더욱 의미가 크다. 각지로 흩어져 살고 있는 가족들의 상봉의 기쁨과 무사를 확인하며 감사드리는 경건하고 마음과 마음이 교섭되는 의미 있는 시즌이다.

20세기에 들어와서 심은 대로 거두고 열매를 보면 그 나무를 안다는 성경구절에 뿌리를 둔 미국의 실용주의는 아전인수적 해석으로 목적을 위해 수단을 가리지 않게 되어, 두 눈에 달러 사인을 붙이고 황금만능주의에 치우쳐 중요한 정신문화나 인간관계는 뒷전으로 밀리게 되었다. 이러한 물질문명의 극화는 일부에서는 돈이 종교가 되는 기현상을 빚기도 했다. 그러나 종교와 세속적 욕망과는 공존할 수 없을 것이다.

그 동안 미국문명의 단층을 보면 개인주의가 팽배해져서 대가족제

도가 해체되고 핵가족화 되었는데 더 나아가 독신자와 이혼한 사람들 또 미혼모 등 단순 개인 단위로 분열되어 핵 인간화가 되어가고 있는 추세이다.

그러나 지난 9월 11일의 테러사건과 그 이후 일어난 일련의 사건들은 이러한 미국인들의 생활의 흐름을 되돌아보는 기회가 되었다. 자아의식을 갖게 되고 반성과 사유로 자기위치를 재점검하는 계기가 되었다. 미국이라는 슈퍼파워의 국가도, 가난하며 종교가 다른 비상식적이고 원시적인 집단 테러범들에 의해 커다란 타격을 받는다는 허허실실을 알게 되었다. 사자는 모기를 두려워하고 코끼리는 거머리를 두려워한다고 했던가!

지난주 시사지에 의하면, 미국인들이 가족의 중요성을 인식하게 되어 이혼율이 급감해져서 지난 10년보다 21%나 감소되었으며 종교에 대한 인식이 변하였다고 한다. 성경책의 판매가 작년에 비해 42%가 증가했고 코란경전의 판매도 4배가 늘었으며, 대부분의 미국교회는 출석률이 5-10%가 증가했으며, 특히 만하탄 지역은 전보다 두 배나 되는 사람들이 예배에 참석한다고 한다. 쾌락의 말초적 흥밋거리가 아닌 좀 더 진지하고 깊이 있는 영적인 생활에 관심을 갖게 된 것이다.

지난 16일 이슬람의 금식월 '라마단'이 시작했다. 22일은 미국의 추수감사절로 라마단과 31년 만에 처음으로 겹친다. 이런 상황에서 보이지 않는 어떤 종교적 섭리가 있는 것은 아닌가? 하고 생각하는 사람들도 있다. 먼지가 펄펄 날리는 삭막한 언덕에서 눈이 퀭한 메마른 사람이 총을 들고 전쟁을 치르고 있다. 무엇 때문에? 누구를 위해서?

인간으로 태어난 자신의 존엄이 무엇인지, 하고 있는 일의 가치에 대한 의문도 없이, 그 심각성을 인식하지도 못한 채, 지하드라는 마력에 자신의 생명을 내놓고 있다. 그 뒤에서 가난과 기아로 힘없는 어린이들이 죽어가고 있는데도.

바닷물이 빠져버리면 지구 전체는 하나의 지구촌으로 연결될 것이다. 인간이 이기적인 과욕을 버리고 합리적인 사고를 가진다면 세계는 한 인간가족의 한 국가가 되어서 분쟁은 사라질 것이다. 최근 통계에 의하면 지구에서 생산되는 식량으로 65억 세계인구가 다 먹고도 남는다니 평화스럽게 살 수 있지 않겠는가. 그러나 인간의 이기적인 분배의 벽으로 어떤 곳에서는 식량이 넘쳐 나고 다른 곳에서는 굶어 죽는 현상이 일어나고 있다. 가장 기본적인 인간의 생존이 거부된 빈곤, 인간들이 만들어낸 부조리이다.

추수감사절에 감사드릴 일을 찾아 주위를 둘러볼 일이다. 마음 문을 열어 남의 아픔을 감싸줄 수 있는 사랑을 찾자. 그래서 감사하는 마음으로 생활하고 있나 자신을 돌아봐야겠다.

12-02-2001 (중앙일보)

시간의 주인이 된다면

2001년의 마지막 달, 12월이 불과 며칠밖에 남지 않았다. 어느 해나 되돌아보면 크고 작은 사건들로 얼룩져있는 시간의 흔적을 볼 수 있다. 그러나 2001년 9월 11일의 테러사건은 역사의 흐름을 바꾸어 놓은 전쟁과 같은 대 사건이다. 현재 그 여파로 아프가니스탄과의 전쟁이 계속되고 있으며 앞으로 그 전쟁의 불똥이 어느 나라로 튈지, 얼마나 계속될지 예측할 수 없는 시점이다.

올해는 불경기에 전쟁까지 겹쳐 "소비가 애국이다"는 표어와 계속된 이자율 하락으로 경기회복을 꾀하고 있으나 중순인 현재까지도 지지 부진한 듯 경기회복은 피부에 와 닿지 않고 있다.

이제 성탄절과 새해를 마지 하느라 샤핑몰엔 상품들이 가득 쌓여 있고 선물사기에 바쁜 소비자들로 분비기 시작했다. 성탄절은 종교적인 본질이 퇴색되고 상업주의화 되어 익사이팅한 파티 날로 되어가고 있다. 성탄절 특수를 노리는 대부분의 상점들은 화려한 장식을 하고 오픈 시간을 늘렸고 체인 스토어는 24시간 오픈 하는 곳이 계속 늘어나고 있다.

10여 년 전에 우리 샤핑몰에 있는 Savon과 또 몇 체인스토어가 24시간 오픈 하더니 최근 들어 Carls Jr.를 비롯해서 Kinko's 등 24 시간 오픈 하는 스토어가 더 늘어났다. 24시간을 오픈 한다는 것은 목적을 위해 주어진 시간을 최대한으로 쓰려는 계속되는 시간을 말하며 낮과 밤의 구별이 혼돈되어 가는 생활패턴으로 이어질 것이다.

더구나 이제 대중화된 전자미디어는 세계를 지구촌 개념에서 안방개념으로 바꾸어 놓았고, 최근 인터넷이 세계적인 통신망으로 확대되면서 밤낮의 구분 없는 사이버 이용은 개인화로 향한 새로운 생활양식을 더욱 가속화시키고 있다.

잘 산다는 것은 인간이 시간을 최대로 이용하고 지배하여 인생의 의의를 창조하는 것이지 인간이 시간에 따라 맞춤인간이 되는 것은 아닐 것이다.

왜 이래야 할까? 몸은 마음에 의지하고 마음은 지갑에 의지한다는 말이 있는데 사람들은 돈을 쫓아서 삶의 다른 의미를 접어두는 것일까?

돈이 인생에서 생활을 보다 편리하게 하는 수단임을 수긍하면서 또 누구나 그렇게 말하면서도 욕망의 충동으로 돈을 쫓아 경쟁의 격류에 휩쓸리고 있다.

인생은 시간으로 이어져있다. 효용성을 가치의 본질로 보는 실용주의자들 말처럼 시간은 돈이다. 특히 현대인들은 자아를 외형적인 것과 동일시하고 있기 때문에 돈은 생활의 필요필수요소가 되며 신분의 상징이 된다. 이러한 신분의 상징은 경쟁을 불러온다. 경쟁에서 이기려면 뛰어야한다. 그래서 현대인들은 앞만 보고 달리는데 열중해있어 자신을 돌아보는 시간의 여백을 잊은 채, 판단의 능력도 버려 둔 채, 삶의 방관자로 서서 회한의 세월을 보내는 지도 모르겠다.

Fwy에서 차가 정체되어 잠시 Stop했을 때 옆 차들이 앞으로 움직이면 내 차는 뒤로 밀려가는 듯한 착각을 느낀다. 그러나 잠시 후 내 차도 앞으로 움직여야 함을 알게 된다. 우리는 대부분 대세를 따라가게 된다. 그러나 긴박한 흐름을 잠시 멈추고 삶의 반성과 사유를 하게 되면 내가 갈 수 있는 라인이 앞에 있듯이 나를 위한 시간과 길을 인식하게 된다.

미래를 향한 욕망은 삶의 갈등을 낳게 되고 성공의 대명사인 돈과 권력과 명성을 위해 투쟁하게 된다. 그러나 가치에 대한 자신의 판단 없이 대세를 따라 흐르는 삶은 진정한 자신의 삶이 아니므로 어느 때인가 흐름을 멈추고 자신을 들여다볼 때 분별없는 날들의 퇴적을 보게 된다.

우리에게 주어진 시간을 가치 있게 쓸려고 할 때 인간에겐 목적이 생긴다. 그 목적을 위해 인생의 한정된 시간을 계획하고 원하는 대로 추구해 가는 삶은 가치 있는 과정이다. 그것이 인간이 시간의 노예가 아닌 주인이 되려는 첩경일 것이다. 물론 정답이 있을 리 없다. 그러나 시간의 주인이 되었다 생각될 때 현재의 삶에 무게가 주어짐은 당연하다.

21세기의 첫해를 보내면서 현재가 나를 위한 시간이라는 믿음으로 새해를 맞이한다면 지나간 시간을 아쉬워하며 후회하게 되지는 않을 것 같다.

12-18-2001 (중앙일보)

John Reid씨

John Reid씨 부부는 90세에 가까운 노인들로 우리상점의 24년 고객이다. 해마다 11월초가 되면 크리스마스카드를 회사의 카드앨범에서 보고 주문해왔다. 그 부인은 아주 상냥하고 인정이 많아서 매년 연말이 되면 집에서 구운 쿠키와 포도주를 가져오곤 했다. 3년 전 부인이 노환으로 세상을 떠난 후, Reid씨 얼굴에서는 미소가 사라졌다. 그의 어깨가 더욱 쳐지고 삶의 의욕을 잃은 듯 피골이 상접한 체구로 정서적 균형 감각을 버려버린 채 메마른 장작처럼 걸어와서 조용히 카드를 사갔다. 올해도 11월이 되니 힘없이 혼자 와서 예전대로 카드를 주문했다. 며칠 전 그의 카드가 도착해서 그분에게 알려 주려고 전화했다.

"Reid씨입니까? 여기 홀마크 카드 스토어인데요." 그분은 노인성의 더딘 청각으로 첫말은 알아듣고 나중 말은 못 알아들은 듯 "내가 John Reid이지만……. 그런데 나에게 전화해줄 레이디는 없는데요. 잘못 걸었나봐요." 목안으로 기어 들어가는 어눌한 소리로 중얼거리고는 주섬주섬 전화를 끊으려고 했다. 나는 가느다란 전화선을 붙잡고 시간의 이산으로 더듬거리는 그분의 기억을 환기시켜드렸다.

나는 그 날 이후로 미국의 외로운 노인들에 대해서 생각해 보았다. 자녀도 없고 가까운 친척도 멀리 떨어져 있는 노부부가 오랫동안 서로 의지하고 살다가 노년에 한쪽만 남는 경우, 그의 슬픔과 고독이 얼마나 클 것인가 마음 저리게 느껴졌다.

우리나라에서도 지난해 12월 24일에 미당 서정주 선생님이 별세하셨다. 같은 해 10월 10일 오랫동안 해로하며 뒷바라지 해주던 부인(방옥숙)이 별세하자 자리에 눕게 되고, 평소에 "시인은 항상 현역이지 마지막이란 없다"고 기염을 토하시던 분이 부인을 잊지 못하고 슬픔에 젖어 병석에서 끝내 일어나지 못하고 "괜찮다, 괜찮다."란 말을 남기고 떠나셨다.

21세기에 접어들어 노인문제는 더욱 심각해질 전망이다. 앞으로 Baby Boomer들이 노인대열에 끼면 그 숫자는 엄청나게 늘어나서 노인들에 대한 처우, 노인병 문제, Social Security자원문제에 대한 사회적 대응과 노인을 대상으로 한 사업 등 그 범위는 확대될 것이다.

우리는 누구나 언제인가는 노인의 대열에 끼게 된다. 현재는 그런 일로 골치 아프고 싶지 않은 막연한 미래의 문제일지라도 어느 시점에는 자신도 모르는 사이에 당당했던 가슴이 빈약해지고 허리가 굽어지고 관절이 아프고 기운 없는 노인이 된 자신을 보게 될 것이다.

유교사상이 5백여 년간 생활의 저변에 침수되어있는 우리나라가, 최근 경제적 발전의 급류에 휩쓸려 옛날의 동방예의지국의 이미지는 희박해지고 돈 사상에 젖어있다. 노인들은 쓸모없고 천대받는 경지에 이르렀으며 젊은 학생이 노인을 떠밀 쳐 사망하게 한 신문보도도 보았다. 최근 통계자료에 따르면 한국 젊은이들의 노인 존경사상이 세계에서 가장 하위로 나왔다.

미국에는 그래도 오랫동안 정신문명에 뿌리내리고 있는 기독교 정신의 영향으로 노약자에 대해 도움을 주려는 사회적 정신은 살아있다고 본다. 옆집의 파파노인을 위해서 아침 출근길에 정원에 던져진 신문을 현관에 가져다준다던 지, 샤핑 몰에서 뒷사람이 나올 때까지 문을 잡아주는 등 사소한 일상의 생활에서 따뜻한 인간의 정을 느끼게 하는 풍습을 자주 보곤 한다. 또 정년퇴직한 많은 노인들이 자원봉사에 여분의 시간을 소비하는 것도 훌륭한 미덕으로 보인다.

지난 1월 타계하신 '운보' 김기창 화백은 사랑하는 아내 '우향' 박래현씨와 사별한 후, 그의 예술세계를 한층 승화시키어 청록산수와 바보산수의 예술세계를 열었다. 미추를 초월한 그림으로 예술의 세계를 넓힌 그분은 말년의 고독을 적극적 예술생활로 승화시키셨다.

우리 이민 1세 노인들도 청운의 꿈을 안고 미국에 이민 와서 각기 다른 역경을 겪으면서 자기실현을 이루지 못하여 생의 의미를 찾지 못한 채 초조하고 고독한 생활을 하는 분들이 있다. 그래서 어떤 분들은 우울증에 걸리기도 한다. "법구경"에 있는 석가모니의 어록에 "백발이 나이를 말하는 것이 아니라 지혜가 나이를 말하는 것"이라 했다.

지나간 시간은 어디에? 그러나 시간은 기억 속으로 사라졌다. 흐르는 시간에 구속되지 않고 하고 싶은 일에 몰두함으로 기쁨을 느낀다면 수명을 재촉하는 노년의 외로움에서 벗어나 의미 있고 즐거운 석양의 길을 가게 되므로 얼마나 좋을 것인가!

11-25-2001 (중앙일보)

빈자리를 희망으로 채우자

밀레니엄 초년인 격동의 2001년은 가고 이제 2002년 새해가 되었다. 5천명에 가까운 인명피해와 막대한 재정적 손실을 가져온 뉴욕테러사건은 지축을 흔들더니 아직도 여진이 계속되고 있다. 더구나 부시 대통령은 올해를 "전쟁의 해"로 선언할 것이라 한다.

한편으로는 중국의 WTO 가입으로 무한 시장경쟁의 세계화시대로 접어들었다. 21세기에는 지난 세기보다 더 많은 일들이 더 과속으로 일어나고 변화될 조짐이다. 숨 가쁘게 이어질 현실에 어떻게 빨리 적응할 수 있을까, 이를 쫓다보면 인간성은 더욱 외소 해지고 기능화되어 안정성 없는 분주한 생활의 리듬 속에 말려들 것이다.

새해엔 어떤 계획을 세우며 무엇을 해야 할까? 해마다 벽두엔 야심에 찬 큰 계획을 세웠다가 연말엔 그 결과가 너무 미미해서 실망하곤 했다. 하기야 희망이 없는 곳에 절망이 있을 수 있겠는가?

희망이 삭제된 삶은 허무만 남을 것이다. 우리는 누구나 무엇을 바라며 산다. 척박한 현실을 미래의 희망으로 대치하며 현재를 살고 있다. 그런데 미래의 희망까지 사라진다면 생의 의욕을 잃게 된다. 특히 이민 온 우리들은 미래라는 불확실한 희망을 위해서 오늘을 희생하며 살고 있다. 과거의 시간 속에서 또는 미래의 시간 속에서 오늘을 살고 있는 것이다.

그러나 인간에게 진정한 생활이란 현재뿐인 것이다.

캐롤린은 명랑하고 활발한 60대의 독일계 여인이다. 컴퓨터 교실에서 만날 때마다 나이를 잊은 듯 활달한 그녀의 기세에 주변의 나까지 의욕이 생기곤 했다.

그러나 케롤린은 공산주의를 피해 동구에서 이민 온 후 몇 년 전 남편과 사별하고 가족도 없이 혈혈단신으로 생과 사의 갈림길에서 한 때 거리를 배회하며 구걸해서 연명했다고 한다. 즉 홈레스, 거지였었다고 한다. 한데 무엇이 그녀를 절망에서 일어서게 했을까? 그녀에게서 발산하는 삶의 의욕은 어디에서 솟는 것일까? 그것은 생의 희망이었다.

“온갖 어려움을 겪었지요. 죽고 싶을 때도 있었어요. 그러나 내가 소중하게 가진 것은 생존해있다는 것, 가족도 돈도 명예도 아무 것도 없지만 나도 인간의 존엄성을 지닌 한 사람으로 남을 도울 수 있다는 것에서 희망을 찾았어요.” 그녀가 구세군 냄비에 자신이 구걸해서 모은 돈을 넣었을 때 그들이 댕큐라는 말을 돌려주었다. 댕큐라는 말은 그 동안 그녀가 무수한 사람에게 해왔던 말이다. 한데 그 말을 자신이 들었을 때 가슴에 뿌듯한 희망이 진감 되어 왔다. 남을 돕는다는 것은 결국 자신을 도왔던 것이다.

그녀는 이제 정부의 도움으로 살아가지만 남을 돕는 봉사활동을 계속하고 있다. 그녀에겐 좌절이나 고독, 소외감 같은 것은 오히려 사치스런 감정의 낭비인 것이다.

삶이란 진공상태에서 혼자 사는 것이 아니라 남과 같이 생활함으로 누군가에게 상처를 주기도 하고 또 받으며 생활한다. 또한 공연히 피해자라고 의식할 때도 있다. 기쁨이나 절망도 남과 비교했을 때 우러나는 느낌이다.

사람들은 사랑하는 사람을 잃었을 때나 명예가 추락되었을 때, 또 파산을 했거나 좌절했을 때 생의 의욕을 잃게 된다. 소외되어 괴로운 사람들, 이민의 뜻을 이루지 못해 초조한 사람들, 마약과 도박에 자신을 던져버린 심리적 패배자, 소심하고 민감해서 더 상처를 받는 어린

학생들, 참고 지나고 나면 대수로운 일이 아닐 텐데 그 한파를 견디지 못하고 낙오자가 되어버린 회한들, 그러나 사람은 누구나 잘못을 저지르고 후회하며 다듬어지는 미완성의 생명이 아닌가!

다사다난한 우리들의 생활에서도 희망을 버리지 말자! 우리는 희망을 향해, 자신의 마모와 조화로 자기완성을 향해 가고 있는 것이다.

캐롤린의 생명의 기쁨이 행복과 풍족에서 나온 것이 아니라 가난과 고독과 쓰라린 괴로움에서 현재를 초월하려는 생존의 희망에서 나왔다. 절망에서 포기하지 않고 희망을 갖는 사람은 어떤 시련도 극복할 것이다.

새해엔 마음의 빈자리를 희망으로 채우자. 희망은 어려움을 극복한 사람에게 더 의미 있는 생명의 빛이다. Happy New Year!

1-13-2002 (중앙일보)

돈이 많으면 행복할까?

우리는 누구나 행복하게 살고 싶어 한다. 돈과 행복, 삶의 과정에서 누구나 생각해보는 과제다. 우리 인간은 끈일 줄 모르는 욕망 때문에 현재의 상황에 만족하지 못하고 더 많은 것을 갖기를 원한다. 하기야 우리들의 삶 자체가 좀 더 낳은 미래를 기다리는 삶이 아니겠는가, 부자가 되길 기다리든, 명예나 권력을 기다리든 우리는 현재의 비어진 삶에 무엇인가 채워지길 기다리며 산다.

벨기에 시인 모리스 메터링크는 행복을 은유 하는 파랑새라는 글을 썼다. 어린 오누이 둘이서 파랑새를 찾아 헤매다가 끝내 찾지 못하고 집에 돌아왔더니 자기 집 창문에 파랑새가 앉아있었다. 그래서 잡으려했더니 파랑새는 훌훌 날아가 버렸다. 행복은 각자 느껴지는 마음이기 때문에 잡기도 어렵지만 멀리서 찾기보다는 주어진 자기 조건에서 찾아야 한다는 은유이다.

이른 아침인데 길 건너에서 부룽부룽하더니 찌익 하는 자동차의 금속성 소리가 공기를 가른다. 에바가 오늘 아침에도 남편과 다투고 집을 나가는 것 같다. 처음 이곳에 이사 왔을 때 에바가 생울타리 너머로 악수를 청하며 그녀의 집에 초대했었다. 그녀는 다정다감하면서도 개성이 강한 여인이다. 집안도 꼼꼼하고 아름답게 꾸며놓았다. 포세와 벤츠를 타는 풍족한 생활을 하는 그들 부부는 집에 가보아도 행복한 가정으로 보였다. 그러나 그 가정은 남편의 주벽으로 거의 하루 건너 싸우며 서로 불신과 불만이 팽배해져서 곧 이혼할 것이라 한다.

P씨는 미국에 이민 와서 갖은 고생 끝에 사업에 성공했다. 자녀들도 장성해서 결혼시켰으며 이젠 부인과 둘이서 충족된 생활을 하고 있는 것으로 보였다. 그러나 나이도 많고 체력도 한계에 달한 이때 자신의 조상을 찾아보려 한국에 갔을 때 그곳의 이질적인 문화에 자신이 이방인임을 깨닫게 되었으며 또한 이곳에서 완전히 미국화도 될 수 없는 생활에 무엇인지, 채워지지 않는 공허가 스며들기 시작했다.

고생하고 있을 때의 삶은 목적이 뚜렷했었다. 그때는 돈이 모이면 행복은 저절로 찾아오는 것으로 생각했다. 그러나 지금 그는 행복하지 않다. 왜 그럴까? 그는 젊음도 건강도 가버렸고 자녀도 미국 화되어 마음을 터놓을 수 없으며, 오랜 세월 긴장되고 메마른 생활에 남을 사랑하는 것도 남에게 사랑 받는 것도 잊어버렸다. 그는 바람처럼 자취도 없이 지나가 버린 시간이 허무하기만 하다.

네로 황제는 쾌락장관을 두어 매일 쾌락을 추구했으나 만족치 못하고 결국 더 많은 쾌락을 위해 로마시내를 불태웠다. 요즈음도 행복이란 오직 즐거운 시간을 갖는데 있다고 생각하고, 인간의 본바탕에 숨어있는 본능의 작용대로 향락하는 것이 인생의 행복으로 착각하는 사람도 있다. 그러나 이들은 인간의 존엄을 갖춘 다른 행복을 인식하지 못한 채 삶의 보람인 사랑이나 일의 큰 의미를 찾지 못하고 마는 것이다.

화가 고오갱은 말년에 타이티 섬에서 병마와 가난으로 최악의 생활을 하면서도 자기보다 더 불행했던 고흐를 생각하며 스스로를 위로했다고 한다. 그는 그 역경 속에서도 위대한 예술을 남겼다.

복합된 생활에서 다양한 개성의 사람들이 지그재그로 어울려 생활하는 현대는 아무도 행복의 조건은 이것이다! 고 말하기 힘들다. 획일적인 행복을 논할 수 없는 이 시대에 행복은 각양각색의 옷을 입고 개개인의 마음을 노크한다.

돈이 많으면 행복할까? 사실 돈이란 우리 일상생활에서 필요 불가

결한 행복조건의 하나다. 신체의 모든 부분은 마음에 의지하고 마음은 돈지갑에 의지한다는 탈무드의 말도 있듯이, 물질문명이 발달하여 개인주의가 팽배해지면서 돈이 인간의 가치척도가 되어가고 있다. 그러나 돈이라는 행복의 조건은, 남에게 보이는 겉옷이고 행복자체는 아닐 것이다.

인생은 정지상태가 아니고 항상 변화한다. 또한 인생은 제한적이고 상대적이다. 그래서 오늘의 우리 불행은 현실의 자기와 희망하는 자기사이의 괴리감에서 나온다. 희로애락이 반복되는 우리들의 삶에서 인생을 긍정적으로 받아드리고 자신에게 주어진 가능성을 개척하고 발전시켜서 행복이라는 파랑새를 쟁취해보자.

2-12-2002 (중앙일보)

이민 1세의 부부 갈등

며칠 전 신문에 부부싸움이 폭력으로 이어져 출동한 경찰의 총격으로 숨진 K씨 사건과 J씨의 아내 폭력사건 기사는 큰 충격을 주었다. 이런 일을 볼 때마다 우리들을 안타깝고 슬프게 한다. 얼마나 극한상황에 몰리었으면 이민 온지 25년이나 된 47세의 가장이 부부갈등을 폭력으로 해소하려다 생명까지 포기했을까……. 각박한 일선에서 묵묵히 일만하면서 쌓였던 소리 없는 외침은 가장 가까운 아내에게 대한 폭력으로밖에 표현할 수 없었던 가장은 K씨뿐만이 아닐 것이다.

이번 일은 우발적으로 갑자기 일어난 것은 아닌 것 같다. 각박한 이민 생활에서 오는 누적된 스트레스와 좌절감, 다른 가정과의 비교에서 오는 열등감과 더불어 세상살이에서 자신의 불완전하고 결함 많음을 비관하다가, 집에 와서도 가장으로서의 존엄이 상실된 소외감이 마찰을 일으키게 되고 호흡을 막는 벽을 느끼게 되면 막다른 감정의 제어장치가 마비되게 된다.

그러나 어떤 경우에도 충동적인 폭력만은 자제해야한다. 폭력 대신 종교에 의지하는 열린 마음으로 인격적인 대화와 서로 좋아하는 공동 취미를 가지고 냉각된 마음을 녹일 수도 있을 것이다.

특히 미국에 와서 사는 우리 이민 1세들은 동양의 남존여비 등 상고주의적인 가치관과 서양의 평등사상에서 오는 가치관의 혼합으로 과도기적 문화의 충격을 받으며 살고 있다. 가족 사이에서도 수직관계의 전통 속에서 살던 이민 1세들이 너와 나의 대등 관계로 변화되면서 미처 의식하지 못했던 갈등이 부부 마찰을 초래하게 된다. 어제까지 절대적 위치의 가장이 미국에 와선 아내와 대등의 경제적 동반자로 바뀌면서 사소한 일에도 끊임없는 내적 모멸감과 상실감에 휘말리게 되는 것은 혼자만의 일이 아니다.

또한 '가정주부의 일만큼 시지프스의 형벌과 비슷한 것은 없다.'는 싸르트르의 아내 보부아르의 말처럼 가정 일은, 특히 가부장적 세습 속의 가정 일은 끝없이 반복되는 중노동이다. 여기에 경제적 부담까지 나누어져야 되는 여자의 생활도 남자 못지않게 버거운 것이 이민 1세 여자들의 생활인 것이다.

일상생활은 우리의 의식에 많은 영향을 준다. 육체적 건강도 평소의 생활에 영향을 받는데 정신적 건강은 말할 필요가 없겠다. 현실에 발 딛고 살아가고 있는 우리는 현실을 거칠게 치르면서 마음과 시간의 여유가 없는 핍박한 생활을 하고 있다. 우리는 무엇에 쫓기듯 현실을 살고 있는 것이다.

생활에 여유가 있다 해도 연륜이 쌓여가면서 마음 구석을 차지하는 생의 허무함과 상실감을 떼어내기가 어려운 한계의 생활이 이민생활이다. 버릴 수 없으면 즐기라는 말도 있듯이, 하루 빨리 적응해서 이해의 범위를 넓히는 지혜가 우리에게 필요하다.

인간의 이기로 뭉친 삶은 너무나 복잡다단하게 얽히고설키다가 처음과 끝의 원인과 결과를 찾기가 힘들어질 때가 많다. 힘들고 복잡할수록 생활의 지혜로 잘 풀어나가면 성공하겠으나 이를 잘 대처하지 않으면 비극의 씨앗이 되기도 한다. 다양성과 복잡성이 휴존된 현대의 생활에서 스트레스를 줄이고 가정의 행복을 지키는 방법은 무엇일까?

사랑에도 노력이 따라야 성숙한다는데 하물며 자녀가 있는 가족의 행복을 위해서라면 부부 서로의 노력과 희생이 따르기 마련이다. 서로의 어려움을 이해하고 사랑과 격려로 이민생활의 처음 목표를 향해 나아갈 때 부족함도 점차로 채워질 것이다.

아무도 당사자의 괴로움을 속단할 수는 없다. 그러나 정신적 스트레스와 육체적인 어려움 속에서도 가족만의 오붓한 시간을 마련해서 서로 사랑을 나누며 이해해 간다면 행복한 가정을 지켜가게 될 것이다. 하늘을 나는 독수리도 자기의 둥지를 가장 좋아한다. 대통령이든 소시민이든 가정에서 평화를 느끼는 사람이 가장 행복한 사람이 아닐까…….

3-07-2002 (중앙일보)

소리가 없으면 메아리도 없다

노르웨이 상징주의 화가인 뭉크가 그린 "절규"에는 외쳐대는 입이 동굴처럼 깊어 화폭이 소리의 파장으로 흔들리는 것 같다. 어느 때나 그 그림을 떠올리면 이명처럼 울려 퍼지는 고성이 가슴을 때리는, 그래서 마음 속 억압된 분노의 원자들이 핵분열 하는 굉음이 들린다. 그것은 지구상에 사는 65억 모든 사람들에게 호소하는 절망과 상처의 아픈 외침이다. 아니 세상이 정의롭지 않고 불공평한 것을 알리는 쌓이고 쌓인 슬픔의 소리이다.

며칠 지나면 4.29폭동 10주년이 되는 날이다. 오랫동안 힘들여 키워왔던 생업을 하루아침에 잿더미로 잃어버린 수많은 한인들의 가슴에 못 박힌 억울함과 분노와 당시의 진실이 미 전역에 울려 퍼져야 한다. 1992년 4.29폭동은 로드니킹이 백인경찰들에게 잔인하게 폭행을 당한 비디오가 방영되고, 가해한 4명의 경찰이 무죄판결이 났다.

흑인들의 백인들에 대한 들끓는 분노는 언론들의 편파 보도로 그 타깃이 엉뚱하게 한인들에게 꽂아져서 일어난 폭동인 것은 다 아는 사실이다.

당시 언론들의 편향된 보도는 아무리 시간으로 문질러댄다 해도 지워질 수 없다. 진실은 토해내어 밝혀져야 할 것이다.

이제 우리가 사는 엘에이에서 현 위치와 정체성을 재검토해보고 당시를 반추하며 현실과 미래를 정리해보는 시기가 되었다.

어떤 연유에서건 큰 꿈을 안고 이민 온 우리는 모국에서의 문화습관으로 빨리 서둘러 경제적 안정을 하고 부모님을 모시고 자녀들의 교육을 뒷받침하면서 남부끄럽지 않게 잘 살기 위해서 개미같이 열심히 일해 왔다. 노루를 쫓는 사냥꾼 마냥 현실이라는 주위는 보지 못하고 앞만 보고 뛰던 한인들은 엉뚱하게도 흑풍을 만나 물질적으로나 정신적으로 받은 손실과 충격은 이제까지도 큰 상처로 남았다.

얼마 전 신문에 대럴 게이츠 당시 LAPD국장의 인터뷰 기사에서 초기 진압에 실패해서 한인들에게 죄송하다고 사과했다. 그의 변명은 그만큼 우리 사회가 성장한 것을 의미하기도 한다. 당시 폭동현장인 왔츠지역과 한인 타운은 치안부재에 있었기에 한인들의 피해가 막심했다.

우리는 이민 온 후 역경과 고통의 긴 세월을 참고 견디며 오늘에 이르렀다. 다시는 그런 일이 일어나지 않도록 적극적인 응집력의 소리를 질러야겠다. 조직적인 한인들의 외침이 모든 분야에 반향 되게 하면 소리는 긴 메아리가 되어 우리의 권익을 찾는 길에 도움이 될 것이다.

이제 한인인구도 200만에 가깝게 성장했으며 매년 시민권 자도 만 명에 가깝게 점증하고 있다. 또한 변호사도 1000여명에 달하며 각계 각층에서 맹활약하고 있다. 이제 우리는 미국에 접목되어 사는 것이 아니라 당당히 한 축을 이루고 있다.

우리의 외침은 그 동안 곳곳에 울려서 워싱톤주에서는 6월 1일부터 공문서에 아시 안을 비하하는 오리엔탈이란 단어대신 아시 안으로 쓰도록 되었으며, 뉴욕의 김 씨 농장의 김주호씨도 지난해 WB11의 "한인들의 개 사육 및 식용실태"보도와 관련해서 방송사 WB11 등에 7백만 불의 소송을 재기했다. 또한 지난 2월 21일 개고기사건으로 한국인 비하발언을 한 제이 레노와 NBC방송사 상대로 마이클 최변호사가 소송을 추진 중이라고도 한다.

이제 한인 이민 100주년이 다가오고 있다. 우리의 이민사도 220년이 갓 넘은 미국독립역사에 비해서 결코 짧은 세월이 아니다. 여러 뜻 있는 단체들이 각 분야에서 이를 계기로 우리들이 지향해 갈 길을 모색하는 길잡이로 활동하고 있다.

인구 5백60여만 명으로 1억 명의 영향력을 발휘하는 유태인들의 힘의 근저는 무엇일까? 그것은 경제적 차원을 넘어선 오랜 세월 박해를 받으며 울거져 나온 그들의 정신이며 지식이며 학문이다. 세계 최초로 의무교육을 시킨 것도 그들이 아닌가?......

우리는 생각하는 만큼, 아는 만큼, 보이는 만큼의 한계에서 살고 있다. 그래서 남의 말에 귀 기울이고 남의 생각을 보며 사색의 여로를 열 때 우리가 성장하게 된다.

우리의 자손들에게 밝는 길을 열어주기 위해서 우리의 소리를 더 높여 메아리가 멀리까지 울려 퍼지도록 하자.

4-16-2002 (중앙일보)

운명을 결정하는 '어머니'

오랜만에 상쾌한 뉴스를 접했다. 백악관에서 미 대통령의 최 권력 핵심부에 있던 카렌 휴즈 여사가 부시대통령의 고문직을 그만두고 남편과 15세 된 아들과 함께 고향 텍사스로 내려간다는 기사다. 그녀는 여성의 본향인 어머니와 아내로 되돌아가는 것이다.

최근 사이버시대에 이 메일, 인터넷 등 각종 내용물을 담은 하이퍼 미디어가 극대화되어가고 있는 이때에 틴에이저인 아들은 어머니의 방충망이 필요하다. 아들의 성장과정에서 중요한 전환점이기에 그녀가 어머니의 자리로 돌아가기로 결정한 것은 참으로 현명한 변신이라 생각된다. 그녀자신의 커리어는 몇 년을 더 기다릴 수 있다. 그러나 자라나는 아이들의 몇 년은 기다려주지도 않을 뿐더러 무엇으로도 대신할 수 없는 중요한 시기이다.

동서고금을 막론하고 어머니라는 어휘는 누구의 가슴에도 가장 심층부에 지, 정, 의가 깔려있는 지순한 사랑과 관용의 의미이다. 아니 이것은 우주생성의, 조물주의 섭리일 것이다.

하나님은 밀을 만들었으며 그 다음 빵은 인간이 만들 몫이라 한다. 따라서 인간의 운명을 결정하는 것은 신이 아니라 인간자신이다. 그러므로 어머니의 역할이 그만큼 큰 것이다.

사랑을 마음속에 깊이 품었다 해도 그 표현이 적절할 때 효과가 배가된다. 성장기에 매일 생활의 희로애락을 부모와 함께 맞추어서 정서적 안정을 주어야 자신을 가지고 올바른 방향으로 자라날 것이다.

더구나 한국에서 대선을 앞두고 권력과 이권에 휩쓸려 극심한 이전투구하는 정치판이 떠올라 카렌 휴즈가 가족의 행복을 위해 권력의 태생적인 마력에서 벗어나는 결정은 이민자인 우리에게도 의미하는 것이 크다.

신문을 보면 여러 가지 사건이 우리를 우울하게 한다. 개중에는 마땅한 죄과를 받는다고 생각되는 파렴치한도 있으나 연민이 가는 사건들도 많다. 그중 다 자라지도 못한 어린 나이에 어떤 이유에 서던지 순간적으로 저지른 범행으로 평생을 감옥에서 지내게 되는 경우를 보게 되는 것은 안타까운 일이다. 무슨 일을 저질렀던 그의 부모에게는 순진하고 어린, 아직 어른들의 사랑과 보살핌을 받아야할 자식들이 아닌가…….

하나의 인격체가 탄생하려면 오랜 세월 교육과 사랑과 경험으로 스스로 깨우쳐서 이루어지는 결과다. 아직 혼미상태의 세포 속에서 희미한 물질너머 보이는 바깥세상은 자신의 책임이 아닌 꿈속처럼 보였을는지도 모른다. 이런 나이에 밋모르고 저지른 죄악이브로 부보나 학교, 사회 등 책임이 있다고 생각한다.

그러나 법은 왜 그 아이는 남들이 아는 것을 모르고 있는가를 묻고 있다. 그래서 유태인들은 "공부는 올바른 행동을 만든다."는 격언을 오래도록 금과옥조로 삼고 있나 보다.

어릴수록 세포막이 여리므로 삼투작용이 활발해서 주위환경에 좌우되기 쉽다.

잠자리도 날개를 펴기 위해서 15번의 허물벗기를 해야 하는데 하물며 인간이 인격을 갖춘 한 사람의 개체로 성장하는 데는 여러 번의 시행착오가 따르게 마련이다.

성 어거스틴의 어머니 모니까는 독실한 기독교 신자로서 아들이 크리스트교의 이단인 마니교를 믿고 또 대도시의 유혹에 빠져 내적으로 방황하며 무질서한 생활을 하고 있을 때 아들을 로마로 보내어 새로운 정신세계를 접하게 하였으며 후에 밀라노의 암브로시우스 주교로부터 세례를 받았다.

그는 기독교를 중흥시켜 멸망한 로마문명의 대체가 되는 정신적 지주가 되도록 하였으며, 교회를 유럽 중세 사회의 종교적 철학적 정치적 모든 관념을 지배하는 위치로 발전시켰다.

모니카의 정성어린 감화가 절대적 영향을 미친 것은 그의 <참회록> 13권 중 제1-9권까지 자서전적인 글로 어머니에 대하여 말한 것을 보아도 알 수 있다.

60대의 나이든 남자도 스트레스가 쌓일 때는 어린 시절 어머니의 땀내 나는 저고리 안섶에 얼굴을 묻을 때 느꼈던 안도감이 가장 그리운 추억이라고 한다.

지순한 정성과 사랑과 희생과 인내의 어머니가 있을 때 그 가정은 어떠한 어려움도 극복하여 삶의 균형과 아름다움을 창조해낼 수 있는 구심점을 갖는다. 5월 12일은 어머니날이다.

4-29-2002 (중앙일보)

결혼……. 인간과의 관계

최근 주간 시사지에 의하면 틴에이저들이 성애를 시작하는 연령은 내려가고 이에 따라 건강상의 위험은 증가일로에 있다고 한다. 새로운 HIV 감연 케이스 중 4분의 1이 21세 전에 발생했으며 성애에 적극적인 틴의 4분의 1은 STD 병에 전염될 것이라고 한다. 또한 10분의 1의 틴들이 13세가 되기 전에 그들의 처녀성과 동정을 잃으며 고등학교 2학년생 16%는 4명 이상의 성애 파트너를 가졌다는 통계가 나왔다.

아직 성장하는 단계의 나이이지만, 극도의 물질만능과 충동적인 쾌락주의에 빠져 가는 사회에 전통적 정신세계는 점점 황폐해가고, 보이고 만져지고 느껴지는 단세포적 느낌의 흐름이 물결치는 현실에서 그들을 지키기에는 종교문화나 도덕 및 가족체계로는 역부족인 것 같다.

세계가 일일생활권으로 들어서면서 사회생활의 가치관이나 인습이 혼돈되고 사이버문명의 폭격에 대중은 방관자로 무력화되어 버린 채 오늘날 자녀를 키우는 부모들은 어떻게 보호막을 쳐줄 것인가 고심되지 않을 수 없다. 심지어 결혼 상대가 아직도 처녀성이나 동정을 지키고 있으면 아직 덜 성숙된 인간으로 보는 세상이니, 우리는 계속 발전하는 전자물결을 타고 어디까지 흘러갈 것인가?

6월부터 결혼씨즌이다. 최근 닷컴이혼, 온라인이혼 등 클릭 몇 번으로 이혼수속이 끝난다고 한다. 미국은 이혼율의 급증으로 매년 120

만 쌍이 이혼하고 핵가족단위까지 붕괴되어 가는 추세에 결혼은 성스러운 인류대사로 여겨왔던 사고가 앞으로 지탱될 수 있을까? 심지어 일부 캐톨릭 신부까지도 성폭행을 하는 세상에 혼전 순결의 종교적 의미가 소멸된 것은 옛말이다. 서로 의사가 투합 되면 쉽게 동거생활로 이어지는 현실에서 결혼이라는 형식이 의미가 있는 것인가? 그렇지만 결혼은 사랑의 구심점이 되고 자아를 완성할 수 있고 도덕성의 당위성을 부여할 뿐만 아니라 가족붕괴의 제어장치가 될 수도 있을 것이다.

내가 처음으로 '사랑'이 무엇인지를 알게 된 것은 중학교 때 앙드레 지이드의 <좁은 문>을 읽고 나서다. 종교적 금욕주의로 인하여 제로옴과 알리싸의 이루지 못한 지고지순한 사랑에 대한 안타까움으로 오랫동안 마음 아파하면서 사랑에는 자기희생이 따른다는 것을 알게 되었다.

지이드가 상징적으로 의미하고 싶은 것은 "종교적 기성가치관이나 도덕적 편견에서는 진정한 자아의 진실을 이룰 수 없다는 지드적 인간주의와 푸로테스탄트적인 이상주의와의 갈등."을 고발한 것인데, 그것은 이해하지 못한 채 알리싸와 제로옴의 슬픈 사랑만이 내게 각인되었었다.

알리싸와 제로옴!...... 그들처럼 책을 나누어 읽으며, 서로 사유의 깊이를 더하면서 지적 탐구자로 동행하는 인생의 긴 여행을 이상적 결혼이라고 생각했었다. 책 한 권이 인생의 중요한 부분을 지배하다니......, 하고 생각되기도 하지만 결국 우리는 주어진 환경과 시간의 영향을 양분처럼 마시며 자기 인생관이 이루어지는 것이 아니겠는가?

"아름다운 날들"이라는 TV 연속극에서 아들이 사랑하는 여인과의 결혼을 반대하는 아버지는 아들에게 하는 설득에서 "여자란 기차표와 같은 것이야, 어떤 표를 갖느냐에 따라 네 인생이 어느 곳으로 가느냐가 결정되는 거야."라고 내뱉듯이 말한다. 참으로 현실적인 결혼관이지만 그 의미를 생각해보면 결혼이라는 오늘의 위치를 잘 설명한 것이다.

결혼은 인간과 인간의 만남이다. 서로가 서로에게 융화하며 없으면 안 될 필요한 존재로 남는 인생의 접목이 아닐까?

내 결혼식 때 "일생을 매일 결혼식 날 같은 마음으로 사랑하며 살라."던 신태환 서울대 총장님의 주례사가 생각난다.

행복한 결혼은 약혼한 순간부터 죽는 날까지 결코 지루하지 않은 긴 대화를 나누는 것이라고도 한다.

아무나 쉽게 좋아질 수는 없다. 그러나 결혼은 살아보고 반품하는 물건이 아니므로, 또 자녀들이 생긴 후의 이혼은 부부 당사자들뿐만 아니라 자녀들에게 심각한 상처를 주므로 결혼 전 더 신중한 자세가 필요할 것이다.

결혼은 많은 제약과 의무와 책임의 고통이 따르지만 그래도 결혼함으로써 진정한 기쁨과 의의가 있는 인생을 갖게 되는 것이 아닐까?

6-6-2002 (중앙일보)

푸대접받는 페니

아침마다 상점 문을 열은 후, 필요하면 자유로이 쓰도록 캐쉬대 옆에 있는 잔돈 박스에 페니를 쏟아놓는다. 대부분의 남자들은 잔돈, 특히 페니 지니기를 싫어해서 우리 상점의 잔돈 박스는 인기가 많다. Money Talks라는 말이 시사하듯, 황금만능주의의 오늘날에 돈을 싫어하는 사람도 있다니? 참으로 패러독스가 아닌가!……. 그 작은 잔돈박스 위로 손님들의 잔돈에 대한 생각이 천차만별로 반응된다.

어떤 사람은 물건 값의 꼬리는 으레 박스 안의 잔돈이 해결하는 것으로 알고 "7센트가 더 필요한데요." 하는 내 말에 잔돈 박스를 가리키며 어깨를 으쓱, 미소로 때운다. 또 어떤 사람은 9센트가 필요한데 종이돈을 내기가 싫어서 박스 안에서 9개의 페니를 열심히 세어 내놓기도 한다. 요즈음은 적은 잔돈은 아예 낼 생각을 안 하는 사람도 많다. "그까짓 페닌데 뭐, 다음에 더블로 내놓죠." 하고 손짓, 몸짓의 제스추어를 하는 이탈리아계 손님은 20년 단골의 토박이로 한 번도 페니를 가져온 적이 없으니 우리 잔돈박스가 그의 잔돈지갑인 셈이다. 또 어떤 사람들은 아예 페니를 한 움큼 내놓으면서 "필요할 때마다 잔돈박스에서 꺼내 쓸 테니까." 또는 "전에 몇 번 신세졌으니까."하기도 한다.

사람들이 푸대접하는 페니면서도 매력(?)있는 잔돈박스에는 하루 종일 사람들 손이 분주하게 오고간다. 종이돈을 아끼려는 사람이거나 잔돈이 귀찮은 사람들 때문에 갑자기 많이 불었다가 졸지에 한 푼 없는 빈 박스가 되기도 한다. 잔돈이 싫거나 페니 몇 개 때문에 지폐를 내놓고 무거운 코인을 받는 것을 꺼리는 마음을 이해하기에 박스가 비면 나는 다시 페니를 채워놓는다.

가끔 동네 거지(홈레스)가 들어와서 잔돈박스를 힐끗 보고 쿼터나 다임 같은 큰 잔돈이 있으면 "전화 걸려고요." 라는 고전적(?) 이유를 대며 집어간다. 그들에게도 페니는 찬밥신세다. 그런데 코인박스 안의 페니를 귀중품 다루듯이 살살 뒤집어보다가 얼른 집어 가는 일확천금을 노리는 페니 콜랙터들도 있다.

50개의 페니를 말아 놓은 롤을 풀어놓으면 가끔 오래된 코인이 나오기에 콜랙터들은 우리 상점에 들어올 때마다 살살 코인박스를 뒤지고 간다. 1943년에 만들어진 구리로 된 페니는 몇 년 전에 50만 불 가치가있다고 하드니 이젠 120만 불까지 그 에퀴티가 올라갔다(?)고도 한다. 코인 수집가들의 말로는 2차 대전 중에 구리가 부족해서 구리대신 닉클로 페니를 찍고 있을 때 실수로 찍힌 구리의 페니가 이제는 콜랙터들에게 엄청난 희소가치가 되었다고 한다.

주위에 영화사가 모여 있어서 종종 배우들이 많이 온다. 그래서 그런지 핸섬한 젊은이들은 카드를 사고 잔돈을 주면 종이돈만 받고 코인은 그냥 손사래를 친다든지, 받은 코인을 박스 안에 쏟아 붙고 나간다. 그래서 박스는 페니뿐만 아니라 온갖 코인의 전시장이 되기도 한다. 그런 사람을 보면 나는 안타까운 생각이 든다. 아무리 부유한 집에서 자랐어도 일전을 낭비하면 일전에 운다는 말은 이젠 퇴색했지만, 아낄 줄을 모르면 파고 많은 인생에서 어려움이 닥치면 어떻게 견디어낼까 노파심이 든다. 그 청년이 어렸을 때 엄마가 잔소리를 좀 했어야했는데!

가끔 둘째아들이 우리 상점에 들를 때가 있다. 어느 날 잔돈박스를 보드니 주머니에 있는 잔돈을 모두 쏟아 붙는다. 쿼러, 다임, 닉클 등 페니만이 아니다. "잔돈이 필요할 때도 있을 텐데......" "필요 없어요,

무겁기만 하고.” “ ? ” 아들에겐 어렸을 때 했던 그 많은 잔소리도 부족했단 말인가?

언뜻 그까짓 페니 100개를 모아봐야 1불밖에 안 되는데 뭐, 하고 무시할 수도 있지만 그것이 미합중국 돈의 첫 단위임을 생각하면 의미가 달라진다. 가치는 거의 없지만 꼭 필요한 존재, 가장 많이 유통되는 페니와 나는 오늘도 공생한다.

잔돈박스를 보고 있으면 우리들 삶의 일면을 보는 것 같다. 똑같은 모습의 페니면서 필요여부에 따라 천차만별로 취급되는 잔돈들은 어쩌면 사람들의 심리만큼이나 다양한 길을 가는 것 같다.

7-15-2002 (중앙일보)

욕망이라는 '판도라' 상자

욕망은 희망의 근원지가 될 수도 있다. 모든 행복도 욕망의 변수에서 나온다고도 한다. 우리의 생은 기껏해야 100년, 3만 6천 5백일을 넘기 어려운 한정성을 가지고 있다. 이 한정된 인생에서 우리는 주어진 시간을 최대한으로 써서 삶에 의미를 부여하며 욕망을 이루려는 희망을 품고 매일을 살고 있다.

그러나 욕구가 충족되지 못하였을 때 좌절감에 빠지고 욕구가 지나쳤을 때 욕구의 노예가 되어 문제성이 노출된다.

신문의 본국 판을 보면 하루도 빠짐없이 먹칠해진 정치의 소용돌이를 접하게 된다. 무슨 사건과 부정과 비리로 이어지는 수수께끼 같은 이면과 이면의 정치 싸움은 권력욕망의 경기장 같은 답안지를 보게 된다. 아침마다 신문을 펼치면 한숨이 먼저 나오는 경우를 누구나 경험했을 것이다. 우리는 태평양 건너 고향 땅의 안부에 관심을 끌 수도 외면할 수도 없는 코리안 아메리칸 들이다.

또한 돈의 욕망에 지나치게 집착했을 때 인용되는 유태인의 경구가 있다. "한 상인이 기발한 아이디어로 창부들이 득실거리는 지역에 화장품가게를 오픈 했다. 사업은 대 성공하여 엄청난 부자가 되었으나, 어느 날 그는 자기 아들이 창부와 놀아나고 있는 장면을 목격하게 되었다." 사려하지 못한 욕망의 어리석음은 뿌린 대로 거둔다는 성경의 말씀을 다시 음미하게 된다.

우리 속담에도 "달아나는 노루를 보고 얻은 토끼를 놓친다."는 말이 있다. 더 많은 것을 구하다가 있는 것마저 놓치는 것은 인간의 욕망은 마지막 단계가 없다는 경고이므로 스스로 자제하지 않는 한 욕망의 노예가 되어 더 귀중한 것을 놓칠 수도 있을 것이다.

독일 철학자 에른스트 블로흐는 인간존재를 "욕망덩어리"라고 규정하고 욕망이 멈출 때 인간은 시체 외에 무엇이겠는가! 전제하면서 인간의 욕망은 근원성과 다양성과 지속성과 발전성이 있을 때 희망이 소생한다고 하였다.

중국 작가인 뇌신도 "자기만족을 하지 않는 사람들의 대부분은 영원히 전진하고 영원히 희망을 가진다."고 했다.

사실 이러한 궁핍이나 비어진 현재를 미래로 초극케 하는 희망이 없다면 우리 인생은 허무해서 삶의 의욕을 상실할 것이다. 그러나 이러한 끊임없는 욕망이 이성이나 양심 그리고 도덕률에 의해서 다듬어지지 않을 때 문제가 일어나게 된다.

공자는 2500년 전에 인간본능의 문제성을 파악하고 "지나친 것은 모자람과 같다."는 중용의 철학을 가르쳐 주었다. 또한 희랍의 Delphi에 있는 Apollo신전 명패에는 "너 자신을 알라."는 비슷한 시기의 희랍 철학자 소크라테스의 명구가 있다. 인간의 지혜는 이미 BC 4-5세기경에 다 발현되었다.

최근 잡지에 500명의 백만장자들의 재산형성과정을 설문한 내용을 보면 근검과 절약의 생활을 한 사람들이 대부분이라고 한다. 그러나 우리 사회는 허세의 욕구를 조장하는 문화가 오랫동안 정착해왔다. 문제는 초라한 실체의 노출보다는 화려한 과장이 더 많은 소득을 가져온다는 헛된 계산이 깔려있기 때문이다.

그러나 우리 의식에는 참된 자아를 찾아 생활하려하지만 동시에 본능적인 욕망이 도사리고 있는 역리성이 내재하고 있다. 사실 기독교의 미래세계나 불교의 운명론적인 윤회사상은 현실의 빈곤, 슬픔, 외로움 등 사회의 어두움 속을 살아가는데 우리들에게 구원과 희망이 되어왔다. 이러한 방패 막은 세계화의 경쟁 속에서 거친 파도에 밀려가 버리고, 남는 것은 오직 황금의 신만이 미소 짓고 있는 것이 현실이다.

전통적으로 이어져오는 생의 가치관은 현대의 물질문명과 절대개인주의라는 파고에 변질되었다. 현대인들은 점점 원시적 본능과 충동에 근거한 생활방식을 정당화하려하고 있다. 그들은 삶의 의미를 아름답고 고귀하고 가치 있는 생활을 추구하는 것 보다 오직 즐거운 시간을 갖는데 비중을 두고 있다. 그래서 필요요건인 황금을 얻기 위해 오늘도 동분서주하고 있다. 과연 '판도라' 상자에서 괴물 대신 희망이 나오는 현대적 지혜는 어떤 것일까?

10-10-2002 (중앙일보)

마음과 마음이 만나는 곳

"나무 한 잎 떨어지니 천지는 가을이다"라는 중국 이자경의 문장을 빌리지 않더라도, 하늘이 파랗게 높아지는 가을이다. 아침저녁 매싸한 안개 속에 싸늘한 기온이 스며들어 만추의 결실을 재촉하게 한다. 이제 며칠 있으면 추수감사절, 다음 달에 성탄절이 지나면 올해도 다 지나간다. 땅위에 무심히 떨어지는 낙엽은 잠시도 멈추지 않는 시간의 흐름을 보여준다.

미국의 추수감사절은 우리의 추석만큼이나 의의 깊은 날이다. 우리 샤핑몰 안의 Sav-on 백화점은 24시간 오픈에 일 년 열두 달 문을 닫는 날이 없다. 심지어 1월 1일에도 문을 연다. 그러나 추수감사절만은 문을 닫는다.

부부도 친구도 쉽게 만나고 쉽게 헤어지는 오늘날 고도의 물질과 절대 개인주의의 미국사회에서 추수감사절은 그래도 가족유대를 묶어주는 클래식한 명절이다.

미국 이민의 시작은 존 스미스 선장이 조타를 잡은 Mayflower 배를 타고(1962) 영국에서 종교적 탄압을 받은 청교도들과 죄수들, 모험주의자들과 투기꾼들이 처음 미국으로 건너왔다. 그들의 대부분은 유럽대륙의 강인한 하층계급들이었다. 그들은 격식보다 실용과 효율주의를 택해서 갖은 고초를 겪으며 기후의 악조건과 인디언들의 습격을 받으며 신천지 개척을 해냈다. 추수감사절은 그들의 생존할 수 있었던 가족과 이웃이 모여 그 해 추수한 곡식과 터키고기를 나누며 한해를 무사히 넘긴 것에 대한 하나님께 감사예배를 드리는 날로, 미국만의 전통적인 명절이다. 오늘의 미국 실용주의의 뿌리는 거기에서 시작되었을 것이다.

그러나 미국은 변하고 있다. 한때 건전하고 자원이 풍부했던 미국도 오늘날 지나친 물질문명과 쾌락주의에 빠져 요즈음 추수감사절이나 성탄절은 그 원래의 의미는 퇴색된 것 같다. 점점 상업주의 화되어 카드도 경건하고 종교적인 카드는 점점 줄어들고 해학과 조크의 카드가 해마다 증가하고 있다. 경건한 종교적인 명절도 인생을 즐기는 쾌락의 하루로 변색되어 가고 있는 것이다.

모든 길이 로마로 통했듯이, 미국의 신 세계화는 돈벌이의 레이더망에 포착되는 달러를 향해 물질문명으로 포장된 길을 달리고 있다. 가치관의 혼돈 속에서 오염된 정신문화를 먹고사는 일부 사람들은 미국적 용광로 속에서 혼란한 삶을 살고 있다.

우리는 세계화라는 거대한 물결에 휩쓸려가면서도 그 물결의 始末의 방향은 알아야한다. 그래야 우리가 삶의 균형을 잃었을 때, 물질로 범람하는 물결을 거슬러서 인간의 본향으로 연어처럼 수만 마일을 떠나갔다가도 되돌아올 수도 있을 것이다.

오늘의 문명비평가들은, 현대의 우주적 사이버문명에서 가장 중요한 것이 가족 간의 사랑이며 특히 자녀들과 부모사이의 긴밀한 영적 교섭이라 한다. 이러한 마음과 마음의 만남이 없을 때에는 자녀들이 마음의 중심을 가족 사랑에 두지 못하고 집을 떠나 방황하게 되고 가정파탄이 일어날 수도 있다고 한다.

사실 미국에 이민 온 우리들은 고향이 없다. 이질적인 두 나라사이의 문화적 사회적 나그네다. 긴장과 불안한 마음의 정신적 나그네이기도하다. 한국에 두고 온 고향은 더 이상 현실적 고향이 아니다. 이민 와서 사는 우리에게는 고향이라는 곳이 따로 없다. 그러나 어디에서건 추수감사절에 가족이 모이는 곳, 마음과 마음이 만나는 곳, 인간과 인간의 영적 교섭이 있는 곳, 그곳이 우리의 고향이 아닐까? 고향은 이미 우리의 마음 안에 언제나 따뜻하게 품어있기에.

삶은 일회성이지만 일년초가 아닌 영구한 삶의 발자취를 남긴다. 감사하는 삶을 살 때 마음은 겸손해지고 생활은 건전해지며 건강한 삶을 살게 된다.

추수감사절을 맞아 엔도르핀이 가득한 감사라는 말과 마음으로 밝고 따뜻하며 아름다운 생활을 추구해갈 때, 그것이 하나님께서 우리에게 주신 행복한 생활이라고 확신한다.

11-25-2002 (중앙일보)

장혜련의 단편 "구멍"에 대해서

3월 10일 미주문인협회에서 주관하는 토방모임에서 조선일보사의 신춘문예당선작인 장혜련의 <구멍>을 소설분과위에서 낭독했었다. 나는 상징성이 강하고 단숨에 읽혀지는 단편소설을 좋아함으로 처음부터 끝까지 경청했다. 집으로 오면서 헤드라이트가 넘실거리는 후리웨이에서 이 소설이 상징하는 의미를 찾아 여러 가지로 생각을 해보았다. 한국의 경제적 발전만큼이나 급전환된 가치관에서 나온 사회의 퇴폐적 단면을 고발한 것이며 특히 자유를 찾아 헤매는 젊은이들의 문란한 성도덕의 현주소를 그린 작품이라 생각되었다.

고속으로 변해 가는 물질문명에 의한 소외와 자아상실이라는 현대적 상황아래서, 심리적으로 불안한 상태의 한 젊은 여인이 어머니가 경영하는 바에서 일하는 벙어리와 가까워지고, 그와의 관계에서 두리번거리며 자기 나름의 존재의미를 찾아 헤매든 주인공은, 바로 그 벙어리가 어머니의 섹스 파트너임을 알게 되고, 그녀는 집을 떠났다.

그리고 새로운 남자를 만날 때마다 귀 바퀴에 구멍을 뚫어 6개의 이어링을 갖게 된다. 그 다음 남자엔 눈썹에 구멍을 뚫었으며, 마지막 K와의 동성애에서는 심장 가까운 피부에 구멍을 뚫어 '혹성 49'라는 링을 달았다. 그녀는 말하고 싶고 주의를 환기시키려하는 것을 그녀의 몸에 뚫린 '구멍'으로 표현했다. 그 함축된 의미의 '구멍'은 무엇을 나타내고 있는 것일까?

집으로 오는 동안 그 단편은 내내 나의 생각을 잡아당겼다. 그 소설이 상징하는 막다른 골목의 끝은 파멸과 죽음이 기다리는 현실일 것이다. 육체적인 감각과 표피의 느낌으로 말하는 사회에서, 여유와 사색과 정의라는 단어들이 낯선 사회에서, 아직 여물지 않은 여린 감정이 엉클어진 현실에 낙오되지 않기 위해 그 흐름에 동참하며 흘러가는 혼돈의 생활…….

프리미티즘의 원초적 표현으로 가득 매운 이 소설은 그녀를 둘러싼 온 세상이 육체로 말하고 육체로 느낀다. 사회와 현실에 대한 반항에서, 자유를 찾아 단순 세포의 느낌이 지배하는 현실은, 육체로 얻어지는 것만이 정직한 위안의 전부이다. 그 젊은 여인은 몸으로 앓고 몸으로 표현하고 있다. 몸과 마음이 사회의 폐수에 젖어 흘러가며 그녀가 소속된 현실을 적나라하게 끌어내었다.

작가는 젊음이 튀는 참신한 표현과 어휘로 젊은 세대의 보이지 않는 내재적 심정을 주인공을 통해 가시화 시켰다. 기존 도덕은 박제되고 새로운 모럴이 형성되지 않은 채 인성이 거품처럼 떠도는 사회에서 여인은 생존하기 위해 비명을 지르고 있는 것이다.

그녀는 구멍을 계속 뚫음으로 외쳐대고 있다. X세대에게는 체감되지 않는 것은 존재하는 것이 아니라고! 체감으로 감지되는 것만이 진실인 세상에서 살아가는 미로의 끝은 심장으로 가까이 가는 '구멍'의 나열뿐이다.

그녀의 생활은 모럴을 외면하고, 과정도 목적도 자아도 상실한 감정의 순간에 매달리는 매일의 연속이다. 한번 빨려 들어가면 아메바의 흡인력으로 더 깊이 침잠 되는 블랙홀인 것이다.

단편 "구멍"은 노르웨이 화가 뭉크의 그림 "절규"가 생각난다. 좌절과 억울함과 아픔의 절규! 깊은 동굴에서 헤어나지 못하는 외침! 화면을 다 차지한 얼굴의 외쳐대는 입이 동굴처럼 깊어 메아리치는 소리가 화면을 흔들고 음속으로 가슴에 와 박히는 비명……, 몸부림치는 소리의 파장은 핵분열이 일어나듯 시공을 초월해서 인간사의 조각난 퍼즐로 남았다.

가시적이고 물질적인 것은 과학으로 밝혀낼 수 있지만, 인간의 내재적인 불가시적인 것은 예술만이 표현할 수 있다고 생각한다. 그래서 문학에서 상징성은 대단히 중요하다. 상황의 표현과 고발을 넘어 말하는 것 이상의 깊고 넓은 의미를 가질 때, 문학은 생명이 부여되어 살아 숨 쉬게 될 것이다.

티 에스 엘리옷의 시 "황무지"가 메마르고 삭막한 20세기의 병리를 냉혹한 지성으로 진단했다면, 라이너 마리아 릴케의 시 "드노이의 비가"에서 말하는 천사는 더 높고 깊은 의미의 상징이다. 김춘수 시인이 릴케의 시를 읽으면 눈물이 나는 이유가 여기에 있을 것이다. 우리가 성령을 입을 때 한없이 눈물을 흘리듯이.

그런 의미에서 이 소설에서 찾아본 상징성은 감명을 남겼다. <구멍>은 심리적 소외와 아픔을 원초적 욕망으로 표현함과 동시에 한국의 서구식 문명사회를 소화하지 못한 급조된 사회풍조를 고발한 작품이라고 생각되었다.

어느 듯 집에 도착했다. 밖엔 차가운 달빛이 내려와서 나무들에 짙은 그림자를 만들고 있다. 가슴엔 아스라이 먼 60년대의 서울 거리가 스며있다. 한국을 떠난 지 벌써 36년이 지났는데 아직도 한국에 대한 애착이 남아서 나는 모국의 국적불명의 변질된 현실을 아파하고 있는 것이다.

4-05-2003 (중앙일보)

명품시대

며칠 전 친구 집에서 조촐한 가든파티가 있었다. 아열대의 따뜻한 바람에 나불대는 나뭇잎이 테이블 위에 그늘무늬를 지며 흔들리고 찻잔에서 녹차의 비릿한 향기가 은은하게 스며나는데, 친구의 조카딸이 양과자 접시를 가져왔다. 조카딸이 얼마 전에 유학 왔다고 친구가 인사시켰다. 풋사과 같은 그녀가 옆으로 지나가며 내 핸드백을 보드니 갑자기 팝콘 튀듯이 폭소를 터트린다. "어마나 조선시대 핸드백 좀 봐! 그래도 명품이네......" 하드니 미안한 듯 자라목이 되어 쿡쿡 웃음에 재갈을 물리며 지나갔다.

명품? 20여 년 전에 산 백을 조선시대라니? 20여 년 전, 딸이 고등학교를 졸업할 때 한국의 수학여행 같이 친구들과 유럽여행을 했다. 이 조선시대 핸드백은 정현이가 이태리에서 사다준 구찌(?) 백이다. 하긴 무엇이 명품인지 별 관심이 없는 나는 요즈음 최첨단 유행을 따르는 미시 족들에 비해 오프라인 세대로 세월의 외곽에서 맴돌고 있는 셈이다.

어리둥절한 내게 옆에 친구가 귀띔한다. 요즈음 괜찮은 명품 핸드백은 1,000불 넘게 줘야 하는데 옷도 맞춰서 입으려면 몇 천불이 들 것이라 한다. 때와 장소에 맞춰 개성 있게 입으면 되겠지 하는 내 생각이, 유행이 여러 번 바뀌면서 조선시대의 여인으로 추락했다. 언제부터인지, 유행에서 뒤쳐지고 멋에 대한 감각도 무뎌져서, 나 위주의 실용적이고 편한 생활로 변화되었다. 옷의 유행을 생각하면 늘 나에게 기억되는 고전이 있다.

셱스피어의 "햄릿"에 나오는 프로우니아스는 그 아들 레아티이즈가 불란서로 유학 갈 때 교훈을 준다. "전대가 허락하는 정도로 옷은 비싼 것을 선택하되, 그 값을 허식으로 나타내지 말라. 값지되 화려해서는 못쓴다. 의관은 인품을 말하는데 의복에서 아담하고 고상한 취미가 나타난다."라는 말은 고상한 옷이 품위를 나타낸다는 말이지, 돈이 없어도 카드를 긁어서 명품을 사 입으라는 말은 아닐 것이다.

서울에서 명품에 사로잡힌 어느 젊은 여인은 카드빚이 엄청나게 쌓여 카드빚만 갚아주면 조건 따지지 않고 결혼하겠다는 뉴스를 보았다. 여성으로서의 자존가치를 버리고 "돈"이 결혼 조건의 "이상형"이 된 것이다.

명품이라는 유행병이 결혼의 신성까지도 흔들고 있어, 이젠 소비문화의 회오리에 정신문화는 점점 위축되어가고 황금마니아 세상이 오는 것 같아 두렵기만 하다.

명품을 생각하면 명희가 떠오른다. 미국에 온지 3년, 명희는 초등학교 동창의 동생이다. 명희가 엘에이에 이민 왔을 때 만나보니 그녀는 미국 촌사람에게는 휏숀 모델 같았다. 파리나 런던이나 뉴욕에서도 그녀같이 명품으로 둘러싼 최첨단 멋쟁이는 보기 드물었다. 몸치장뿐만 아니라 얼굴모습도 바꿔서 국적불명의 인종처럼 느껴졌다. 그런데 명희는 아이들의 교육을 위해 이민 온 전업주부였다.

이곳에서 명희는 모양내고 나갈 곳이 많지 않았다. 거의 매일 차리고 나가던 친구들과의 점심약속도 없었으며, 다들 바쁘게 일하고 있는데 불러내기도 힘들었다. 점점 미국생활에 적응하던 그녀는 무료한 끝에 작은 분식점을 시작했다. 이젠 파텍 시계도 루비 똥의 백도 또 버사체의 옷이나 페라가모 구두도 그녀에게서 사라지고, 간편한 차림의 비즈니스 우먼으로 변했다. 3년 동안에 서울의 유행이 엘에이의 보호색으로 변한 것이다.

“미국은 시간이 돈이던데요.”하며 열심히 가게를 운영하는 그녀는 시간과 돈의 의미를 이제야 알 것 같다고 한다. 벌써 미국의 실용주의 사조를 체득한 것일까? 수더분한 아줌마의 미소를 띠고 열심히 돈도 벌고 인생도 벌고 있다. 어머니 역할도 열심히 하고 있는 그녀는 외형적 과시에서 내재적 가치를 찾는 중년의 나이에 접어들어 더 다양한 삶을 살고 있다.

내겐 자연스러운 모습이 성형으로 고친 모습보다 더 친근하게 느껴진다. 엉클어진 머리에 추남인 아인슈타인이나 대머리에 옹고집인 피카소에게서 천재들의 순수한 멋이 풍긴다.

현재를 최선을 다해 자기 의지대로 사는 사람에게서는 강한 개성이, 시간의 중요성을 인식하고 자기견제와 자아를 아름답게 가꾸는 사람, 나이에 따라 생각과 행동이 성숙하고 깊어질 때 완성을 추구하는 인생을 보게 된다. 그렇게 인생을 달관하게 된 사람을 보면 그윽한 멋이, 내적인 명품을 지닌 아름다움이 향기처럼 묻어난다.

11-16-2003 (중앙일보)

내려서야 보이는 것

올해도 다 가고 있는데 우리 다시 만나야겠다는 의견이 모아져 여자들끼리 조촐한 티파티를 가졌다. 적어도 한두 달에 한 번씩 만나자던 처음의 약속이 계속 엇갈려서 결국 1년여 만에 다시모인 것이다.

2년 전에 아들을 결혼시킨 친구가 앉자마자 그 동안 묶어놓았던 애증의 보따리를 터트렸다. "정말 살맛 안 나는구나! 어떻게 키운 아들인데......" 시무룩한 그녀에게 곁에 있던 친구가 "술맛은 나고?" TV에서 본 술 광고로 능청을 떨어 모두를 웃겼다. 고생하며 공부시킨 아들이 결혼한 후엔 부모와 사이가 더 멀어지더니, 요즈음엔 바쁘다는 핑계로 안부전화도 거의 없다는 것이다. "지금은 21세기 아냐? 책임에서 벗어났으니 이젠 부부 둘만의 행복을 구가하면 되지......"하며 옆에서 위로했다.

"정말 인생이 아무 것도 아니구나." "이게 전부란 말야? 그런데 그렇게 죽기 살기로 뛰었니?" "눈은 침침해지는데 인생의 끝은 더 환하게 보이니 허무하기만 해." 등 주위에서 우울한 심정이 전염된 듯 이심전심의 쓸쓸함을 한마디씩 주고받았다. 바쁘게 지나는 사이에 쉰세대가 되어버리고 잊혀지는 세대가 되려한다. "그래도 우리 내일의 희망을 버리지 말자. 우리 자신을 믿는 거야. 나는 당연히 바로 나 자신이어야 한다는 말도 있지 않니?" 갑자기 눈빛들이 초롱초롱해졌다.

건전한 정신문화와의 균형 없이 돈, 명예, 권력, 섹스에 현혹되어 번쩍이는 일회용 값싼 문화에 삼투되거나, 명품을 사랑해서 명품만을 쫓다가 고급 창녀로 타락하는 경우나, 본능적 충동적 생활에 탐닉하는 스와핑 족이 등장하는 현실을 어떻게 받아드려야 할까? 인터넷 세상은 지금도 시초인 창세기라는 공언처럼, 한눈 팔 사이도 없이 광속으로 밀려오는데 미처 소화하기도 전에 다음 물결이 파도치고 있다.

언제부터인가 그 첨단 파도에 동참하는 것을 놓쳐 버리고, 갓길에서 방관자로 대기하고 있는 신세가 되었다. 새롭다는 것은 신선한 매력이 있다. 그러나 한편 그 매력을 쫓아가다 보면 자아는 삭제되고 새로움의 미아가 될는지도 모르는 일이다.

해가 지날수록 생을 길게 잡아야겠다. 조급함을 미루고 천천히 삭이고 싶다. 종래의 60평생이니 80평생이 아니라 100세 이상으로 잡아 아주 길게 계획하는 거야. 이제는 후회나 회한을 남기지 않는 능숙한 키잡이가 되어 수초에 휘말리지 않을 것이며, 진흙의 소를 피해 마지막 항해를 아름답게 마무리 지을 것이다. 황혼에 붉게 타는 노을은 한층 찬란하다.

어떻게 해야 못다 한 아쉬운 심정이 풀릴 것인가? 몇 명의 할미꽃들이 모여서 볍씨 까먹는 푸념들을 쏟아 놓았다.

현대라는 물질 지향적인 사회에서 효율적인 사고가 지배하는 인간관계와, 달러로 계산되는 사랑이나 생활은, 인간성의 고갈로 각박해질 수밖에 없다. 이런 세계에서 디딤돌을 골라가며 사랑과 지혜로 주위를 밝히는 사람들이 있다.

며칠 전 LA에서 틱 낫한 스님의 설법이 있었다. 그분은 베트남 출신으로 불란서에서 수행 정진중인데, 그 날 그분의 생활 속의 행복 메시지를 음미해본다.

"삶은 이 순간이 가장 아름다워요. 욕망이나 화, 두려움에서 벗어나세요. 미래를 위해 현생을 거부해서는 안 됩니다. 행복은 바로 우리 곁에 있습니다. 이 시간만큼은 과거에 대한 걱정과 미래에 대한 설계를 접고, 현재에 대한 불안과 걱정도 거두면서, 바로 이 시간에 행복은 바로 우리와 함께 있습니다." 틱 낫한 스님은 <마음에는 평화 얼굴에는 미소>, <화>, <귀향> 등의 저서로 척박한 현실과 불안한 미래의 틈바구니에서 방황하는 현대인들에게, 평범한 진리를 투영해서 단순하며 행복한 길을 인도하고 있다. 그날 저녁, 연주회장으로도 쓰이는 이벨극장은 기댈 곳을 몰라 방황하는 한인 이민자들로 초만원을 이뤘었다.

낮은 곳으로 내려와야 비로소 보이는 것이 있다. 평상시에 보이지 않던 오지, 몸을 낮추면 탁상공론이 아닌 테이블 밑이 보인다. 종교를 빌리지 않더라도 마음에 겸손한 사랑을 가지면 삶이 가벼워지고 행복해질 것이다.

서로의 생활여건이 다른 우리 할미꽃들, 그러나 같은 시대에 같은 문화와 사회 속에서 이민 1세로 같은 길로 향하고 있다는 공통분모 때문에 같이 만나는 것만으로도 위안이 되었다. 소외되어 허망하게 느끼는 무리는 어찌 할미꽃들뿐이랴!

12-09-2003 (중앙일보)

마음의 말과 침묵

남가주는 계속되는 장마 비로 곳곳에 산사태와 물난리가 났다. 태평양 연안의 산타 모니카나 말리뷰에서는 매년 겪는 일로 하이웨이 #1이 쏟아진 흙더미로 막히고 집이 무너졌다고 뉴스에서 속보로 알리고 있다. 매일 밤과 낮으로 주룩주룩 쏟아지는 비와 빗소리를 들으며 멀쩡한 사람도 우울증에 걸릴 것 같다. 사람의 심리가 주위 환경에 따라 좌우되는 이렇게도 미약한 것이구나 실감하고 있는데, 한국에서 우울증으로 인한 슬픈 소식이 전해왔다.

지난 22일 한국의 인기 탤런트 이은주 양이 자살했다고 한다. 미모에 25세라는 꽃다운 나이와 탤런트로 성공한 그녀가 자살했다니 안타까운 일이다. 무엇이 그녀를 불안과 허무로 밀어붙여 죽음에 이르게 했을까? 자살 이유는 우울증이라고 한다. 요즈음 세상은 괴로움, 실망, 불안과 분노를 술로 청소하며 세상에 소리치고 인터넷에 올려 잘도 풀어내던데, 왜 그녀는 마음에 뭉쳐두어 스스로 자살로 몰아갔는지 마음 아픈 일이다.

인간의 육체는 마음에 좌우되고 있다고 한다. 마음은 보고, 듣고, 기뻐하고, 슬퍼하고, 사랑하고, 미워하고, 인내하고 반성한다. 그래서 가장 강인한 사람은 자기 마음을 조정할 수 있는 사람이라 했다.

개인주의화된 현대인의 고립성은, 생각해보고 상상할 여유 없이 클릭 한번으로 순간에 떠오르고 결정되는 전자 문명적 사고와, 스피디하게 재촉하는 사회적 억압, 여백 없는 메마른 대인관계에서 이루어진다. 서로가 당신을 받아드리는 것을 주저하고 두려워한다. 결국 진정한 인간생활은 나와 당신의 관계로부터 성립되며 인생은 대화의 삶이라고 하는데 마음을 열 대화의 대상을 찾기가 어려운 것이다.

옛 독일의 프레더릭 제왕이 인류의 가장 근원적 언어가 무엇인지 알아보려고 실험을 했다고 한다. 부모가 없는 고아가 된 갓난아기들을 한집에 모아놓고 하인들로 하여금 그 애들을 돌보게 하면서 애들에게 절대로 말을 하지 말라고 명령하였다. 이렇게 해서 어린애들이 맨 먼저 하는 말이 무엇인지 알아보려 한 것이 제왕의 의도였다. 그러나 아무 말도 듣지 못하고 할 줄도 모르는 애들은 다 죽어버렸다고 한다. 이 이야기의 내용은, 언어는 인간생활의 한 산물이 아니고 전재조건이 된다는 것이다.

옛 아랍 사람들의 풍습에는, 남이 저주하는 욕을 할 때는 그 욕이 자신에게 아무 피해를 주지 않고 자기 머리위로 지나가도록 땅바닥에 엎드렸다고 한다. 말은 위대한 힘을 가질 때도 있으나 때로는 잔혹해서 남의 마음에 깊은 상처를 줄 때도 있다.

<탈무드>에서, 하루는 장사꾼이 거리에서 "인생의 비결"을 사고 싶은 사람은 모두 모이라고 소리쳤다. 몇 명의 랍비를 포함해서 많은 사람들이 모여들어 어서 팔라고 조르자 "인생을 참되게 사는 비결이란 자기 혀를 조심해서 사용하는 것."이라고 했다고 한다.

흔히 진정한 의사소통은 불교에서 말하는 '이심전심'으로 말없이 상호 교감하는 것이라고 한다. 우리는 말이나 글에 의존하지 않고도 의사를 충분히 전달할 수 있을 때도 있다. 이것은 고차원적인 의사표시로 의중을 읽어 이루어지나 또한 서로의 정신적 긴밀한 접촉과 이해가 동반해야 할 것이다.

현명하게 말한다는 것은 매우 어려운 일이나 현명하게 침묵한다는 것은 더욱 어려운 일인 것 같다.

이 비가 끝이면 찬란한 햇빛이 비칠 것을 우리는 알고 있다. 우울한 일이나 괴로움도 지나고 보면 지나가는 비에 불과하지 않을까?

2-26-2005 (중앙일보)

모성의 자리

원숭이의 새끼사랑은 모성애의 상징으로 옛날부터 전설적으로 내려왔다. 단장(斷腸)이라는 중국 고사 성어를 보면, 동진의 무인인 환온이 부하들과 양자강의 험난한 삼협을 배를 타고 지나갈 때, 한 병사가 강가에서 원숭이 새끼를 잡아갔다. 이를 본 어미원숭이가 새끼를 찾으려고 슬피 울부짖으며 삼협을 흘러가는 배를 따라 백여 리를 쫓아와서는 간신히 배 위에 뛰어오르더니, 그만 숨지고 말았다. 부하들이 죽은 어미원숭이의 뱃속을 가르고 보니 어미원숭이의 애간장이 얼마나 탔던지 장자가 다 마디마디 끊어져 있었다는 것이다.

지난 1월 LA동물원에서 영특한 원숭이 그레이시는 20피트의 벽을 고공점프로 뛰어넘어 유유자적 돌아다니다가 45분 만에 스스로 동물원 우리로 돌아오는 해프닝을 벌렸다. 이에 4천여 명의 동물원 방문객이 대피하고 실종방송중계까지 했다. 이번 탈출은 지난 5년 사이 4번째이며 야생의 자유를 그리워하는 그 레이시는, 그러나 사랑하는 새끼 곁으로 다시 돌아온 것이다.

모성애는 사랑 중에서도 가장 신비하고 강인하며 모든 것을 초월할 수 있는 지고한 사랑이다. 역사적으로 모성애의 상징으로 가장 많이 인용되는 세 여인이 있다. 양모로는 중세 성 어거스틴의 어머니 모니까와 맹자의 어머니이며, 또 악모로는 로마 네로 황제의 어머니 아그리피나를 들 수 있다.

맹자의 어머니는 세 번이나 이사하면서 조기 환경교육의 중요성을 보여주었으며, 아들의 수학 중 나태함과 지속성의 중요성을 단기지교라는 가르침으로, 그가 존경받는 천하의 성인이 되게 한 것이다.

또한 아우구스티누스(성 어거스틴)의 <참회록>을 보면 그의 어머니 모니까는 아들이 내적으로 방황하고 무질서한 생활에서 헤매고 있을 때 그를 로마로 보내어 새로운 정신세계를 접하게 했으며, 33세 때 밀라노의 암브로시우스 주교로부터 세례를 받게 한 것도 독실한 기독교 신자인 어머니의 희생적인 사랑과 헌신적인 감화가 절대적인 힘이 되었다. 그는 무너져 가는 로마 문명을 당시 미약한 정신적 집합체인 크리스트교로 대치시키는데 결정적인 역할을 한 신학자이며 철학자였다.

내가 어거스틴의 <참회록>을 처음 본 것은, 피난시절 집의 책꽂이에 끼어있는 대단히 낡고 누런 종이에 검은 점이 수도 없이 박힌 이상한 책을 발견했을 때다. 그 책이 어떻게 우리 집 책장에 있게 된지는 모르겠으나 언니가 '좋은 책'이라는 말에 어린 나이에 제대로 뜻도 모르고 읽었던 최초의 종교서적이었다.

서양역사에서 유명한 악모로 네로 황제의 어머니인 아그리피나를 든다. 아그리피나는 그녀의 남편인 클라우디오 황제의 연약한 성격을 악용하여 자식인 네로를 가진 음모를 동원해서 황제에 즉위시켰다. 그러나 결국 그녀는 포악하고 겁쟁이인 네로의 손에 살해당함으로서 로마 역사상 가장 추악한 모습을 보여준 악모로 남았다.

요즈음 한국의 이혼율은 지난 10년 동안 50%에 육박해서 미국, 스웨덴 다음가는 이혼 국이 되었으며 출산율도 계속 감소하고 있다고 한다. 또한 문란한 사회를 반영하듯 친자확인 소송이 증가하고, 그뿐인가 이혼할 때 자식을 서로 떠 맞지 않으려 한다니 이에 상처받은 아이들의 장래는 어떻게 될 것인가?

모성애와 부성애라는 단어가 메마른 현대문명의 이기주의에 퇴색되어 무서운 사회로 변해 가고 있다. 격심한 빈부격차와 외모지상주의, 돈벌이를 위한 섹스와 폭력이 난무하는 사회에서 끼리끼리 모여 집단이기주의가 조성되고, 양심은 표백되어 본초적 본능만이 날뛰는 사회를, 조국을 그리며 하루도 빼지 않고 읽고 있는 본국 지에서 읽게 된다.

철학이나 비전이 없는 이전투구의 정치로 사회적 혼란과 부조리가 판을 치는 인간소외의 현실을, 물론 일부에서 일어나는 일이겠지만, 매일 아침 신문을 펼칠 때마다 한숨과 더불어 알게 된다.

인간성 타락의 늪에서 사랑의 진원인 모성애로 자녀를 위해 어머니의 자리를 지키는 것이 훼미니스트의 입장보다 더 절박한 무너져가는 인류을 바로잡는 길이 아닐까 생각한다.

4-24-2004 (중앙일보)

행복을 향한 첫 걸음

요즈음 결혼조건의 패턴이 변하고 있다. 불과 몇 년 전만 해도 "돈이나 능력 없는 것은 봐줘도 못생긴 것은 못 봐준다."는 말이 유행하더니 최근에는 77%의 남성이 돈 많은 여자나 능력 있는 여자가 이상형이며, 미모의 여성보다 더 선호한다고 한다. 또 자신의 아내가 직장생활을 했으면 좋겠다는 사람이 전업주부를 원하는 사람보다 훨씬 앞섰다는 것이 인터넷 조사결과 나왔다.

시대상을 반영하듯 TV에 나오는 드라마의 내용도 재벌그룹의 황태자와 결혼하게 되는 신데렐라의 스토리나, 최고의 사치생활을 하는 탑 1%의 분망하고 화려한 생활이 선망의 대상으로 인기를 끌고 있다.

21세기의 우리 사회는 오직 '마이다스'신의 찬란한 황금의 미소만이 숭배되는 세상이 되어가고 있어, 지식과 사랑과 덕에 대한 가치나 경외감이 사라져 가는 느낌이다. 오늘의 현대인들은 눈에 $사인을 달고 달리며, $사인을 유난히 더 잘 보며, $사인에 미소를 보낸다. 이러한 대중문화는 사회바이러스가 되어 정신문화를 좀먹고 있다.

행복한 삶이 무엇이냐 하는데 대하여 객관적으로 합일하기는 어렵다. 어떤 사람은 생의 목적을 오직 물질적 행복추구에만 두고 삶의 의미를 즐거운 시간을 보내는데 있다는 쾌락주의자도 있다. 그러나 이러한 조건들은 필요조건은 되지만 충분조건은 되지 못한다. 이런 사람들은 오히려 정신적 빈곤으로 마음이 공허한 경우가 많다.

행복하다는 것은 물론 일률적 기준이 없다. 행복은 볼 수도 만질 수도 없는 마음의 유토피아다. 행복을 측정하는 데는 눈금이 없음으로 다만 행복을 느낄 수 있는 것은 각자의 감성과 인생관에 따라 다르다.

초고속 시대인 요즈음은 인터넷의 영향으로 맞춤된 일률적 사고와 가치관이 지배하기 쉽다. 그래서 객관적 행복의 조건을 갖추었다는 것 자체를 행복으로 착각하기 쉬우므로, 내 가치는 존재하지 않고 시대와 유행의 바이러스에 침식된 복사된 가치만 판을 치게 되므로, 잠시 숨을 고르고 자신의 존재적 가치를 되새김질해봐야 할 것 같다.

서구문명의 최첨단을 걷고 있는 미국사회는 다민족, 다 종교, 다 문화의 나라이며 다각적으로 발달된 사회인만큼, 더 복잡하고 비틀리고 꼬인 관계를 순조롭게 해결할 변호사와 심리학자의 숫자가 어느 나라보다도 많다고 한다. 왜냐하면 변호사는 사회적 갈등을, 심리학자는 인간 내재적인 심리적 갈등을 풀기 위해서일 것이다.

한 때는 이런 인간적 갈등은 교회의 성직자나 존경하는 선생님 또는 선배나 가족의 어른과 상의해서 해결했다. 그러나 이제는 급변하는 인터넷 물결에 부합하는 가치관을 수용하거나 동의하지 못하는 전통적 종교문화와 도덕 기준이나 또는 해체된 핵가족제도로는 이를 해결하기에는 역부족이다.

이러한 현황의 사회 속에서 노엄 촘스키 교수는 신자유주의에 대항할 지식인의 유대를 호소하면서 "건전한 양식과 더불어 이웃과 연대하며 평화스럽게 살며 인간의 존엄을 보장하는 좋은 사회건설을 추구해야한다"고 주장하지만 이 또한 하늘 높이 지나가는 솔바람 소리에 그치고 마는 듯하다.

최근 S공대 교수의 치졸한 수단으로 학생에게 돌아갈 돈 16억 원을 챙기는 사건을 보면 신자유주의의 병폐에 대항할 지식인마저 사라지는 것인지 두렵기도 하다.

오늘의 세계화 속에서 일등과 승자만이 숭배되는 사회 패러다임에서 젊은 여성들은 유행에 질세라 브랜드만 쫓아서 불경기에도 명품상점은 호경기를 보이고 있다고 한다. 배우나 모델을 따라 얼굴이나 몸맵시를 고쳐서 서로 비슷해가며, 진실한 생의 가치나 아름다움은 관심 밖으로 사라져가고, 자기도취에 빠져 유행을 쫓아 가벼운 생활의 물결을 타고 즐거워하는 것 같다.

누구나 행복을 추구한다. 행복을 원한다는 것은 나를 사랑한다는 것일 것이다. 스스로에게 내재적 가치와 존귀함과 아름다움이 있는 것을 재발견하고, 그리고 한계를 인정하며, 주어진 가능성을 찾아 관심을 두고 노력하는 것이 행복의 첫 스텝이 아닐까?

8-26-2005 (중앙일보)

지진에 흔들리는 대망

점심시간에는 주위 영화사에 근무하는 직장인들이 몰려오기 때문에 좀 바빠진다. 몇몇 단골손님이 심각한 표정으로 다가와서 중국 쓰촨성 대지진에 대해 근심스럽게 물어보면서 천재지변은 인간의 힘으로는 어쩔 수 없다며 위로한다. 그들은 나를 중국인으로 착각한 모양이다. 5월 12일 쓰촨성을 강타한 진도 8.0의 지진의 파워는 원자폭탄의 252배의 위력을 가지고 있다니……. 끔찍한 비극이다.

거기에 커다란 여진이 계속되고 있어 사상자가 4만 명이 넘고 부상자가 16만 명에 이르며 이재민이 480만 명이 넘는다고 한다. 이런 지경에 올림픽 성화 봉송도 중지되었으며 이제 3개월 남은 대망의 88 올림픽 개막이 제대로 치러질는지도 의문이다. 처참한 지진현장을 찾아다니며 위로하는 원자바오 총리의 따뜻하고 진심 어린 눈물은 세계인을 울렸다. 호사다마란 이를 두고 하는 말인가!

베이징 올림픽 성화 봉송이 저지당하고 탈취되기도 하며, 중국의 티베트 무력침략과 중화정책이 세계인들의 관심으로 클로즈업되었다. 티베트 청년연합의 독립투쟁에 동정의 이목이 가중되었다. 일제하의 뼈아픈 경험을 한 우리는 그 광활한 땅을 싸워보지도 못하고 빼앗긴 티베트인의 억울한 불가항력의 심정에 이해가 간다.

서울한복판 시청 앞 광장에서도 티베트의 독립운동에 동조하는 한국인 백여 명의 올림픽 성화 봉송 저지에 중국 유학생 1만 여명이 오성기를 흔들며 기자와 시민 심지어 경찰에게도 무례하게 폭력을 휘두르는 난동사건이 지난 4월 27일 발생하여 우리를 뿔나게 했다.

신영철의 <하늘 호수>라는 팩션소설에 의하면, 1950년 중국이 티베트에 쳐들어 왔을 때, 달라이 라마 14세는 전 국민이 부처님께 중국을 막아달라고 기도를 올리라는 포고령을 내렸다. 그 결과 티베트는 무력 점령되고 달라이 라마는 인도 다름살라에 피난 가서 망명정부를 세웠다. 중국에 사는 56개 지역의 소수민족을 다 합쳐봐야 전 중국 국민의 5%도 안 된다고 하니, 인구 230만 명밖에 안 되는 불교국인 티베트로서 인구 13억의 중국과 싸워 국민을 다 잃을 수는 없었을 것이다.

거기에 T27이라는 철도는 중국의 북경에서 티베트의 수도 라싸까지 가는 4065km나 되는 긴 철도로 2006년에 개통되었다. 그 중 칭짱은 티베트 고원을 넘어 라싸까지 해발 5072m나 되는 높은 얼음산을 넘는 철도로, 이 철도를 타고 중국한족들이 이주해서 이제 라싸의 인구 46만 명중 한족이 30만 명이 넘었으며, 이 칭짱 철도로 한족 2천만 명이 티베트로 이주해서 문화적으로, 인구통계학적으로 티베트를 한족화 한다는 것이다. 티베트인 들은 티베트 내에서조차 소수민족으로 전락할 것이다.

중국 땅의 사분의 일을 차지한다는 티베트엔 60가지 이상의 광물이 생산되고 있으며, 최근엔 대단위 원유와 우라늄까지 발견되어 그 지하자원의 운송에 칭짱 철도가 이용되고 있다고 하니 중국이 티베트를 쉽게 포기할 수는 없을 것 같다.

이제 상상을 초월한 천재지변에서 헤어나게 되면, 중국이 어떻게 변할지, 원자바오 총리나 후진타오 주석의 너그럽고 인자한 인품의 이면에 숨은 뜻은 무엇일까?

“역사는 인간이다”라고 시오노 나나미는 “로마인 이야기” 첫 장에서 말한다. 역사는 인간에 의해서 이루어지고 또한 인간에 의해서 역사는 변한다는 말일 것이다. 5년 내 세계경제 2위의 대망과 무서운 군사력으로 무장하는 21세기의 중국은 고구려 역사를 자신들의 역사로 주장하는 동북공정의 일환으로, 한반도 통일에 대비하여 중국의 백두산 개발 세계유산 등재 등을 추진하고 있다니, 우리는 대비해야 할 두려운 이웃을 가지고 있는 것이다.

여기에 한국은 대선과 총선의 후유증으로 사사건건 아직도 당파간 알력이 심한 상황에서, 그들의 끈질긴 역사왜곡을 이겨낼 수 있을까? 그런데도 한국은 정치적 단결과 실리 차원의 외교정책으로 집요한 중국의 대망을 반드시 극복해야만 할 것이다. 몸은 떨어져있어도 뒤돌아보면 마음이 미소 짓는 곳, 우리의 금수강산이 아니겠는가!

5-24-2008 (한국일보)

자기도취의 삶

뜨거운 여름이 무겁게 깔려있다. 홀마크 카드샵을 하고 있는 내게는 기후의 변화에 예민해진다. 이런 날에 누가 카드 한 장을 사러 외출하겠는가! 뙤약볕이 파킹랏의 아스팔트를 쪼고 있는데, 이 무료하고 더운 날, 친구들은 무엇을 하고 있을까? 우선 떠오른 친구에게 전화했더니 집에 없었다. 그렇게 두서너 명에게 더 연락했으나 역시 부재였다. 다시 셀폰 번호를 돌렸다. "어디에 있니? 뭐가 그리 바빠?" "나 오늘은 마사지하러 나왔어. 어제는 정희를 만났고, 그저 깨는 뭘 했더라, 아 새로 오픈한 글랜데일의 아메리카나 백화점 구경 갔었지. 아무튼 바쁘게 지내고 있어." "그래 잘 했다."고 말하고 나서 생각하니 그 친구의 들뜬 분위기에 나까지 숨이 가빠 온다.

하긴 미국사람들은 일과 생활의 즐거움을 삶의 한 과정으로 생각하고 일상생활화해서 즐기며 사는데 비해, 이민 온 우리는 삶의 즐거움은 은퇴 후로 미룬 채, 매일 매일만을 충실하게 바라보며 오늘날까지 살아오지 않았나! 은퇴한 친구의 바쁜 일상에 축복 있기를…….

서울에서 갓 돌아온 친구 말로는, 일부 서울주부들의 생활관은 아주 초현대적이란다. 인생이 즐길 일이 얼마나 많은데, 집에 박혀 있는 것은 바보란다. 세상을 맘껏 보고, 하고 싶은 것 맘껏 하고, 맘대로 살기에도 시간이 부족한데 집을 지키고 있어? 우리가 조선시대사람이니? 뭐 호랑이는 죽어서 가죽을 남기고 사람은 이름을 남긴다고? 누구를 위해서 고생하니? 일회성의 인생 맘껏 향유하며 사는 거야!

돈은 그러기 위해서 필요한 것이고!

데카당스의 물결이 한반도에 상륙한 것일까? 그러나 사실 오늘의 우리는 물질문명의 영향으로 세속주의가 팽배한 시대에 살고 있다. 물질주의와 향락주의가 중심이 되어 안락하게 살고 생을 즐기는 생활이 최대의 행복을 가져오는 진리로 생각해서 재물이 우리생활을 움직이는 기본 동력이 된다고 생각한다.

그래서 크리스토퍼 래쉬 교수는 "자기도취의 문화"란 책에서 "현대문명을 자기도취에 빠져 막다른 골목으로 향해 달리는 행복추구자의 사회."라고 특징짓고 있다.

자신만의 행복을 추구하는 자는 자기도취에 빠져 사랑을 나눌 줄 모른다. 아니 자기희생으로 남에게 사랑을 베푸는 것에 인색해서 사회적 의식이나 남을 위한 봉사라는 단어가 생소하다.

> "사랑 받는다는 것은, 타오르는 일에 불과하다. / 사랑한다는 것은, 마르지 않는 기름으로 계속 빛나는 일이다. / 사랑 받는 일은 점차 쇠멸해 가지만, 사랑하는 일은 지속된다." 릴케의 <말테의 수기>에서

그럼 돈 없는 사람들은 어떻게 느끼게 될까? 남을 의식하지 않고 자기 맘껏 사는 사회 속에서 하루 벌어 하루 사는 사람들은 국가나 남을 원망하며, 일하지 않고 졸부가 된 돈 많은 부자들을 질시하지는 않을까? 그런 결과로 빈부차이에서 오는 반목이 일어나고, 그게 원인이 되어, 데모를 한다면 죽기 살기로 매달리어 사회불안을 부추기는 것은 당연한 귀결이 될 것이다.

집요하고 불안한 촛불시위를 지켜보는 우리의 시선은 이유가 어떤 것이던 간에 그들이 한치 앞을 예상할 수 없는 어두운 동굴 속을 달리는 주자들 마냥 안타깝게 느껴진다. 과연 동굴의 끝에서 만나는 것은 빛나는 태양일까?

발달된 인터넷 정보로 단체행동을 하는 일부 시위행위는 또한 멀

리 BC 4-5세기경의 아테네의 토론광장을 연상시킨다. 그러나 소크라테스는 악법도 법이라고 하지 않았는가! 스스로 그 법을 존중하여 사형을 받아드리므로, 자신의 말을 인격화한 그는 과연 시대를 초월한 위대한 철학자이다.

대부분의 친구들은 젊었을 때 일하느라고 놓쳤던 것, 배우고 싶었던 일, 또 하고 싶었던 일을 하느라 노후가 더 분주하다고 한다. 특히 이민 1세들은 내일을 위해 오늘의 아쉬움을 참고 현재를 희생해서 살아오면서 빈 공간을 만들지는 않았는지 되돌아보게 된다.

며칠 전에 온 이 메일을 되새겨본다. 똑똑한 사람은 예쁜 사람을 못 당하고, 예쁜 사람은 시집 잘 간 사람을 못 당하고, 시집 잘 간 사람은 자식 잘 둔 사람을 못 당하고, 자식 잘 둔 사람은 건강한 사람을 못 당하고, 건강한 사람은 세월 앞에 못 당한다. 세월!...... 갑자기 빨리 가는 세월에 대한 불안감이 화선지에 먹물 번지듯 가슴에 스며든다.

6-08-2008 (한국일보)

아름다운 황혼을 위하여

32년 동안이나 한 자리에서 하던 사업을 정리하고 은퇴라는 장미빛 방명록에 이름을 올린지도 벌써 2개월, 지금까지도 현실을 받아드리기가 주저된다. 매일이 일요일이라는 먼저 은퇴한 친구의 행복한 미소를 동경했었는데, 막상 책임이나 의무에서 해방되어 끝없이 이어지는 여백의 잉여시간이 좀 당황스럽기도 하다.

그러나 인생의 은퇴라는 새로운 생활이 흰 자막으로 펼쳐지고, 매 순간 눈앞에 횃불처럼 밝히고 자아를 돌아보게 하고 있다. 주위의 여러 지인들의 축하와 격려 속에 새로운 삶의 지혜가 반짝이는 조언들이 있어 이제 다른 세계로의 동참에 마음가짐을 다지고 있다.

학창시절 책갈피 사이에 넣고 다니며 탐독했던 임어당의 <생활의 발견>이나 카프카나 카뮈, 현대의 지성으로 호칭되는 싸르트르의 작품들은 내 정신세계를 2차원으로 승화시켜 물들였었다. "불확실한 장밋빛 미래의 꿈이나, 지나간 세월의 노스탤지어에서 벗어나 현세의 삶에 모든 가치를 두고 인생을 향유하라. 그리고 현재의 매 순간 순간에 충실하고 즐겁게 살라."고 한 그의 글이 이제 은퇴라는 무지개로 넘어선 지금 더욱 새롭게 음미하게 된다.

75년 스위스에서 살다가 미국에 온 후, 김하태박사님(전 연세대 신학대학학장)을 아는 분의 소개로 만났다. 그분이 목회 하시는 작은 교회에 30년 동안 다니면서 그분의 해박한 지식과 인격에 젖어 이민생활의 결핍된 지적영양을 보충할 수 있었다. 설교하시는 일분일분이 지나는 것을 안타깝게 느끼며, 그분이 가지신 지식을 모두 전수 받고 싶어서 <한얼 모임>의 조직에 동참하고 철학과 종교와 문학과 정치, 사회 등 회원들 각자의 여러 가지 지식을 발표해서 상호 토론으로 나누어 가졌다.

그분은 "존재하려는 창조적 의지와 용기를 가지고 허무에서 희망으로, 의심에서 신앙으로, 비존재로부터 존재로 옮겨갈 수 있어야한다."고 강조하셨다. 김 박사님이 돌아가신 지 벌써 3년, 그러나 <한얼 모임>의 가족들은 반백의 70대인데도 지금도 매월 만나서 토론을 하는 푸른 마음 때문에 그 동안 세월의 흐름조차 잊고 지냈다.

그러나 지금은 내가 은퇴라는 생의 막차를 타고 보니 멀지 않은 도착지가 생각되어 지나온 발자취를 돌이켜 보게 된다. 후회 없는 인생은 없다고 하지 않던가! 누구나 화려했던 생의 뒷면에는 고뇌와 좌절과 터져 나오는 절규가 삶의 굽이굽이 인덱스처럼 끼어 있을 것이다.

삶의 다양한 미로 속을 헤매며 고심하고 자책하며 상처 난 자아의 식을 만나게 되고 드디어 깨우치는 곳에 발전이 있을 것이기에, 남들 속의 나를, 내 속의 다른 사람을 이해하고 받아드릴 때 진정으로 사람들 속에서 삶을 살았다고 하지 않을까? 하긴 "눈물 젖은 빵을 먹어보지 않은 사람과는 인생을 논하지 말라."는 괴테의 명언이 아니라도 우리는 제 각각의 굴곡을 지나온 사람들 속에서 행복을 의논해야 할 것 같다.

지난 주 영성 신학자인 토머스 머턴(Thomas Merton)의 종교관에 대해서 강의를 들었다. 그는 기독교 영성과 타종교의 영성까지 광범위하게 연구한 대학자이다. 그의 사상을 들으니, 몇 년 전 이곳 LA에 오셔서 영성수련회를 가진 틱 낫한의 사상과 같은 뿌리임을 느낄 수 있었다. 우리가 알 수 없는 물속을 걸으려 하지 말고 여기 있는 보이는 땅 위를 걸으라는 그분의 말씀은 "천국을 여기 현재에서 살라."고 하신 김 박사님의 설교와도 같은 사상인 것 같다.

요즈음 노인들에게 인기 있는 유행어가 회자되고 있는데(서울에서는 이미 퇴색된 어구?), 9988234라는 숫자는 99세까지 팔팔하게 살다가 2, 3일 아프다가 죽는 것을 염원하는 사람들의 캐취프래이스다. 이런 상황을 이루기에는 여러 가지 여건이 갖추어져야한다. 경제적, 정신적, 사회적인 것과 건강문제 등이 충족되어야할 것이다. 그러나 삶의 질은 모든 것을 초월해서 맑은 정신에서 출발하기에 9988234는 이제 99세까지 88하게 2,3십대의 마음으로 4(살자)로 재해석되고 있다고 한다.

65세 이상의 시니어들이 경청해야할 소위 노년사고(老年四苦)라는 말은 빈고(貧苦), 고독 고(孤獨 苦), 무위 고(無爲 苦), 병고(病苦)인데 가난과 고독과 할일 없음과 병드는 것을 최대한 비켜가게 하기 위해서 우선 육체적 건강을 지켜야하는 것이 필요조건이다. 운동으로 심신을 단련해서 어려움을 이겨나가며, 인간은 그 누구라도 마지막에는 '혼자'일 수밖에 없고 오는 길이 혼자였듯이 가는 길도 '혼자'라는 것과 생자필멸(生者必滅)의 만고의 진리를 받아드리며 인생을 원시안 적으로 관조하여 좀 더 평안하게 유지해야 할 것이다.

일본인 '소노아야꼬'의 <아름답게 늙는 지혜>에서 기억되는 것들을 간추려 보면, 새로운 기계사용법을 적극적으로 익힐 것(컴퓨터 등), 평균 수명에 오르면 공직에 오르지 않는 것, 자신이 가지고 있는 가용의 돈을 생전에 어떤 템포로 계획하여 쓰는 것이 아름다운 여생을 보내는 길일까 에서 90세까지 산다는 계산으로 있는 돈을 다 써버린다고 생각하면 편하다고 한다. 인생이란 이웃사람들과 더불어 서로 도우며 살아가는 것이므로, 노년의 가장 멋있는 삶은 사람들과의 이해와 사랑의 사고를 단련해야 한다는 것이다.

사람이 100년을 산다 해도 기껏 3만 6천 500일에 불과하다. 이런 짧은 시간에 "아름다운 노년의 생활"을 위해서는 다음의 11가지 사항이 음미할 만하다. 말의 수를 줄이고 소리를 낮추며, 행동은 느리되

신중하게 하며, 탐욕을 금하며, 좋은 음식을 잘 가려먹어야 하며, 삶에 규모를 정해 진실한 생활을 할 것이며, 젊은이에게 대접만 받으려 하지 말고 예절을 지키며, 절제하는 삶에 아름다움이 있으며, 마음을 비움으로서 세상이 더 넓어 보이며, 인내하며, 경험이 풍부해도 계속 배우며, 손에 잡고 있는 것을 언제 놓아야 할지를 아는 것이 중요하다고 한다.

어느 95세 극노인의 수기에서는 65세에 성공적인 은퇴를 하고 "이제 다 살았다, 남은 생은 덤이다"라는 생각으로 덧없고 희망 없는 삶을 30년을 살았다고 한다. 그러나 30년의 시간은 그의 나이 95세로 보면 3분의 1에 해당하는 기나긴 시간이었다. 그분이 65세로 은퇴했을 때 뭔가를 시작하기엔 너무 늦었다는 그 단순한 생각이 30년의 세월을 무위의 생활로 헛되게 보내게 했다. 그래서 이제 앞으로 어학공부를 시작해서 10년 후인 105번째 생일에는 95세 때와 같이 아무 것도 시도하지 않았다는 뼈아픈 후회를 하지 않을 것을 다짐했다고 한다.

은퇴한 사람들은 아름답고 행복한 황혼을 위하여 철저한 시간과 건강관리로 여생을 의의 있게 보내는 지혜를 찾아야 할 것이다. 우리는 이제야 겨우 제2의 인생을 시작하지 않았는가!

7-11-2009 (한국일보)

플라톤의 행복조건

창밖엔 겨울비가 추적추적 내리고 싸늘한 날씨는 마음을 더욱 움츠러들게 한다. 이제 12월, 올해도 얼마 남지 않았다. 크리스마스가 다가오니 샤핑몰에 손님들이 몰려서 샤핑하는 모습이 신문에 실렸다. 그 많은 사람들이 다들 분주하게 한해를 지내왔을 것이다. 지난 365일을 어떻게 보냈는가를 끄집어내어 생각해보게 되는 연말이다.

지난주일 동창들과 송년회 모임을 가졌다. 우리 모두 70 전후의 노인 카테고리에 들어있는 할머니들이다. 공자의 '후생가외(後生可畏)'라는 고사성어도 있듯이, 우리는 70이 넘도록 누구의 엄마나 누구의 아내로 불려오며 명성도 없고 내놓을 일도 없는 존재로, 한물간 아니 두 물간 할머니들이 아닌가! 허무한 생각이 들었다.

인생의 가치는? 어떻게 살아야 후회 없는 생활일까? 라는 독백에 한 친구가 대뜸 "돈과 명예지 뭐."라고 단언한다. 다른 친구는 "사랑이 첫째야."라고 했다. 교수인 내 옆의 친구는 "학문과 사랑"이라고 말한다. 학문을 사랑하고 주위 사람들에게 사랑을 실행하는 그녀의 인생관에 흥미가 느껴졌다. 지식에 대한 끝없는 호기심! 그리고 사랑과 이해, 이것이 우리의 삶을 값지고 풍족하게 하고 삶의 의욕을 지탱해주는 원천이라는 생각이 든다.

광속으로 변화 발전해 가는 인터넷을 따라가기도 힘든 요즈음 어느 날 본 만평은 나를 깨우며 생의 의욕을 불러일으켰다. 그것은 신문에 난 '밥 잉글하트' 작의 시사만평인데, 그림엔 '스티브 잡스

1955-2011'라 쓰여 있고, 바짝 마른 스티브 잡스가 유령처럼 서서 그의 진 바지 포켓에 스마트 폰을 집어넣고 있다. 코끝이 입술 아래까지 내려온 스마일과, 듬성듬성난 수염과 블랙 티셔츠, 그 옆에 '세상을 우리 주머니에 넣어준 인물'이라고 쓰여 있다.

그 시사만평은 그의 사망소식이 전해진 후 바로 게재된 것이다. 자신을 철저하게 관리한 사람, 자신의 취향대로 철저하게 자신에 충실한 사람, 철저하게 자신의 사상대로 인생을 살다간 사람, 그의 삶을 읽어보면 철저하단 어휘가 바로 그의 영혼의 속삭임인 것 같다.

이제 세상을 우리의 포켓에 넣고 다닐 수 있는 우주시대에, 일차원적인 가치는 큰 의미를 잃어가고 있다. 돈과 명예만으로는 세상을 살 수 없는 다차원의 공간이 현재 우리가 사는 현존이다. 거기에 맞추어 생의 의의나 가치관도 바뀌고 있다.

그러나 한편 디지털 시대의 광속의 숨 가쁜 속도감과 과학문명의 편리함에 길들여져, 빠르고 쉬운 환경의 지배를 받는 우리들에겐 "지금, 여기"라는 현실이 삶의 토양으로 정착되어서, 깊고 넓고 오래된 역사적 인류의 가치를 경시하게 되지는 않을까 염려되기도 한다.

또한 시나브로 변질되어 가는 우리의 관심과 다양한 지식으로 빚어지는 복잡한 삶은, 순수한 맑음에서 멀어지고 불안과 초조, 한곳에 올인 하지 못하는 가치관의 혼돈을 자초하게 되지 않을까도 염려된다.

그렇다면 우리가 추구하는 행복이라는 금맥은 어떤 것일까?

BC 400경의 서양철학의 비조인 플라톤이 주장하는 5가지 행복은 "생활하기에 조금 부족한 듯한 재산, 칭찬하기에 약간 부족한 용모, 자신의 자만에 비해 부족한 명예, 중간정도의 체력, 연설을 듣고서 청중의 절반은 손뼉을 치지 않는 말솜씨."라는 것이다.

그가 생각하는 행복의 조건들은 좀 부족하고 채워지지 못한 겸허한 생을 말한다. 차고 넘치게 완벽한 상태에 있으면, 바로 그것을 지키기 위해 근심과 불안과 긴장이 교차하는 생활을 하게 될 것이다. 적당히 모자란 가운데 그 부족한 부분을 채우기 위해 노력하는 나날의 삶 속에 행복이 있다고 플라톤은 생각한 것 같다. 무한한 욕망에 대한 자제와 절제의 필요성을 암시한 것이다.

유태인의 <탈무드>에서 사람이 죽어서 가져갈 수 없는 것이 첫째는 '돈'이며 또한 친구, 친척, 가족이라는 것이다. 그러나 선행은 가지고 갈 수 있다고 한다. 부는 분뇨와 같아서 모아두면 냄새나고 고약하나, 흐를 때는 토양을 비옥하게 만들어서 생활에 이롭다는 교훈을 준 인생철학이 음미할만하다.

> 헌팅톤 라이브러리에 가서 / 일본정원에 있는 대나무 숲을 본다 / 세월을 담금질한 매끄러운 겉껍질에 / 시간이 멈추었던 불거진 매듭에서 / 백 년 동안 감추었던 비장의 패 / 꽃이 나왔다 // 초속의 인터넷 우주 / 4차원의 광야에서 / 한 치 땅 조각에 뿌리박고 / 백년을 아날로그로 / 오늘도 내일도 그렇게 / 구기지 않고 꺾이지 않고 / 마음속이 공空인 대나무는 / 나이대가 없으니 마음 머물 자리도 없나 / 과거의 집적이 없으니 오늘만으로 곧게 뻗었다 / 공즉생의 대나무는 백년의 꿈으로 가득한 생이다......, 본인의 시(백년의 꿈)

공즉생空卽生의 철학적 의미의 삶은 아니라도 조금은 비어서 채울 수 있는 여백이 있는, 뒤로 물러나도 후회되지 않는, 조금은 여유 있고 반쯤 후회되는 완벽하지 않고 좀 부족한 그런 삶이 플라톤의 지향하는 행복의 조건이라니 좀은 안심이 되는 요즈음이다.

12-23-2011 (한국일보)

제 3 부

지식교육과 인성교육

생활의 분재(盆栽)

며칠 동안 계속 사근사근 봄비가 내리더니 오늘은 오랜만에 하늘이 파란 화창한 날씨가 되었다. 겨울 내내 바쁘게 지낸 끝이라 봄이 됐는데도 왠지 집안의 분위기가 무겁고 추운 기분이다. 하긴 바쁘다는 핑계로 집안 소제를 제대로 하지 않은 까닭도 있을 것이며, 할머니가 되어서도 아직도 집안 일하는 것이 서툰 내 탓도 있으리라.

뒤뜰에 나갔더니 작년에 화분에 심었던 토마토와 고추가 흠뻑 비를 맞아 길게 자란 줄기가 서로 엉켜있다. 지저분해 보이는 것들을 정리해서 버리고, 근처 화원에 가서 화초들을 둘러보고 핑크 재스민과 베고니아, 제라늄과 욕심대로 복숭아나무를 사왔다. 왠지 고향의 꽃같이 순박하고 화려한 복숭아꽃이 보고 싶었다.

뜰이 작은데다 거의 타일이 깔려있어 복숭아나무를 심을 곳이 없는 줄 알지만 이 나무는 포치용으로 키가 5-6ft의 작은 나무로 화분에서 잘 자란다고 했다.

화단에 줄을 맞춰 꽃들을 심었다. 복숭아나무의 포장을 벗겨서 뿌리를 깨끗이 씻으면서 보니 나무 가지에는 새순이 돋아있고 작은 봉오리들이 달려있다. 커다란 화분에 복숭아나무를 심은 후 흙 위를 비료로 덮고 뿌리까지 젖게 물을 듬뿍 주었다.

의자에 앉아 먼 시가지를 보고 있으니 꿈결 마냥 지난 시절이 떠오른다. 한국을 떠난 지도 벌써 40년이 지났다. 처음 고국을 떠나서 느껴졌던 귀속감의 상실 때문에 괴로워하던 시절이 한동안 계속되었었다.

이젠 유비쿼터스의 시대로 오히려 40년 전보다 정서적으로 고국이 더 가깝게 느껴진다. 2년 전 20년 동안 살던 라 카냐다의 정든 집에서 이 곳 글랜데일의 작은 집으로 이사 왔다. 아이들이 다 독립해서 우리 곁을 떠나가니 학교 때문에 그 곳에 머물 이유도 없고, 넓은 뜰이 더 넓게 느껴지고 세월이 지날수록 정원 일에 많은 시간을 빼앗기는 것이 안타까웠다.

이제 우리에게 주어지는 남은 시간을 효율적으로 계획해서 헛되지 않게 써야 할 텐데……. 이 집으로 이사 온 후 한동안 시간의 여유를 가질 수 있어 편하다 생각했는데 봄이 되니 다시 마음이 초록으로 물들기 시작하고, 흙냄새가 그리워지며 흙을 만지는 즐거움이 가슴에서 일렁인다.

한데, 화분에 심은 복숭아나무는 잘 자라줄까? 걱정이 된다. 땅에다 심었으면 땅속의 숨결을 받으며 뿌리를 깊이 내려 잘 자랄 것을 화분 안에서 제대로 숨이나 쉴 수 있을까? 멀리까지 뻗으려는 뿌리의 꿈을 아쉽게 접어야할 것이다. 한정된 공간 안에서 한정된 삶을 꾸려가야 하는 복숭아나무를 생각해보니 내 마음이 답답해진다. 하물며 작은 화분에 분재된 나무의 뿌리는 어떻겠는가!

너무 많이 인간의 손이 가서 잘 자라지 못한 나무들을 종종 본다. 식물인 나무를 억지로 구부려서 인간의 기호에 맞게 인위적으로 가꾼 것을 보면 신기하게 보이기는 하지만 자연의 섭리에 역류하는 것 같아 연민의 정이 느껴진다.

그래서 나는 일본사람들이 즐기는 분재(Bonsai)를 좋아하지 않는다. 조그만 사기화분에 뿌리들이 웅크리고 붙어있어 중국여자들의 전족(纏足)처럼 나무를 Miniature로 만들어 놓고 그런 인위적 분재를 보고 어떻게 자연을 감상할 수 있을까 의문이 간다. 그 말라서 앙상하게 뼈만 남은 소나무는 단애의 고통으로 자라기를 거부하고 침묵으로 항의하는 것은 아닐까?

우리도 사이버시대에 들어서서 세계의 사건이 순간적으로 한눈에 관찰되고, 우리의 모든 생활이 노출되고 투시되어서 인간의 존엄이 먼 역사 속의 단어로 지워져가고 있다. 인간존재 자체도 지구라는 하드웨어의 부속품으로 전락해서 감성과 상상의 구속을 받는 로봇으로 되어가고 있다.

우리는 바쁜 일상생활에서 다람쥐의 쳇바퀴 속이나 메뷔우스의 띠 속을 매순간 굴러가고 있다. CD에 저장된 음악을 듣고, Video로 안방에 앉아서 영화를 보고, 신문과 TV에 퍼즐처럼 모아진 세계를 접하면서 생활한다.

또한 우리 주위를 사정없이 휘돌고 있는 전자파로 매일 매시간이 무의식중에 책크 당하면서도 전자문명에 지배당하는 생활을 즐기고 있다. 베토벤이나 차이콥스키나 모찰트를 할리우드 볼에서 듣는 것과 CD로 듣는 것과는 그 차원이 다를 것이다. 그런데도 우리는 점점 더 인위적인 분재된 공동생활에 익숙해져 가고 있다.

그러나 우리주위를 둘러싸고 있는 자연은 인위적 생활에 얼어붙었던 가슴을 녹여주며 삶의 기쁨과 아름다움을 안겨준다. 산들바람이 불면 잎들이 살랑대며 흔들리고 비가 오면 다소곳이 비를 맞고 서있는 나무를 보면 바람과 비와 교감하는 자연의 넉넉함을 보게 된다.

사람도 어린 시절 많이 보고 들어서 다양한 문화를 접하면서 성장한 사람은, 한정된 생활을 하며 자란 사람들과는 여러 면에서 다른 점을 볼 수 있다. 어렸을 때 어른들과 함께 삶의 편린들을 같이 경험하고 나누면서 생활의 지혜를 터득한 자녀들은 대인 관계가 부드럽고 이해의 폭이 넓고 새로운 생활에 쉽게 적응하며 독립된 삶을 개척하는데 어려움이 적은 것 같다. 또 그들은 생의 구석구석을 살피고 터득하고 이해해서 인생이란 큰 그림을 더 많이 해독하게 된다. 그러기에 분재된 환경은 우리를 분재된 생활로 한정시킬 것이다.

지나치게 인위적인 것을 경계하는 여러 경구도 많다. 옛날 중국고

전 <조장(助長)>에서 곡식이 빨리 자라도록 무리하게 곡식의 싹을 조금씩 뽑아 올리는 짓은 성장을 돕는 것이 아니라 도리어 해치는 어리석은 일이며, 그러나 자연대로 자라게 하면서 잡초를 뽑아주는 것은 유익하다고 했다. 즉 자연스럽고 다양하고 자유로운 환경에서 스스로 슬기로운 지혜가 우러나오는 삶을 살게 한다면 후회가 적을 것 같다.

화분에 있는 복숭아나무를 보면서 나의 지난 일들을 돌이켜본다. 살아오면서 남의 눈을 의식해서 체면 때문에 행여 분재된 생활은 하지 않았나, 내 분재된 사고로 가족의 생활을 구속하지는 않았나, 또한 삶의 다양성을 그 아름다움을 생활에 반영했던가, 이민을 왔기에, 바쁘기 때문에 이런 것들을 생략해도 되는 것은 절대로 아닐 것이다.

그런대도 내 자신 이민이라는 분재된 환경에서 시간에 쫓기는 생활로 아이들에게 나의 이상대로 실행하지 못했다. 가버린 세월은 절대로 되돌릴 수 없는 아쉬움과 회한이 남는 요즈음이다.

3-15-2001 (중앙일보)

일찍 피는 꽃, 늦게 피는 꽃

꽃들이 화사하게 피는 봄이 왔다. 신비디움 가지에 촘촘히 맺힌 꽃몽우리들과 벌써 활짝 핀 난 꽃의 신비로운 아름다움이 4월임을 알려준다. 미국에서는 4월은 대학에 갈 자녀를 둔 가정에서는 대학의 합격 여부가 결정되는 희망의 달인 동시에 잔인한 달이기도 하다. 인고의 차가운 겨울을 지나 지표를 뚫고 힘차게 솟아나는 생명같이 희망하는 학교에 합격한 자녀에겐 얼마나 축복된 4월인가! 그러나 불합격한 자녀에겐 긴 고뇌와 시련의 시작이며 실망과 자책으로 마음에 상처 입을까봐 염려되는 4월이다.

인생에는 수없이 많은 4월이 기다리고 있다. 단 한번의 4월이 미래를 결정짓는 것은 아니다. 4월은 우리 생활에 해마다 되풀이돼 찾아와서 선택과 기로를 재촉한다. 식물이 춘하추동을 지나면서 자라듯이 인간은 시행착오를 통해서 배우며 성장할 기회가 더 주어지는 것이 우리의 인생이다. 긴 여정에서 원하는 대학의 합격 여부로 생의 행불행이 결정되는 것이 아님을 우리는 경험으로 잘 알고 있다. 더구나 자녀의 잠재력과 장래까지 그 잣대로 재어서도 안 될 것이다.

링컨이나 트루먼 대통령, 토머스만이나 헤밍웨이 등 헤아릴 수 없이 많은 인물들이 학벌에 관계없이 커다란 업적을 남겨 인류에 공헌했다.

또한 현재 중국 전투기와 미국 정찰기 충돌사건을 둘러싸고 중국과 첨예한 외교전을 벌이고 있는 국무장관인 콜린 파웰은 자메이카에서 이민 온 가난한 흑인 부모에게서 태어났고 뉴욕의 시립 대를 졸업했다. 그는 웨스트포인트가 아닌 ROTC를 거쳐 군인이 됐으나, 지난 중동 걸프전에서는 합참의장으로 미국의 승리를 이끌어 내는데 결정적인 역할을 했다. 현재는 막강한 미국의 국무장관, 아니 세계의 국무장관이다.

80년대 첫애가 대학에 갈 때는 나도 소위 일류 명문대학에 합격되기를 고대했었다. 마치 어느 대학이냐에 따라 전 인생의 성패가 결정되는 것처럼 초조했었다. 더구나 딸이 밤마다 졸음을 참으며 끈임 없이 노력하는 안쓰러운 모습을 봐왔기에, 4월 들어 매일같이 편지함에 촉각을 새웠었다. 그러나 대학 졸업 후도 10여 년이 넘게 전문직을 공부하는 것을 보면서 느낀 것은 대학은 단지 사회생활을 위한 준비이거나 다음 단계를 위한 과정임을 알게 되었다.

미국에서 대학 졸업식을 출발(Commencement)이라고 하는 것은 시사하는 바가 크다. 미국에서 공부다운 공부는 대학에서부터라고 할 수 있다. 대학원에서는 전쟁을 치르듯 공부한다는 표현이 맞는 것 같다. 딸도 대학에 간 후 동생들에게 보낸 편지에서 대학 공부는 고등학교보다 3배는 더 많다고 하며 고등학교 때 실력을 잘 닦아 놓으라고 당부했다. 그런데 대학원에 가서는 그런 편지를 쓸 시간도 없는 것 같았다.

자녀 교육에 열심인 민족은 비단 한국 사람만이 아닌 것 같다. 이웃에 살고 있는 린다는 40대 중반의 자그마한 체구의 중국여인으로 내 상점이 있는 버뱅크라는 작은 도시의 성 요셉 병원에서 연구실 테크니션(Lab. Technician)으로 일하고 있다. 카드가 필요하거나 아들의 진학문제가 있으면 내게 와서 상의를 한다. 그녀의 꿈은 외아들이 의사가 되는 것이다. 그녀는 내 막내아들이 의과대학에 다닌다는 것을 알고 만날 때마다 학교성적이나 대학 선정문제 또는 의과대학에 관한 정보를 물어 보곤 했다. 그녀의 아들 스티브는 엄마의 열성적인 뒷받침으로 동부에 있는 존스 홉킨스 대학에 입학했다.

그러나 스티브는 대학 졸업 후 바로 의과대학에 입학하지 못했다. 그 다음 해에도 불합격되었다. 린다의 실망하는 모습은 같은 어머니의 입장에서 안쓰러웠다. 그러나 그녀는 꿈을 접지 않고 사랑과 인내로 아들을 계속 리드했다. 스티브는 1년 동안 의대 실험실에서 도우미로 일하다가 대학원에 들어갔다. 2년 동안 대학원에서 생화학 공부를 한 후에야 비로소 이곳 USC 의과대학에 합격해서 현재 다니고 있다. 친구들보다 3년이 늦었지만 긴 인생에서 보면 짧은 기간이다. 자신의 성숙을 촉구하는 시련기이기도 하다. 고통과 인내로 더 값진 인생경험과 결과를 얻게 될 수도 있는 동면기인 것이다.

지난 2001년 1월 유명을 달리한 운보 김기창 화백의 어머니를 생각한다. 교사출신인 어머니는 7살 때 청각을 잃은 아들의 장래를 위해 그가 16세가 되었을 때 당대 최고 화가인 이당 김은호 선생을 만나게 했다. 그 후로 그는 한국화단의 역사상 구상과 추상, 동양화와 서양화를 넘나들면서 불멸의 업적을 남겼다. 또한 새로운 보색과 실험정신으로 죽을 때까지 작업을 계속해서 예술의 '장인' 정신을 후진들에게 보여주었다.

생의 목표를 향해 가는 길은 여러 갈래 길이 있을 것이다. 곧게 난 아스팔트길을 스트레이트로 달리는 것은 얼마나 자랑스러운 일인가! 그러나 샛길로 접어들어 돌아가는 길엔 들꽃이 만발하고 검은 숲 사이로 안개가 스미는 삶의 향기와 정서가 스미는 다양한 면을 볼 수도 있다. 꽃은 이른 봄에 일찍 피는 꽃도 아름답지만 여름, 가을 늦게 찬연히 아름답게 피는 꽃도 있다. 그러기에 삶은 누구에게나 가치가 있고 아름다운 것이 아니겠는가?

인생길엔 언제나 시련이 닥치고 그것을 넘어서면 넓고 밝은 길을 볼 수 있는 혜안이 열린다. 중국 초등학교교과서에 쓰여 있는 '처마 끝의 낙수가 받침돌을 뚫는다.'는 명언은 삶의 철학이나 대기만성의 의미를 되새겨 보게 된다.

젊다는 것은 현재 가진 것 없어도 내일의 가능성을 내포한다. 조급할 필요가 없는 것이다.

4월은 대학에 갈 자녀를 둔 가정에게는 기쁨과 실망이 교차하는 달이다. 그러나 올 한해의 4월이 아닌 긴 인생의 4월을 생각해보며 기쁨과 실망의 4월을 잘 소화해서 가치 있는 인생을 추구할 다른 기회로 생각할 수도 있다. 잔인한 4월이라고 주저앉지 말고 아름다운 기회의 4월로 바꾸는 지혜를 모색해 보자.

4-12-2001 (중앙일보)

디지털시대의 여성의 위상

남성과 여성! 강자와 약자? 그랬다. 지난 세기까지 동양에서나 서양에서나 오랜 세월동안 남성들이 사회, 문화, 정치 등 모든 분야에서 군림하여 남성 우위의 시대가 계속되어왔던 것은 사실이다. 심지어 훼숀 디자인너, 요리사나 미용사까지 여성들의 아성을 침범해서 여성들을 재치고 일류라는 호칭을 달았다. 그러나 디지털시대가 되면서 여성들의 활동이 역동적으로 두드러기 시작해서 이젠 여성이 남성의 영역을 넘보는 역조현상이 일어나고 있는 것이다.

미국에서 5월, 6월은 졸업시즌이다. 올해도 남성들과 더불어 많은 유능한 여성들이 졸업했을 것이다. 21세기의 졸업생들이므로 새로운 역사의 이벤트를 열어주는 여성들답게 능동적으로 자신이 가진 모든 가능성을 개발해서 인생을 아름답고 성공적으로 이끌어 갈 것을 기대한다.

최근 전문직 진출의 현황을 보면 종래의 패턴이 서서히 변화되어가고 있다. 상징적인 예로 대학원 진학을 보면 1970년도 미 전국 183개 법과대학의 재학생들은 대부분이 남성들이었으나 30년 후인 오늘의 법과대학에 여성이 49%(2004년 졸업)나 된다고 하며, 특히 아메리칸 법과대학은 재학생 60%가 여성이라고 한다. 또한 입학하기 어렵다는 의과대학도 현재 여성이 48%나 되며 해마다 그 비율은 증가하고 있다.

오늘날 남성들의 위치는 점차로 잠식되어가고 있다. 매일 신문을 장식하는 미국행정부만 보더라도 부시대통령과 수시로 얼굴을 맞대고 외교정책을 논의하는 콘디 라이스 안보보좌관이나, 막후 강력한 영향력을 행사하는 카렌 휴즈 특별 보좌관등 부시대통령의 최 측근 18명의 참모 중 8명이 여성인 것이다. 또한 뉴욕에서 상원의원으로 당선된 힐러리 클린턴 전 대통령 부인도 본인은 부인하고 있지만, 마음속에는 대망의 칼을 갈고 있는지도 모르므로, 곧 미국에서도 여성 대통령이 나올 가능성도 부인 못할 것이다.

21세기는 전자정보의 시대이다. 굴뚝산업시대와 같이 강인하고 험한 일을 필요로 하는 분야는 대부분이 기계화 또는 로봇트화 되어 컴퓨터로 작동함으로 섬세하고 순발력이 높은 여성의 활동영역이 한층 확대되어가고 있다.

이제 가정에서 살림하며 아기 낳고 육아교육에 전념하는 전업주부는 점점 감소하고 가정과 사회활동 양면을 다 성취하려는 맹렬여성들이 증가하고 있다. 따라서 이혼율도 높아져서 어머니 혼자서 자녀를 양육하는 가정은 10년 전에 비해 25%나, 아버지 혼자 자녀를 양육하는 가정도 220만 가구로 62%나 늘어났다고 한다.

그러나 남녀평등이 어느 나라보다 앞서가는 미국도 여성으로서 공부하고 사회에 진출하는데 남성에 비해 열등한 위치라는 것은 부정할 수 없다. 그러기에 성차별, 임금의 차이 등 사회적 이슈가 계속 등장하고 있다.

우리의 첫 자녀인 정현이는 대학 졸업 후 UC San Francisco 대학원에서 6년이 걸려 28살에 약리학 박사학위를 받았다. 공부하는 긴 세월동안 잠잘 때 외의 모든 시간과 정력을 학문연구에 쏟아 붓는 긴장된 생활의 연속이었다.

"그 동안 젊은이들이 즐길 수 있는 취미생활도 못하고 연구에만 몰두했는데 후회하지 않니?" 하고 물었더니 딸의 대답은 의외로 성숙했다. "하루는 24시간이고 인간의 능력은 비슷한데, 같은 시간에 양쪽을

다 가질 수는 없어서요. Enjoy는 다음 기회에 두 배로 하기로 했어요."라며 웃는다. 또 "남자는 Come and Go 하기도하지만 학문은 얻는 대로 다 내 것이 되어 절대로 떠나지 않는다고 선배가 충고를 해줘서 새겨들었지요." 현재 딸은 Memory of Sloan Katherine 연구소에서 암 연구를 하고 있다.

뉴욕의 '슬론 케더린 암연구소'에서 같이 연구하는 제니퍼양은 딸의 친구이다. 그 동안 MD PhD.를 받은 후 레지던트 과정을 끝내고 나니 36세가 되었다. 그녀는 부모님의 뜻에 순종해서 열심히 공부했다고 한다. 같은 동기들과의 경쟁에서 탈락되지 않고 졸업하려니 다른 것을 해보겠다는 마음의 여유가 없었다. 그러나 "이제 이 나이에 언제 좋은 배우자를 만나서 결혼하고 언제 아이들을 가질 수 있을까? 평범한 여성의 행복을 나도 절대 포기하고 싶지 않은데……." 정현에게 하소연하는 그녀는 성취욕과 인간적 행복간의 갈등을 보여주었지만, 그녀의 충실한 생활태도에 깊은 감명을 받았다.

여성은 신체적 조건이 남성과는 다르기 때문에 사회적 진출에 어려움이 많다. 가정에서는 가족과 남편의 이해와 협조가 필요하고 사회적으로는 이런 여성들이 활발히 활동할 수 있도록 뒷받침을 해줘야 할 것이다.

여성은 모성이라는 한 차원 높은 경지를 경험함으로 인생을 더 깊고 아름답게 향유하는 축복을 받았다. 그러나 여성이기 전에 한 인간으로 일회성의 인생에서 후회 없는 자기의 길을 찾아야한다고 생각된다. 지금 이 시간에도 어느 소녀가 대망을 품고 밤을 새워 공부하고 있나보다. 밤하늘에 별들이 유난히 반짝인다.

5-24-2001 (중앙일보)

2세들에게 삶의 지혜를

2001년 7월 4일은 미국의 225주년 독립기념일이었다. 여러 가지 기념행사로 뜻있고 즐거운 날이었다. 또한 오는 2003년은 한인들의 미국이민 100주년이 되는 해이다. 1903년 1월 13일 수요일 '캘릭호'라는 증기선으로 한국인 102명이 하와이에 도착한 날이며 그로부터 희망과 시련의 이민역사가 시작했다. 이민 100주년을 맞아 우리의 현재와 앞으로 다가올 우리 후손들의 미래를 생각해본다.

98년 전 하와이의 외딴섬에 접목된 나무들은 풍진세파에 시달리고 온갖 역경과 실의를 거치며 쓰러지지 않고 소생해서 훌륭한 인재들을 배양했다. 학계의 많은 교수들, 문대양 주대법원장, LA의 유돈 부시장, 주 상하의원들과 미국의 각종 중요분야에서 수많은 코메리칸 두뇌들이 각자 자기 몫을 다하고 있다.

그러나 찬란한 햇빛 뒤 이민의 어두운 그늘에서 길을 잃고 헤매는 우리의 젊은이들이도 있을 것이다. 철없는 그들은 순간의 잘못으로 참으로 어처구니없고 기막힌 일들을 저질러서 부모의 마음을 지옥으로 떨어뜨린다. 그러나 그들의 오늘은 그들의 잘못만이 아님을 이민 1세들은 피부로, 마음으로 알고 있다. 전문가들은 초등학교 때 행동이 장차 성인 범죄의 예표가 된다고 하는데, 대부분의 1세들은 생계를 좇아 맞벌이부부로 일에 매달리느라 자녀들에게 삶의 지혜를 가르칠 시간이 없었다. 부모와 자녀간의 가장 자연스러운 삶도 뒤로 미룬 채, 1세들의 대부분은 내일이라는 희망을 보며 오늘을 제대로 살지 못했다.

그 결과 예기치 못했던 일이 발생하고 그로 인해 이민에 대한 회의와 좌절을 느끼는 분들도 있을 것이다. 대부분 영어가 짧고 미국물정에 어두운 1세들의 가슴속에는 말 못할 심리적 억압과 후회가 겹겹이 쌓여 있을 것이다. 자녀들과 함께 시간을 보내지 못하고 미래에만 초점을 맞추어 세월을 보내버린 죄책감으로 회한을 느끼는 1세들…….

사람은 태어날 때 누구나 자신의 내재된 가치와 행복할 권한을 가지고 태어난다. 각자의 능력과 존귀와 아름다움을 지니고 태어난 다음 세대들에게 인생의 경험이 많은 1세들은 무엇을 어떻게 가이던스 해줘서 삶의 가치와 아름다움을 심어줄 수 있을까? 아인슈타인 같은 천재도 99번 실패하고 마지막 한 번의 성공으로 세상을 바뀌게 했다고 하지 않는가!

자녀들이 지적으로, 정서적으로 가장 민감하게 영향을 많이 받는 시기인 고등학교까지의 가정교육이 긴 일생에서 가장 중요하다고 본다. 2세들의 성장과 교육, 올바른 인간성의 형성을 도와주며 한인이란 고유문화를 가진 정체성과 코메리칸으로서 인생을 성공적으로 이끌어갈 지혜의 길잡이가 될 미국에서의 삶의 안내서가 있다면, 부모나 자녀에게 많은 도움이 될 것이다.

또한 지난 100년 동안 험난한 어려운 고비를 넘기고 성공한 인물들의 삶과 또한 실패한 사람들의 경험을 수집해서, 이민의 어려운 과정 속에서도 삶의 보람을 찾을 수 있고 바른 가치관으로 행복한 생활로 인도해 줄 수 있는 지혜의 책이, 이번 100주년 사업의 일환으로 만들어졌으면 더욱 좋겠다.

일찍 이민 온 개척자들과 교육자들 그리고 각계의 석학들이 주축이 되어 후배들에게 삶의 경험과 우리가 처한 현 위치와 비전을 들려줄 수 있다면 방황하는 청소년에게는 길잡이가 될 것이다. 우리도 경험했던 것같이 학생 때 감명 깊게 읽었던 책은 일생동안 깊이 잠재되어 삶의 방향을 바꾸어 놓기도 한다.

오늘날 지식은 봇물로 쏟아지고 있으나 참 진리나 지혜는 줄어들고 있다. 거미줄처럼 복잡하고 걸러지지 않은 폭력과 범죄가 난무하는 세상에서, 미국이라는 현실을 딛고 사는 우리는 "어떻게 살아야 할 것인가?"라는 명제를 생각하지 않을 수 없다.

과거를 소중하게 간직하고 기념하는 것이 중요하듯이 미래를 살아갈 후손들에게 현명한 길로 안내하는 것도 100주년사업의 뜻 깊은 일일 것이다.

이민은 단지 삶의 장소를 옮겨온 것뿐이다. 세계 어느 곳에서나 하늘엔 별들이 빛나고 땅위엔 자연과 함께 인간들이 살고 있다. 우리는 이곳에 접목되어온 이방인이 아니라 아메리칸 비전을 창조하는 동참자로서 살아가야 할 것이다.

7-19-2001 (중앙일보)

스티커 한 조각의 여운

70년대 초 스위스의 제네바에서 살다가 아이들의 장래에 대한 열풍이 우리부부에게 휘몰아쳤다. 그것은 열병을 앓듯이 마음과 몸을 지배해서 장래가 훤히 내다보이는 대로를 마다하고, 외로운 망망대해로, 얼음 덩어리 융프라우로, 사하라 사막으로 우리의 진로를 바꾸게 했다. 드디어 1975년 봄 미국으로 우리의 미래를 옮겨왔다.

그 후 지금까지 엘에이 북쪽의 작은 도시인 버뱅크에서 카드와 책과 선물을 파는 상점을 하고 있다. 벌써 30여 년이 지났다. 처음 시작했을 때는 엄마와 함께 왔던 어린 소녀가 이제는 아이들의 엄마가 되어 상점에 오곤 한다. 그때 그녀가 사갔던 헬로키티를 지금은 그녀의 아이들이 사간다. 어떤 때는 건장한 청년이 와서 반갑게 인사하며 "부인께서는 28년 전의 그분 맞죠?"하고 묻기도 한다. 자세히 쳐다보면 말썽꾸러기 소년의 모습이 생각난다. 어느새 핸섬한 청년이 되었다.

동양여인이 영화사가 모여 있는 백인동네에 와서 오랫동안 장사하고 있으니 인상에 남았나 보다. 아니면 타 주에 있는 대학에 갔다가 취직하고 결혼해서 살면서 고향에 계신 부모님을 방문하러 왔는지도 모른다.

커다란 통유리 창문 밖으로 파킹랏에는 차들이 복잡하게 움직이고 있다. 퇴근시간이라 마켓에서 식료품을 사는 사람과 커피샵이나 레스트랑에서 약속한 사람들, 또는 파티에 가기 전 선물을 사러 온 사람들로 밖은 분주하다. 멀리 서산으로는 지는 해가 붉게 타고 있다. 뭉게구름도 붉게 물결 지며 저무는 해의 후광에 물들여지고 있다.

한편 파킹랏 광장에는 오늘따라 유난히 안개가 끼고 회색하늘의 끝자락이 지상에까지 내려온 듯 어둡고 음산해 보인다. 불타는 노을과 무거운 구름이 같은 하늘에서 현대화를 그린 듯 화려하게 펼쳐져 있다. 이런 날씨에는 손님이 많지 않기 마련이다. 그때 허름한 옷에 화장기 없는 얼굴의 젊은 여인이 4살쯤 되는 사내아이의 손을 잡고 들어와서 카드진열대로 가더니 잠시 후 카드를 골라왔다.

여인이 돈을 지불하는 동안 어린애는 계산대 옆에 있는 수십 종류의 스티커 롤을 보드니 환호하며 만져보고 신기해서 어쩔 줄 몰라 한다. 보기만 하고 만지지 말라고 젊은 엄마가 타이른다. 아이는 아랑곳하지 않고 갖고 싶어서 두 손으로 만지며 보채고 있다. 여인은 오늘은 돈을 5불만 가져왔는데 카드를 샀으니 안 된다고 알아듣게 타이른다. 그래도 어린애는 계속 만지며 반짝이는 스티커 사랑을 거두지 못하고 있다. 내가 한 조각을 띠어주려고 하니 그녀가 괜찮다고 사양한다.

아이는 위니 더 푸, 트위디, 바비 등 TV 만화 속에 나오는 주인공들을 만져보며 갖고 싶은 유혹을 떨쳐버릴 수가 없는 듯 거의 울음을 터트리려 한다. 드디어 "오케이 한 조각만 골라라" 아이는 너무 좋아서 눈물이 글썽거리는 눈으로 잡히는 대로 생각 없이 트위디 다섯 조각을 조금 찢어 내렸다. 오케이 네가 찢었으니 이 다섯 조각을 다 사야겠다하며 여인이 마저 띠어서 계산대 위에 놓는다.

그러나 아이는 스티커들을 더 자세히 살펴보더니 트위디가 아닌 위니 더 푸를 갖겠다며 때를 쓴다. "안 돼 네가 벌써 찢었으니 그것을 사야 된다." 단호한 엄마 말에 아이는 드디어 울음이 터졌다. 내가 얼른 위니 더 푸 한쪽을 띠어주려 하니 젊은 엄마는 다시 사양한다. "운다고 다 가질 수는 없어요."하며 여인은 셈을 치른 후 우는 아이를 데리고 밖으로 나갔다. 상점 밖에서 길가에 주저앉아 이유를 설명하는 엄마 무릎에 얼굴을 박고 아이는 서럽게 울고 있다.

저 어린아이는 오늘 엄마 품에서 울고 있지만 이제 좀 더 자라면 누구의 품에 기대어 가슴 속 불만을 풀어버릴 수 있을까. 세상은 변하고 있다. 세월이 흐르듯 인간의 의식도 시대에 물들여지고 이물질이 첨가되어 원래의 본질을 찾기 힘든 휴존시대가 되었다. 다양한 세계화 시대에 들어와서 절대적 판단의 잣대가 희미해진 가운데 가치척도는 혼돈되어 가고 있다. 이러한 때 저들을 흔들리지 않게 지켜주는 것은 무엇일까? 그것은 시대를 초월한 변함없는 부모의 사랑과 교육일 것이다.

한국 신문을 보면 슬픈 일들이 연거푸 일어나서 우리 이민 1세들의 가슴을 아프게 한다. 천진난만하게 보이는 청소년들이 순간적인 분노로 엄청난 살인사건을 저지르고도 부모의 애통해하는 모습과는 달리 무심한 표정이다. 나중에야 깨닫게 되는 죄의식을 어떻게 감당하게 될는지 암담하고 슬픈 일이다. 세상을 몰라도 이럴 수가……. 또는 인성교육이나 도덕의 부재 등 어떤 이유를 찾아 현실을 둘러보게 된다. 가족들의 참담함을 생각하면 우리 어른들 모두의 책임임을 절감하게 된다. 어린아이 때 어른들의 도움이 조금만 더 있었어도 잘 잡아 주었을 것을 지나고 나서 후회하게 되는 우리들의 각박한 현실이 안타까울 뿐이다.

영국의 교육자이며 철학자인 럿쎌경은 아동교육에서 생후 최초 6년 동안의 생활이 가장 중요하다하였으며, 인간이 만들어져서 출생하는 것이 아니고 만들어져 간다는 것을 생각할 때, 아이들의 성장과정에서 사랑과 인내의 교육이 얼마나 중요한 것인지 새삼스럽게 느껴진다. 그것은 내가 이루지 못한 과정이기에 더욱 절실하게 받아드려진다.

밖에서는 계속 아이의 울음소리가 들린다. 안쓰러운 생각에 위니 더 푸 스틱커를 가지고 나갔다. 아이는 계속 울고 있고 젊은 엄마는 인도에 앉아서 아이의 등을 다독이며 아이가 진정하기를 말없이 기다리고 있다. 아이가 안 된다는 것을 이해하고 울음을 그칠 때까지, 그 일은 아이의 몫임을 그 여인은 무언중에 가르치고 있었다.

여인이 나를 힐끗 보드니 체념한 듯 "친절한 부인이 이걸 네게 주시니 고맙다고 인사해라"는 엄마의 말에 아이는 수줍은 듯 고개를 내밀고 댕큐라고 한다. 생활에 몹시 시달린 듯 초라한 모습의 이 여인이, 바로 아이의 지혜로운 엄마라는 감동에 가슴이 서늘해진다.

나는 아이들을 키우면서 저 젊은 여인처럼 인내와 사랑으로 아이들이 올바른 길을 스스로 터득할 때까지 기다려주었던가, 얄팍한 생각으로 깊은 보살핌대신 물질적 만족을 안겨주며 스스로 자족하는 오류를 범하지는 않았는가! 지난날을 돌이켜보게 되는 순간이었다.

7-31-2001 (중앙일보)

자녀와 대화를 나누자

최근 루마니아에서 이민 온 가족이 한적한 우리 동네로 이사 왔다. 작달막한 키의 40대 남자와 20대 후반의 부인, 초등학교 1학년의 남자애가 그들이다. 그 집 남자는 새벽에 직장에 가는지 보기가 어려운데 그 부인은 방학 중인 아들을 데리고 동네 주위를 자주 지나다닌다. 그냥 조용히 다니는 것이 아니라 금속성의 허스키한 목소리로 어린 아들을 루마니아어로 닦아세우며 지나간다. 멀리서부터 갈라지는 음성이 들리면, 그녀가 지나가는구나. 또 어린 소년은 마마 손에 붙잡히어 얼굴을 찌푸린 채 그림자처럼 붙어가는구나 알게 되었다.

한편 우리 주위에서는 애들의 기를 돋운다고 왕자나 공주처럼 떠받들어 키우는 풍조인데, 그 가엾은 소년은 붕어가 물을 벌컥벌컥 들이키며 산소를 공급받듯이 마마의 불평을 마시며 생존하는 것 같다. 자동차가 없는 듯 마켓에서 동네로 난 유도화가 흐드러지게 핀 골목길을 올라오는 모자를 오늘도 보았다. 마마의 쉿소리 나는 화풀이에 끌려가는 풀죽은 종이처럼 접어진 어린 소년은 얼마나 괴로울까? 그것은 모자간의 대화가 아닌 언어의 폭력이라고 생각되었다. 그런데도 소년은 어디서 바람이 또 부나 하는 듯 면역이 된 무심한 표정이었다.

일방적으로 쏘아대는 꾸지람에 상상의 세계가 차단된 아이, 정서가 메말라서 사랑과 이해를 모르는 삭막한 알레르기성 세계에 남겨질 소년을 생각하면 연민이 앞선다. 언어의 폭력은 신체의 폭력과 같이 그

소년의 일생을 괴롭힐 것이다.

일찍 남편을 잃고 유복자로 낳은 아들이 너무나 사랑스러워 아들이 원하는 데로 아들을 떠받들며 키운 어머니가 있었다. 정신적 단련을 받지 못한 그 아들은 세상의 어려움을 모른 채 본능적이고 충동적인 생활에만 젖어서 성장했다. 그는 어머니의 기대와는 정반대로 사회에 적응하지 못하고 순간적인 실수로 살인죄를 저질러 사형 날만 기다리게 되었다. 아들은 감옥으로 면회 간 어머니에게 귀에 대고 할 말이 있다고 했다. 그는 다가간 어머니의 귀를 갑자기 물어뜯으며 부르짖었다. "왜 나를 가르치지 않았어요? 왜 나를 때리면서라도 인간으로 만들지 않았어요?" 이성이 결여된 어머니의 원초적 사랑이 빚은 슬픈 결과라고 생각된다.

치열한 경쟁된 사회에서 100m 경주를 하듯 여유 없이 바쁘게 지나는 동안에 자녀들은 청소년으로 성장한다. 사랑의 대화가 부족한 그 사이 자녀들은 온갖 유혹이 범람하는 세상에서 어떤 불치의 바이러스에 물들여 갈는지 우리는 알지 못한다.

말은 생각의 탈출구라고 했다. 매일의 일상생활에서 자녀들의 주파수에 맞추어 대화를 하자. 전혀 듣지 못했던 것과 들었던 것과는 다를 것이다. 서로의 대화의 부족은 이해의 부족으로 연결되어 결국엔 가장 가까운 사이이면서 서로가 전혀 모르는 관계로 굳어지게 될 것이다. 부모는 밤하늘의 달을 가리키는데 자녀는 달은 보지 못하고 부모의 가리키는 손가락만 보게 된다.

우리는 오래된 말들을 때때로 기억한다. 어머니나 할머니께서 노상 해주셨던 말, 무심하게 들었던 잠재의식 속에 잠겨있던 말. 그 말들이 어느 때 의식하지도 못하는 사이 인생의 좌표가 되기도 한다.

그러나 대부분의 1세들은 마음 속 깊은 말을 짧은 영어로, 단순하게 밖에 표현할 수 없다. 자녀들은 그 단순한 말을 부모가 하고 싶은 전부로 받아들인다. 자녀들도 한국어가 서툴기 때문에 부모에게 한정된 말밖에 할 수가 없다. 인생의 어려웠던 질곡을, 어려움을 이겨냈던 지혜를 말하고 싶었던 부모의 심정과는 달리 만화 속의 뽀빠이나 스쿠비 두의 싱거운 승리처럼 단순하고 쉽게 받아드려질 가능성이 더 많은 것이다. 이민 와서 고생하는 초라한 모습, 영어가 미숙해서 발음이나 표현을 제대로 못하는 부끄러운 모습, 현재 있는 그대로의 한정적이고 부정적인 부모의 모습이 전부인줄 알게 된다.

그러나 이민이라는 어려운 결심을 했던 부모, 자녀의 뒷바라지를 위해 밤낮으로 뛰는 부모, 동서양의 문화를 이해하는 풍부한 정신적 부를 지닌 부모의 올바른 모습을 부족한대로 대화를 계속 함으로서 알려줄 수 있을 것이다. 그래서 자녀들에게 부모에 대한 자부심을 갖도록 해야 할 것이다. 아이들은 부모를 닮는다고 한다. 그래서 이성적인 부모가 이성적인 어린이를 만든다고 한다.

언어는 올바른 대화로서 꽃핀다. 대화는 생활의 윤활유이다. 대화를 잃었을 때 서로가 꼬이게 되고 스파크가 일어난다. 방학 동안에 자녀들과 함께 많은 대화를 함으로서 평소에 몰랐던 부모의 참모습과 참사랑을 알려줄 수 있다면 얼마나 좋을까?

8-13-2001 (중앙일보)

세상이 밝게 보이는 명약

올해 6세인 수지는 매주 월요일이면 도서관에 들려 새 동화책을 빌리고, 우리 상점에 와서 '헬로 키티' 한 가지씩 상으로 사간다. 백설공주, 신데렐라, 거지 왕자, 알프스의 소녀 등 수지가 들고 오는 동화책은 매주 바뀐다. 동화 속의 세계는 어린 수지의 마음에 담겨져 소박하고 아름다운 꿈과 정서를 간직하게 할 것이다.

하늘에 떠있는 달은 어린애들이 볼 때는 쟁반모양의 맑은 거울 같지만, 우주에 대한 지식을 가진 어른이 볼 때는 태양계를 도는 위성으로 1969년에 닐 암스트롱이 첫 발자국을 낸 지구에서 가장 가까운 행성이다. 이렇듯 사람들은 자기의 인식에 따라서 각도가 다른 프리즘으로 세상을 보게 된다.

독서는 우리에게 많은 가능성을 준다. 두뇌 세포의 활동을 활성화시켜 상상력을 확대시키고, 지식의 한계를 넓혀주어 올바른 판단을 하게 되며, 편견이나 기성 가치관에서 자유로워져 다양한 인생을 이해하게 한다.

최근 테러전쟁이 문명전쟁으로까지 이어질까 봐 두려운 상황에서 세계 인구의 7분의 1을 차지하는 이슬람교인들은 코란만이 진리의 전부인줄 알고 하루에 5번씩 메카의 카바 신전을 향해 절을 한다. 그들은 종교의 근원지는 오직 멕카에만 있다고 믿고 있기 때문이다. 그러나 종교의 진리는 겟세마네 동산에도 있고 도솔천(석가 탄생지)에도 있다. 진리는 코란뿐만 아니라 성경이나 탈무드, 대장경이나 베다와

논어 등에도 있고 삶과 죽음을 초월한 소크라테스의 헴록(사약)에도 있다. 진리에 이르는 길은 외길만이 아닐 것이다.

20세기에도 세계는 끊임없이 전쟁이나 종교분쟁의 소용돌이 속에 살아왔다. 또 현재도 미국의 대 테러전쟁뿐만 아니라 아일랜드의 천주교와 개신교, 중동의 유대교와 회교, 페르시아 국가들의 수니파와 시아파, 스리랑카의 불교와 힌두교, 인도의 시크와 힌두교, 또 인도와 파키스탄의 분쟁 등은 대부분 종교적 편견과 편협한 국수주의에서 나온 비극이다.

옛 중국의 홍자성이 쓴 채근담에 만 권의 책을 읽으면 현인이 된다는 말이 있다. 현인의 경지에 이른다는 것은 어려운 일이겠지만, 독서를 함으로써 책이 뜻하는 것을 이해하게 되어 보통 근시안적 안목으로 사는 우리에게 현인들의 안목으로 세상을 내다볼 수 있는 능력을 기르게 될 것이다.

지난 9월 은퇴한 이어령 교수는 6세부터 독서를 시작했다고 한다. 자신을 '크리에이터'라고 자칭하는 대 학자로서 독서를 생명같이 생각하고 저녁 6시 이후에는 누구와도 술 약속이나 만남을 피하고 독서했으며, 연구실과 집에 있는 수만 권의 책을 한 번씩은 다 자기 눈을 거쳐 갔다고 한다. 되로 읽고 말로 내놓을 수 있는 창조력은 독서를 통해 얻었다고 했다.

20세기 중반 유럽사상의 물꼬를 바꾼 실존주의자 장 폴 싸르뜨르는 슈바이처 박사와는 외사촌간으로 학식 있는 명문가 집안에서 태어나서 어린 시절부터 수많은 책 속에서 자랐다. 책이 그의 장난감이었으며 집안의 서제가 그의 놀이 공간이었다.

아르헨티나의 대표적 시인이며 작가인 보르헤스도 "나는 항상 작가로서보다는 독자로서 우수했다. 광장의 소음을 뒤로하고 나는 도서관으로 들어간다. 책들의 인력, 질서가 느껴지는 고즈넉한 경내, 박제가 되어 마술적으로 보존되어있는 시간 등이 피부로 느껴진다. 나는 많은 일들을 읽었을 뿐이다"고 말했다.

인간의 상상력은 어린 시절의 독서가 도움이 될 것이다. 두뇌에 자기 그림을 그리기 시작하는, 감성이 예민한 어린아이들을 맡아 키우는 부모나 교사의 역할이 참으로 중요하다. 인생의 새 싹인 어린 시절에 독서의 재미를 알려주는 것은 부모의 의무가 아닐까 생각한다.

요즈음 의학이 발달되어 우리가 100세까지 산다고 해도 3만6천5백일을 살게 된다. 다시 오지 않고 가버리는 시간, 영원과 연결된 생애의 하루를 의의 있게 보내기 위해서 선현들의 자취를 더듬어 본다. 또 한해를 재촉하는 이 가을에 머리맡에 책 한 권 놔두고 잠 안 오는 밤 책 속에 빠지는 거다.

독서를 함으로 지식과 지혜를 얻게 되고 다양한 세계와 접하게 되어 편견과 고정관념에서 자유로워져 진실을 바라볼 수 있는 밝은 삶을 갖게 된다면 더 이상 좋은 처방이 어디 있겠는가? 독서라는 점안약을 눈에 넣고 세상을 더 밝게 보는 것, 시공을 초월해서 진리를 바로 보는 길이다.

11-08-2001 (중앙일보)

조기유학의 허와 실

얼마 전 서울에 있는 집안 조카에게서 전화가 왔다. 아이들이 중학교와 초등학교에 다니고 있는데 아이들 과외비도 엄청나지만 모든 분야에 경쟁이 너무 심하다고 하며 또한 지금부터 대학입시 준비도 해야 되는데 그 생지옥을 어떻게 견뎌낼지 염려된다고 했다. 요즈음 한국에서는 세계의 언어가 된 영어의 조기교육이 요원의 불길처럼 번져가는데 아예 본 고장인 미국에 조기유학을 시키면 어떻겠는가고 상의해왔다.

나는 조카의 뜻은 이해하나 조기유학 온 학생들에 관한 좋지 않은 기사도 종종 읽었기 때문에 한편으로 염려가 되었다. 어린 나이에 유학 온다는 것은 많은 어려움이 뒤따를 줄을 부모들이 잘 알면서 그런데도 유학을 보내려는 심정 또한 이해가 간다. 초속으로 변하는 시대에 자본주의 문명의 구심점인 미국이 마약이나 폭력 등 부정적인 면도 있지만, 반면 교육적인 면에서는 세계 최고 수준의 학교에서 민주적으로 자유롭게 교육받기 때문에, 조기유학에 따른 정서적인 어려움을 극복하여 잘 적응하도록 뒷받침을 해줄 수 있다면 조기유학을 권하려 한다.

영국의 이튼스쿨이나 미국의 필립스아카데미 등 많은 엘리트 학교가 학생 전부를 기숙사에 입숙시켜 학문과 생활교육을 가르치고 있다. 세상은 하루가 다르게 변하여 매일 매시간이 새로운 역사로 창조되어 가고 있는 이런 시대에, 부모의 안온한 피부적 사랑에 스포일될까 염려되어 아이들을 엄격한 규율 하의 조직적 생활과 남과 더불어 사는 사회성으로 정신적 무장을 시키려는 부모도 많을 것이다.

어차피 사람은 만들어져 태어나는 것이 아니고 만들어져 가는 것이므로 일상생활에서 자녀들의 성장환경에서 오는 결과를 염두에 두지 않을 수 없다. 어린아이가 타고 나는 여러 가지 본능이나 반사작용은 환경여하에 따라 천차만별의 습관과 각양각색의 성격으로 발전하게 된다. 이런 발전은 B. 럿셀경의 지론을 빌리면 6세 이전의 유년기에 대부분 형성되어진다고 한다. 따라서 학자들 간에 조기유학의 찬반이 논의되고 있는 것도 이런 연유에서 기인할 것이다.

어린 나이에 유학 와서 공부하는 자녀들의 입장을 상상해볼 때 그 아이의 심리적 정서적 어려움을 아는 부모들의 심정은 안타까울 것이다. 어릴수록 사랑이 더욱 중요하기에 아이들을 자주 찾아보고 전화하고 편지로 통한다고 해도 매일 가까이서 받는 부모의 사랑과 보살핌만 하겠는가? 조기 유학시킨 부모는 자주 구체적이며 세심한 대화로 비록 몸은 떨어져있어도 마음은 항상 함께 있다는 믿음을 주어야 할 것이다.

예로부터 글로 쓴 것을 읽으면 지식은 넓힐 수 있으나 의문 나는 질문을 던질 수 없어 언제나 같은 의미만 알게 되는데, 직접적인 대화는 서로의 사랑과 정신적 교섭을 나누게 되므로 살아있는 교육이라고 했다.

고국을 떠난다는 것은 몸만 떠나는 것이 아니고 마음마저 멀어지게 됨도 의미한다. 다른 나라를 이해하고 적응하면 할수록 떠나온 조국에 대한 마음의 비중도 부수적으로 가볍게 된다. 더 나아가서 열린 마음으로 세상을 보게 되므로 "세상은 넓고 할 일은 많다"는 김우중 씨의 말처럼 한 차원 높고 넓게 세상을 볼 수 있는 시야를 갖게 되는 긍정적인 의미도 크다고 할 수 있다.

그러나 조기 유학이 주어진 여건 하에서 여러모로 신중히 검토되어야지 한시의 유행처럼 되어서는 안 될 것이다. 최근의 영어 광풍은 어린이 혀 수술까지 유행시키고 있다고 한다. 혀가 길어져야 영어의 L과 R 발음을 잘할 수 있다는 젊은 부모들의 근시안적 사랑의 결과이다. 이러한 무모한 유행의 차원을 넘어 성숙된 사고로 주어진 조건하에서 아이들에게 최선의 길을 열어주어 자연스럽게 자랄 수 있도록 어린이들의 생활을 존중해줘야 하지 않을까?

사람은 죽을 때까지 발전하고 성숙되어 가는 과정에 있다. 아이들에게 다가오는 문제점이나 한계성까지도 선용하고 새로운 도전에 신중하게 대처하는 능력을 키워줄 수 있는 든든한 밑그림의 부모가 되어주자.

조기유학!...... 아이들의 교육 자체가 어려운 일인데 조기유학은 더 많은 갈등이 따라올 것이다. 그러나 오르고 또 올라서 마침내 준령에 올라서면 갑자기 시야가 확 트이고 멀리까지도 볼 수 있게 됨을 우리는 안다.

2-21-2002 (중앙일보)

4월이 되어도 피지 않는 꽃

지난주일 아침 8시의 일부예배가 끝난 후 같은 구역의 몇 집이 랑캐스타에 있는 파피꽃 단지를 보러갔었다. 파피꽃은 캘리포니아의 주꽃이기도 하며 양귀비꽃과 달리 꽃이나 잎이 땅에 붙어있는 듯 키가 작은 야생의 꽃이다. 완만하게 구릉진 들녘이 오렌지색의 파피꽃으로 물감을 쏟아 부은 듯 칠해져 있고, 멀리서 보아도 꽃들의 만개한 환희의 소리가 아지랑이 되어 위로 올라가고 있었다. 먼 산등성이까지 캘리포니아의 파피꽃으로 덮여 있다. 그 꽃들 사이로 사람들이 무리지어 들판을 바람결처럼 지나다닌다. 오래 전 한 여인이 뿌린 야생 파피꽃 씨앗으로 이렇게 아름다운 꽃동산이 만들어졌다고 한다. 올해 초에 비가 많이 와서 꽃잎이 더 크고 더 많이 피었다며 지금이 절정이라고도 한다.

그러나 그곳엔 이제야 겨우 꽃망울을 맺은 작은 파피도 만개한 꽃그늘에서 움트고 있었다. 늦게 피는 꽃……. 사람들의 시야에서 비켜난 작은 꽃봉오리들이 미풍에 하늘거린다. 좀 늦게 피어도 세상에는 푸른 하늘과 흰 구름과 지나가는 바람과 검은흙이 함께하며 거기에 일직 핀 꽃들의 황혼까지도 보게 될 것이다. 꽃들은 언제나 우리에게 심리적 안정과 정서적 행복을 가져다준다.

아침마다 우리 마을에 있는 집들의 정원에 핀 꽃들을 보며 한 바퀴 돌고 있다. 마을로 올라오는 찻길 양옆엔 정원사들의 솜씨로 계절마다 다른 꽃이 피고 지며 걷고 있는 사람들의 마음을 즐겁게 해준다.

그 찻길 양쪽 높은 담 벽엔 담쟁이 넝쿨이 엉켜있어 겨울엔 오 헨리의 <마지막 잎새>를 연상하게 한다. 그런데 찻길 양옆의 담쟁이가 잎을 피우는 시기가 달라서 서향으로 난 벽의 담쟁이가 2월부터 움이 터서 3월엔 울창하게 잎으로 덮여 있어도 동향 벽의 담쟁이는 그때도 겨울잠을 자고 있는 것이다.

아직도 지난해의 메마른 앙상한 가지가 엉켜있는 동향 벽을 보면서 아랫마을로 내려가서 빙 돌아서 파릇하고 반짝이는 새잎으로 덮인 서향 벽을 보면서 올라오곤 했다. 드디어 4월 어느 날 그제야 동향으로 향한 담쟁이가 겨우 움을 트고 있다가 불과 일주일 사이에 오른쪽 담을 능가하는 커다란 잎으로 담을 온통 새파랗게 덮어버렸다.

동종의 담쟁이인 그들의 겨울잠이 일찍 깨거나 한 달 늦게 깨는 이유는 무엇일까? 그들에게 있어 다른 점은 방향이 반대인 담 벽에 쏘이는 따뜻한 햇볕의 시차인 것 같다. 하지만 햇볕을 더 오래 받아 한 달 먼저 핀 잎은 가을에 한 달 먼저 단풍들어 떨어지는 것이 자연의 현상인 것이다. 4월은 아름다운 꽃들의 잔치뿐만 아니라 대학의 입학 통지가 오는 희비의 시즌이기도 하다.

얼마 전 친구의 손녀가 동부의 유명 대학에 합격했다고 기뻐하며 그 대학을 방문하고 왔다고 전한다. 얼마나 자랑스러울까! 한편 선배언니의 손자는 기대했던 UC대학에서 낙방되어 시립대학에 보내기로 했다며, 2년 후에는 UC로 전학 갈 수 있겠지, 하면서도 쓴 입맛을 계속 다시고 있다. 좋은 대학에 합격해서 열심히 공부해서 성공적인 삶을 살게 되는 것이 일반적인 콘셉트이기에 당장은 어떻게 위로의 말을 해야 할지 망설였다.

그러나 긴 안목으로 생을 바라본다면 대기만성이라는 말도 있듯이 떨어졌다고 주저앉지 말고 계속 전진하면 늦게라고 잎은 피기 마련이라는 것, 아니 세상을 보는 능력이 더 커지고 희로애락이 녹아있는 삶을 보는 안목이 깊어져 진정한 생의 가치를 깨 닮게 되는 계기가 될 수도 있다는 것, 그래서 전화위복의 새 삶을 이룰 수도 있다는 위로의 말을 하고 싶었다.

삶에는 일찍 피고 늦게 피는 시기에 대부분 민감하게 반응하며, 어느 길로 가게 될지 몰라 안타까워 할 때가 있기 마련이다. 지나고 보면 조금 일찍 핀다고 꼭 인생 전체의 성공은 아니며 조금 늦게 핀다고 실망할 일이 아니라는 걸 시간의 지혜가 말해주기에, 어느 때라도 그 곳에 맞는 로드 맵을 계획해서 꾸준히 가는 것이 더 중요하다는 것을 경험이 말해준다.

"오랫동안 꿈을 그리는 사람은 마침내 그 꿈을 닮아간다"고 불란서의 문화상이었던 <왕도>의 작가 앙드레 말로가 말했다. 일찍 핀 파피꽃은 바람에 하늘거리며 행복한 봄을 만끽할 것이다. 또 좀 늦게 필 파피꽃도 늦은 봄과 초여름을 아우르는 더운 바람에 더 큰 꽃잎을 자랑할 수도 있을 것이다.

4-2-2002 (중앙일보)

사이버시대의 조기유학

지난 12월, 서울에 사는 조카딸이 방문했다. 동부의 기숙학교에서 공부하고 있는 초등생과 중학생인 아이들을 겨울방학이라 데리고 왔다. 그 애들이 조기유학 왔었지만 만나기는 이번이 처음이다. 보기에 잘 적응하고 있는 듯해서 안심이 되었다. 조카딸은 일 년에 4-5번은 아이들을 보러온다고 한다. 서울에서도 좋은 교육을 시킬 수 있을 텐데 하는 내 생각과는 달리 신세대인 그녀는 "이모 이젠 시대가 바뀌었어요. 보스턴의 기숙학교에서나 서울의 안방에서나 똑같이 시간과 공간을 공유할 수 있는 사이버시대예요. 남보다 앞서가야 성공의 기회가 있거든요"하는 그녀의 말은 밝고 거침이 없다.

미국에 유학 오는 초등생이 매년 800여명이라 한다. 국외유학 규정에서 중졸이하 유학금지를 명시하고 있는데도 초등학생의 조기유학은 매년 증가일로에 있다고 한다. 하긴 80년대, 우리 집 아이들의 학교 앞에서 만난 어느 연세 든 부인의 하소연이 지금도 기억된다. 서울에서 조카딸이 라 캐나다 학교로 유학 와서 다니는데 집을 $2000에 리스하고 가정부를 두고 사는데도 엄마에게 전화로 매일 외롭다고 하소연해서 이모인 자기가 아침저녁으로 와서 돌보고 있지만 너무 힘들다고 한다. "이게 뭐하는 건지 모르겠어요? 서울에 가고 싶다고 우는 애를 돈 들여가며 미국에 보내놓고 공부하라고 야단치고 있으니......" 그러나 이제는 시대가 많이 변했다.

세계는 IT 산업의 발달과 확대로 유무선 네트워크로 연결시키는 유비쿼터스 시대로 진입되었다. 전자문명에 이은 사이버문화의 숨 막히는 파급으로 서울과 미국은 공간을 초월해서 이웃처럼 느껴지게 되었다. 모국의 새 정부는 800억 원이나 되는 엄청난 투자로 E-코리아(전자)에서 U-코리아(유비쿼터스)로 선재 발전시키기 위해 무선 인프라구축으로 야심에 찬 초고속 변화를 시도하려는 전망이다.

이러한 사이버 시대에 요즈음 미국에서는 아동교육의 다양화로 '홈 스쿨링'이 '홈 사이버 스쿨링'으로 변하여 전 미주로 확산되고 있으며, 가주 만 해도 주 정부의 공립학교 수준의 지원으로 900여명이 홈 사이버학교에 등록되었다고 한다. 머지않아 미국교육을 한국에서 받을 날도 올 것이다.

미주이민 100주년을 맞이해서 여러 가지 기념행사가 진행되고 있다. 어느덧 우리의 뿌리도 한 세기라는 든든한 역사를 간직하게 되었다. 이민 온 1세들도 언어와 문화적, 사회적으로 어려운 고비를 넘기면서 오늘에 이르렀는데 어린 자녀들이 격변한 환경에 적응하느라 겪었을 고통은 더욱 심했을 것이다.

그러나 자녀들이 새롭고 폭넓은 환경과 접함으로 더 다양한 지능을 습득하게 되며, 학교에서의 왕따나, 정서적 불안이나, 소외감 등 여러 가지 심리적 어려움을 함께 극복함으로서 인생의 성공을 향한 양질의 토양이 마련 될 수도 있을 것이다.

조기유학 보내는 부모에게는 대부분 합당한 이유가 있다. 영어를 배우거나 특기를 키우기 위해서 또는 한국적 학교교육이나 지나친 학벌위주의 풍토 등에 대한 불만으로 자녀에게 트인 환경과 좋은 교육을 시켜주기 위한 목표일 것이다. "학교란 위대한 사람 앞에 마주 앉는 것이다. 살아있는 본보기로부터 배우는 것이다."는 탈무드의 말이 있듯이 또한 세계적 석학을 만나기 위함일 것이다.

현대 미술의 큐비즘 창시자인 파블로 피카소는 '아비뇽의 아가씨들'이라는 3차원의 기하학적 입체파 작품으로 5세기동안 내려온 2차원의 전통을 깰 수 있었던 것은 파리로 옮겨가서 이루어졌다. 전자예술을 창조하여 예술에 시간을 가미시킨 백남준이 동경유학과 전자음악의 남상 지인 독일 콜로뉴대학에 유학하지 않았어도 오늘의 세계적 비디오 예술가가 되었을까?

우물 안 개구리에게 바다를 얘기한들 알지 못하듯이, 일탈의 도전 없이 일상에 구속되어 있으면 어떻게 새로운 인생을 개척하겠는가? 이제 지역적 폐쇄성은 사라지고 세계성의 시대에 조기유학의 허와 실을 잘 알고 사이버 교신으로 정서적 문제와 심리적 외로움을 이겨내게 보완한다면 조기유학을 긍정적으로 받아들여도 좋을 것 같다.

1-23-2003 (중앙일보)

지식교육과 인성교육

얼마 전, 집에 돌아오니 소포가 문 앞에 놓여있다. 박스를 열어보니 튤립 화분이 들어있고 카드에 '당신의 사랑하는 아들들로부터'라고 써 있다. '활자시대'에 출생한 내게, '전자문명시대'에 태어난 아들 형제가, '유비쿼터스'시대의 인터넷오더로 튤립이 배달된 것이다. 애들에게 감동은 주지 못하고 늘 잔소리만 해댄 것이 떠올라 가슴 벅찼다. 며칠 지나면 꽃이 핀다기에 정성 드려 물을 많이 주고 햇볕에 내 놨더니 꽃대가 축 쳐진다.

몸살을 앓고 있는 튤립을 물의 양을 조절하고 반그늘에 옮겨놓으니 겨우 꽃이 피었다. 그러나 처음부터 물의 양과 햇볕을 조절해 주었다면 최상의 꽃이 피었을 텐데 아쉬웠다. 책에서 말하듯이, 자녀의 교육도 지식을 많이만 습득한다고 최상의 교육이 되는 것은 아닐 것이다.

36년 전 첫 딸을 낳았을 때, 남편은 내게 두 권의 책을 선물했다. 당시 외국에 나와 살면서 유아교육에 대한 산지식이 거의 없고, 주위에 상의할 어른도 없는 곳이라 걱정이 앞섰었다. 첫 딸을 아름답게 잘 키우고 싶었던 마음에 남편이 준 러셀 경의 '교육론'과 '몽테뉴수상록'은 무엇보다도 기쁜 선물이었다. 딸을 키우면서 시간만 나면 책들을 읽고 또 읽었다. 읽을거리만 있으면 잔소리가 증발되고 그림자처럼 조용해지는 나를 아는 남편은 신문(대개는 구문)이나 읽을거리를 종종 가져다주곤 했었다.

러셀 경의 교육론에서는 아이들의 성격형성은 대개 생후 5-6동안에 거의 끝나므로 유아교육 5년 동안이 다른 시기에 비교할 수 없이 중요하다는 것과, 성격교육과 지식교육은 구분되어 시켜야한다는 지론은, 매일 밤잠이 부족해서 지쳐 있는 나를 정신이 반짝 들게 했다.

수상록에 나온 몽테뉴 아버지의 교육은 내게 많은 감동을 주었다. 몽테뉴 아버지는 16세기 문예부흥기에 이탈리아에서 아동교육에 관한 지식을 많이 배워 와서 몽테뉴가 태어났을 때부터 실천했다. 그가 그 어려운 라틴어를 눈물 한 방울 흘리지 않고 모국어처럼 잘할 수 있었던 것은, 아버지의 조기교육의 지혜였다. 아동의 조기교육은 벌써 16세기부터 시작되었던 것이다.

200여 년이 지난 오늘까지도 그의 음악을 많은 사람들이 애청하는 오지리 작곡가 아마데우스 모차르트는 하늘이 내린 음악의 귀재다. 영화 '아마데우스'에서 보았던 것같이 35년의 짧은 생을 살다가 처참한 최후를 마친 천재이다. 그의 야심에 찬 아버지는 다른 교육은 없이 ㅗ를 음악공부에만 집중시켰다. 모차르트는 사회생활이나 인격에 대해 또 척박한 세상을 살아가는 지혜를 터득할 기회가 없었다.

모차르트가 어린 나이에 가장 원했던 것은, 창밖의 아이들처럼 뛰어 노는 것이었다. 그는 음악예술로는 만인의 칭송을 받지만, 중요한 생을 어떻게 살아야 하는 데는 무지였다. 그의 음악적 천재성은 음악에만 치우친 조기교육으로 다져졌으며, 그의 유치하고 미성숙한 행동도, 음악에만 편중한 조기교육 때문에 조성되었을 것이다. 한가지의 집중적 교육으로 각질이 두꺼워진 세포는 다른 교육의 삼투작용이 어려워진다.

몽테뉴 아버지의 조기교육은, 지식교육과 함께 인성교육을 시켜서 후일 몽테뉴가 명예와 부를 누리며, 에세이의 시조로 존경을 받게 했으며, 모차르트의 아버지는 지식(음악)교육에만 치중했기 때문에, 모차르트가 불행한 삶을 살다가 비참한 최후를 마치게 되었다.

자녀 키우기가 점점 어려워지고 있다. 대중문화는, 물질만능주의가 팽배해지면서 과격하고 문란한 생각과 이미지, 영상과 여과 없는 언어로, 세상을 자기 멋대로 살라는 쾌락주의를 융단폭격과 같이 쏟아 붓고 있다. 그런 와중에서 자녀들을 보호하며 가치와 의의 있는 길로 유도하는 것은, 다각도의 지식과 인성교육이라고 생각한다.

생활하면서 마음의 상처가 없는 사람은 드물 것이다. 그래도 부모가 마음의 문을 열고, 열과 사랑을 다해서 하는 자녀와의 살아 숨 쉬는 대화가 어려운 계곡을 넘어가는 지름길이 아닐까?

6-5-2003 (중앙일보)

출구 없는 상자 속 사나이

최근 서울에서는 북핵 문제 등 정치적 불안과 글로벌시대의 경제 불황의 소용돌이 속에서 모친살인과 자살 등 안타까운 사건들로 혼란스럽다. 특히 '상자 속의 사나이'의 자살은 우리들의 심금을 아프게 했다. 오늘날 지식의 귀존 성이 사라진 황금마니아 시대에, 승자만이 숭배되는 사회에서 최고의 교육을 받고 학문의 길로 접어든 시간강사가 가족의 최저생계비조차 감당하기 어려운 절박한 현실에 시달리다 돈만이 가치의 절대분모가 되어버린 세상의 벽을 뚫지 못하고 스스로 죽음을 택했다고 한다.

지난 달, 서울에서 자신을 '상자 속의 사나이'라고 유언에서 자칭한 S대학 시간강사 백씨는 경제적 압박을 견디지 못하고 끝내 목매 자살했다. 오랜 세월 박사학위 받느라 주위의 도움을 받아오고 카드빚을 지면서 각고의 노력을 기울여 얻은 학위로 생계유지도 할 수 없으며, 전임 자리도 탈락된 야비한 현실에 분노하고 비관한 끝에 죽음과 타협하고만 것이다.

그의 유서에는 카드대금과 대출금 이자를 걱정했다고 한다. 무한의 정신노동인 학문의 길로 들어선 순박한 학자가 경제적 압박에 짓눌려 학위도, 연구도, 인생도 다 내던져버렸다. 아이들의 용돈밖에 안 되는 적은 금액으로 가족을 부양했을 그의 참담한 생활을 짐작할 수 있다.

서울뿐 아니라 미국에서도 기초학문분야엔 경제적 어려움이 따른다. 특히 생활비도 충분치 못한 수입으로 잠자는 시간외의 모든 가능한 시간을 연구에 바쳐야하는 미국대학의 포스트닥터들의 생활도 여유가 없기는 마찬가지이다. 사이버시대의 치열한 경쟁으로 장래가 꼭 보장되지 않는 상황에서 그들을 지켜주는 것은 학문에 대한 열정과 의지와 명예에 대한 자부심일 것이다. 그들의 노력으로 역사는 발전되어 왔다.

과학의 획기적인 업적으로 오늘날엔 인체 지놈 사업까지 완성되면서 조물주가 창조한 인체설계도를 밝혀내고, 암을 비롯한 난치병은 물론 불로장생의 꿈까지 꾸게 되었다. 그런데 정작 인류의 발전을 뒷받침해온 그들 학자들은, 예나 지금이나 경제적 치부와는 먼 거리에서 학문에 골똘하다가, 가족이 생기면서 큰 포부를 접고, 자기 소우주를 지키기 위해 연봉이 많은 회사의 전문직 방향으로 바꾸는 학자도 많이 보아왔다.

며칠 전 딸과 얘기를 하다가 딸의 대학원 친구 리사의 소식을 들었다. 리사 부부는 UC San Francisco에서 생화학 박사학위를 받고 하버드대학 연구소에서 포스트 닥터생활을 6년 동안 했다. 그러나 마땅한 조교수자리를 얻지 못한데다 박봉에 아이가 생기자 리사는 그대로 대학에 남기로 하고 그녀의 남편은 다시 전문직 길인 로스쿨에 들어갔다고 한다.

"그렇게 열심히 공부해서 학위를 받았는데, 다시 로스쿨에 가다니?"

"아직 교수자리가 없어서 생활비만 버는 상태인데, 아이 키우고 집도 살려면 한 사람은 돈을 벌어야겠죠."

딸은 그들이 많은 고민 끝에 결정했을 것이라고 말한다. 리사는 8년 전 딸의 결혼식에 Brides-maid로 왔었는데 아주 스마트한 미모의 숙녀였다. 한참 창조적 연구에 몰두할 리사 남편이 학문의 길을 떠난다는 것은 십 몇 년간의 전력투구의 노력이 헛되지 않는가? 똑똑한 리사까지 꿈을 버리지 않기를 바란다.

"미국에서도 학자에 대한 대우가 충분치 않으면 어떻게 하니? 누가 밤새워 연구하려할까?"

"그뿐인가요. 몇몇 분야에서는 교수들 100%가 이혼하는데요. 노벨상에 대한 보장도 없이 충분치 않은 연봉으로 인생을 연구에 전념하는 남편 때문에 부인들이 고통스러운가 봐요"

100%의 교수들이 이혼하게 되는 분야가 있다니, 그 말은 충격을 주었다. 하긴 그 정도로 연구에 몰두하지 않는다면 인류의 발전에 이바지하는 새로운 것을 찾아내겠는가? 일상의 즐거움을 초월한 학문에 대한 집념 없이 어떤 연구의 성공도 불가능할 것이다.

지식의 존엄성이 퇴색한 현실에서 최저생활비도 안 되는 봉급으로 생활비에 쪼들리며 빚 독촉까지 받았을 상처 난 자존심, 부조리하고 야비한 사회에 대한 실망과 분노! 젊은 지식인 백씨의 자살에 대해 아픈 마음을 금할 수가 없다.

6-17-2003 (중앙일보)

분주한 일상에서 해탈

베이비부머 세대들이 은퇴한 후, 가장 바라는 삶은 배우자와 함께 여행을 하며 즐기는 여생이라 한다. 이민 온 우리들도 폭동이다, 지진이다, 불경기 등 소용돌이치는 현실에서 자녀들 키우고 교육시키느라고 오버타임에 육체를 혹사시키면서, 생의 다른 즐거움은 은퇴 후로 미루게 된다. 그러나 미루었던 기회는 꼭 온다는 보장이 없다. 기분이 우울해질 때, 생활이 권태롭고 어려운 일에 부닥쳤을 때, 틀에 박힌 일상을 벗어나 생을 관조해보는 것도 재충전의 한 방법이 될 것이다.

땅만 보고 걷다가 언뜻 푸른 하늘을 보았을 때 느껴지는 상쾌감은 생활에 활력을 준다. 일상의 궤도를 빠져 나와 새로운 세계를 보는 즐거움……. 여행은 젊음을 되돌려주는 샘물이라고도 하지 않는가?

나는 기회만 있으면 멀리 떠나고 싶어 한다. 그 중에서도 자동차 여행을 더 선호한다. 차타고 달리다가 보고 싶은 곳에 스톱해서 아름다운 자연이나 신비한 여러 가지를 보는, 말하자면 자유로운 여행을 사랑한다. 하늘을 덮은 숲 속을 지나면서 느껴지는 자연에 대한 경외감, 드넓은 대지에서 가물대며 피어오르는 아지랑이 넘어 멀리 보이는 시골마을은 도시생활로 찌들은 가슴을 맑게 씻겨준다.

"파웰 호수에 가면 / 아득한 세월이 숨 쉬고 있네 / 시간의 주름이 쌓인 기암절벽에는 / 지구의 소용돌이마다 압축된 역사가 / 서로 다른 색으로 절절이 스며있네 // 억 년을 참으면 물빛이 하늘색이 되나 / 억

년을 기다리면 바위 색이 우주 색이 되나 / 터질 듯 박혀있는 절규 / 거뭇거뭇 / 돌 속 화석이 되어 / 세월의 옷을 입고 / 오늘을 숨 쉬고 있네"...... 본인의 시 <파웰호수>

얼마 전 유타 주에 있는 파웰 호수에 갔었다. 일행은 나루터에 정박해 있는 배를 타고 호수로 나갔다. 파웰호수는 1,960 마일의 수로로 이어지는 미국에서 두 번째로 큰 호수이며 미국 서남부의 심장으로, 북쪽에는 그랜드 스테어캐스 국립공원이 있고, 남쪽에는 그랜드 케넌이 있다.

호수를 한 바퀴 돌아서 깎아 내린 암벽 쪽으로 다가갔다. 절벽 밑의 짙푸른 강물을 따라 좁은 수로로 들어서니, 호수는 마치 동맥에서 실핏줄로 나뉘어 흐르듯 미세한 강줄기가 미로처럼 펴져있다. 비좁은 강줄기 양옆으로 높게 치솟은 암벽들이 병풍처럼 막아있어서, 마치 푸른 하늘과 강물과 암벽으로 둘러싸인 동굴 속에서 탈출구를 찾고 있는 헉클베리 핀이 된 듯 흥분되었다. 지진으로 갈라진 틈새로 물이 고인 듯한 수로는 지구의 신비한 속을, 꼬불꼬불한 구절양장을 보여주는 것 같아 경이로웠다.

암벽은 여러 가지 색으로 물들여져 가로로 누워있다. 매 층마다 지구의 연륜에 따라 다르게 풍화작용이 일어난 듯 그 상황의 독특한 색상을 간직하며 억 년의 무게로 압축되어있다. 지나간 세월은 서로 섞이지 않는 듯, 검붉은 암반위로 회색의 암반과 그 위로 갈색의 암반 등 모든 무늬는 옆으로 나있다.

옆으로, 옆으로 지구상의 모든 존재는 인력에 평등했다고 보여주고 있다. 과거에도 그랬던 것처럼 미래에도 그렇게 이어질 것이라고, 땅 속에서도 역사의 진실은 시간에 관계없이 남는다고, 그렇게 남았다고…….

암벽의 맨 위 땅을 올려다보니 키 작은 야생나무와 풀들이 다시 일렬로 돋아있다. 그 곳에서 21세기를 사는 우리들의 생활이 이어지고 있다. 어느 누구도 시간을 잡을 수 없는데, 이곳 지층에는 지구의 역사가 그대로 기록되어 있어서 아득히 지나간 세월을 그림으로 보는 듯 했다. 기암절벽 틈틈이 한줌 흙에 뿌리박은 잡초들, 생명은 그렇게 억 년의 역사를 거슬러 과거의 흔적 위에 감히 외람 되게 피어 있었다.

바람처럼 지나가는 세월이, 깎아지른 암벽의 세포 하나하나에 물들여 있다는 것은, 어느 것도 그냥 가버리는 것 없이 모래 한 알에라도 흔적이 남는다는 의미일 것이다. 생명이, 숨결이, 아니 영혼이 스며있는 지층을, 햇빛에 다 노출되어 있는 지구의 과거를, 우리는 현실의 배를 타고 지나고 있는 것이다.

갑자기 강줄기를 따라 바람이 지나간다. 지구의 내장을 지나가니 바람만 부는 것이 아니다. 강 위에도 파문이 일어나며 가슴에도 천만 년의 세월의 바람이, 파문이 인다.

여행은 참 지식의 원천이 된다고 한다. 독일의 시인 괴테는 "사람이 여행하는 것은 도착하기 위해서가 아니라 떠나기 위해서다"고 했다. 그가 2년 동안의 이태리 여행을 안 했다면 그 아름다운 시들의 발상이 일어났을까? 여행은 피로와 추억과 꿈을 안고 돌아오게 한다. 그래서 다시 떠나게 한다.

7-03-2003 (중앙일보)

유대인의 '탈무드 교육'

팀이 LA에 왔다며 태권에게서 전화가 왔다. 시간이 되면 집에 인사하러 오겠다고 한다. 팀은 큰아들과 포모나 대학교 동기이며 절친한 친구다. 대학농구팀에 있는 아들의 열렬한 팬 이여서, 게임마다 참석해서 열렬히 응원하는 응원단장이다. 팀은 미남에다 피닉스의 전 검찰총장이며 법률회사를 소유한 명문가의 아들로 하버드 법대를 졸업하고 시카고 P 법률회사에 다니고 있다.

팀은 바쁜 일정에도 LA에 오면 우리 집에 들르곤 한다. 팀은 법대에 합격해놓고 곧바로 이스라엘에 1년 동안 자원 봉사하러 갔었다. 당시는 이스라엘과 팔레스타인과의 충돌이 격화되었었기에 왜 위험한 곳에 가는지 의아해 했었다. 그러나 그는 5천년 역사의 탈무드 교육을 철저히 받은 전형적인 유대인이다.

"신자유주의 세계에서는 미국이 세계를 지배하며, 미국을 움직이는 세력은 유대인이다." 또는 "오늘날 유대인들이 세계를 지배하며 다른 사람들이 그들의 안보를 위해 대신 싸우고 죽도록 만들었다."는 발언으로 지난 10월 21일 방콕APEC회의에서 부시대통령과 정면충돌을 한 말레이시아의 마하티르 총리는 22년간의 독재정치를 마감하고 지난 10월 31일 하야했다. 그의 말이 아니라도 유대인에 대해서는 그들의 교육열이나 애국심 등 관심 있게 지켜볼 민족이다.

미국 내 600여만이 살면서 2억8천만 인구의 미국의 정치, 사회, 금융과 언론에 미치는 영향은 대단하다. 아인슈타인의 상대성 원리, 정신의학의 창시자인 프로이드, 공산주의 이론가인 칼 마르크스, 현 경제 분야의 듀퐁, 머독, 소로스, 골드만 삭스 또 미국의 지성인 노엄 촘스키 등 별 같이 빛나는 인물들이 유대인들이다.

그들의 부는 실로 엄청나다. 현재 미국 상위부자 400인중 24%를 차지하며 최상위 40인에서는 42%를 차지한다는 신문 통계다.

이런 위력은 어디에서 나오는 것일까? 그들은 유랑민으로 수천 년을 방랑하며 박해에 시달린 민족으로 굴복이 극심한 5천년의 역사에서 강력한 민족으로 일어섰다. 그들은 의학, 과학, 문학 등 여러 분야에서 많은 노벨 수상자를 배출했으며 인류문명의 발전에 한 획을 담당했다. 그들의 우수한 특성은 바로 교육에서 나왔다고 한다.

유대인의 어머니!...... 유대인은 모계혈통을 따른다고 한다. 어머니가 유대인이면 무조건 유대인이다. 최초의 교육자는 어머니이며 어머니의 가르침은 곧 가정의 가르침이라는 것이다.

그들의 성경인 <탈무드>와 성경의 <토라> (창세기, 출애굽기, 레위기, 민수기, 신명기)에 입각한 생활방식과 사고방식에서 그들의 특성을 찾아볼 수 있다. 특히 교육에 대한 열성은 대단하다. "탈무드는 읽는 것이 아니라 배우는 것이다. 학교란 위대한 사람 앞에 마주 앉는 것이며 살아있는 본보기로부터 배우는 것이다."라며 지식을 계속 쌓지 않는 것은 지식을 감소시키는 것이라고 랍비들이 설교한다.

그들은 학문을 물과 같은 것으로 정의하고, 물을 떠나 뭍으로 올라가면 죽음으로 생존을 위해 배워야 한다는 것이다. 세계에서 최초로 의무교육을 실시한 것도 유대인이다. 그들은 책의 민족이라고 불리고 있다.

어린아이는 엄하게 가르쳐야하지만 기를 죽여서는 안 된다. 학교가 없는 곳에서는 사람이 살 수 없으며 교사를 아버지보다 더 소중하고 존경하는 인물로 공경한다. 특히 딸이 결혼 할 때는 모든 재산을 팔아서라도 학자에게 시집보내며, 또 학자의 딸을 얻기 위해서는 집안의 모든 것을 써도 좋다는 것이다.

이스라엘은 이중국적을 허용하는 나라다. 미국의 유대인들은 대부분 이스라엘 국적을 가지고 있다. 그들은 미국의 성조기보다 육각형 별인 솔로몬의 인장에 더 애정을 느낀다고 한다. 그래서 팀은 생애의 중요한 일 년을 모국에 가서 자원봉사를 했던 것이다.

우리나라도 가난한 약소국으로 5천년 역사를 이어왔다. 그러면서도 우리는 단일민족으로 고유의 문화를 지켜왔다. 이제 세계무역국 11위, 쎌폰 수출국 1위로 부상한 것은 우리의 높은 교육열 때문일 것이다. 우리도 어머니들의 인성교육이 곁들인 조기유학이나 치맛바람이라면 너무 나무라지만 말자.

11-08-2003 (중앙일보)

여자의 자리

5천년의 지혜를 담은 탈무드에서 여성의 힘에 대한 스토리가 있다. "어떤 선량한 부부가 이혼을 하게 됐다. 그들은 둘 다 재혼했는데, 남편은 나쁜 여자와 재혼해서 새 아내와 똑 같이 나쁜 남자가 되었고, 아내도 역시 나쁜 남자와 재혼했는데 그 나쁜 사내는 선인이 되었다."는 것이다. 이것은 가정에서 여성의 영향력을 지적한 말이다.

지난 시대의 어머니들은 모든 희생으로 남편과 자식의 뒷바라지를 함으로서 생의 의미를 찾고 자기완성의 길을 걸어왔지만, 현대 신지식 여성들은 인생의 의미를 자기 성취에 두고 있는 듯하다.

세계 외교무대에서 가장 영향력 있는 라이스 미 국무장관은 지난 3월 20일 정책수행의 일환으로 한국에 21시간 머물렀다. 그녀는 북한을 6차 회담으로 유도하기 위해 채찍과 당근으로 어우르는 외교적 메시지를 보냈다고 한다.

<콘디 스토리>를 쓴 안토니오 페릭스에 의하면 부모의 극성이 없었다면 오늘의 라이스는 없다고 한다. 일찍이 라이스의 재능을 간파한 부모들은 조기 영재교육에 매달렸다. 3살 때부터 피아노, 발레, 피겨스케이팅, 테니스, 프랑스어, 스페인어 등을 가르쳤다. 그녀는 28세에 스탠퍼드대 조교수, 38세에 정교수, 행정처장, 50세에 국무장관이, 또 거기에 세계에 민주주의를 확산시킨다는 정책 설계자이며 실행자이기도 하다.

최근 삼어스 하버드 총장이 수학, 과학 등에서 여성은 태생학적으

로 남성과 다르다는 다소 여성 폄하 발언을 했다가 사과까지 하며 혼쭐이 났다. 그의 의도가 어찌되었건 한때 남성들의 독무대였던 미국의 많은 의과대학이 현재는 과반수가 여성이며 법과대학 역시 뒤따르고 있다는 것을 염두에 두었어야 했을 것이다.

20세기 들어 여성해방운동으로, 영국에서 1918년 여성의 제한적 투표권이 인정되었으며, 미국에서는 1920년 8월 26일 여성 투표권이 주어졌다. 1949년 프랑스의 철학자 겸 소설가인 싸르트르와 계약 결혼한 시몬느 보바르는 <제2의 성>에서 "사람은 여자로 태어나지 않는다. 여자로 만들어지는 것이다."며 여성 해방을 선언했다.

고도의 성장을 구가하는 중국의 상하이에서는, 신자본주의 바이러스가 스며들어 전체 결혼 12만 명중 3만 여명이 이혼했다는 보도이다. 한국 또한 하루 평균 458쌍의 이혼으로 세계 3위의 이혼 국으로 등극했으며, 그들의 연령은 40세 전후가 가장 많다고 한다. 이혼 이유도 성격차이에서 경제문제로 변속돼가고 있으며, 거기에 술과 담배의 소비량이 점점 치솟고 있으니, 그런 가정의 환경에서 자라나는 자녀들의 장래 사회불안을 어떻게 치유할 것인지 아찔하다.

장병혜 박사가 쓴 <아이는 99% 엄마의 노력으로 완성 된다>는 책에 공감되는 면이 많다. 아이들의 "문제의 원인은 아이들에게서 찾지 말고 부모 자신에게서 찾아야한다"는 내용은 부모로서 다시 한 번 되새겨볼 내용이다.

여자의 아름다운 자리, 의미 있는 자리는 어떤 것일까? 자녀를 낳고 기르는 사랑과 희생이 버무려진 그 지극 정성의 자리! 아니 그것뿐인가? 여자들만의 예민한 감각의 촉수로 가정과 더불어 사회 각 분야에 진출, 동전의 앞뒤와 같이 남성들과 함께 정치, 경제, 과학, 예술 등의 각 분야에서 남성들 못지않은 공헌과 성공을 이루면서 가정을 잘 지키는, 아름다운 자리가 아닌가?

4-09-2005 (중앙일보)

싸르트르와 그의 여자들

4월 15일은 싸르트르가 타계한지 25년째 되는 날이다. 또 올해 6월 21일은 탄생 100주년이 되므로 프랑스를 비롯해서 미국, 일본 등 세계 여러 곳에서 그의 생애와 업적을 재조명하는 학술회의와 토론을 준비하고 있다.

싸르트르는 슈바이처 박사를 외삼촌으로 둔 파리의 유복한 가정에서 1905년 태어나 아버지를 한 살 때 여의고 어머니와 조부의 극진한 사랑과 보살핌을 받으며 자랐다. 파리의 명문 고등사범학교를 졸업, 베를린으로 유학 가서 후설의 <현상학>과 하이데거의 <존재론>을 공부했다. 1938년 최초의 소설로 시적 문장의 <구토>를 출판함으로써 철학적, 문학적 예술작품의 출발이 되었다.

싸르트르의 실존철학의 출발은 존재론에 있다. 영국의 산업혁명이후 사람들은 과학의 발달과 합리적인 사고만 있으면, 생활의 향상으로 신 없이도 잘살 수 있다는 자만 속에서 신의 부재까지 선언했으나, 1·2차 세계대전을 겪은 인간은 합리적인 사고와 과학의 발달만으로 잘살 수 있는 것이 아님을 경험으로 깨달았다.

그래서 신을 거부해서 생긴 팽배해진 불안한 인간심리에 자유에의 실천으로 (그의 장편소설 "자유의 길") 사회적·정치적으로 적극 참여해서 극복해야한다는 그의 실존철학은 더 많은 감동과 희망을 주었다.

이어서 그의 주저 1943에 발간된 <존재와 무>를 통해 신 없는 세계 속에서 삶을 살아가는 우리 인간이란 무엇이냐의 출발에서 인간존재는 그저 우연히 태어난 것뿐이므로 "인간은 자유롭도록 탄생되었다."는 그의 유명한 명제들로 인간존재의 무상성을 표현한 그는 실존철학자로서 또 실존문학자로 세계적 명성을 얻었다.

당시 프랑스에서는 젊은이들이 양 차 대전으로 상실했던 문화를 허기지게 되살리려했다. 싸르트르는 "인간은 인간의 행동에 의해서 정의한다."고 하며, 그러므로 "인간은 삶에 자신을 투신함으로서 그곳에서 자신의 모습을 그린다."는 싸르트르의 주장은 젊은이들에게 불길처럼 번져나갔다. 싸르트르는 철학, 소설, 희곡, 비평과 사회참여로서의 정치적 행동에 이르기까지 20세기 지성의 대표적 위치를 향유했다. 그러나 1964년 싸르트르는 그에게 수여된 '노벨상'을 거절했다.

그는 보바르와 당시에는 전무한 계약결혼을 했다. 이 계약은 둘이 다 자신의 주변의 연인에 대해서 상호 투명성의 약속이었다. 그녀는 1949년 <제2의 성>을 출판해서 최초의 여성해방 운동의 선구자였으면서도, 결혼 생활에서는 행복하지 못했다. 그녀는 바람둥이인 싸르트르의 필연적인 애인이며, 요리사 겸 메네져며 또한 간호사로 봉사하면서 그에게 헌신했다. 대학 졸업 시 철학사 학위를 받을 때는 싸르트르를 제치고 수석을 한 그녀는 금발미인에다 키가 큰 명석한 여자였는데, 싸르트르와 첫 대면에서부터 말의 설사같이 쏟아내는 그의 지식에 매료되어 노예가 되었다고 하니 아이로닉칼한 일이다.

그는 보바르가 지어준 별명인 "잉크병을 움켜쥔 모피 덩어리"처럼 카페에서 하루 종일 파이프 담배와 포도주와 여자들에 둘러싸여 몇 시간 동안을 보내며 계속 쓰고 또 썼다. 1950년대 우리나라에도 소개된 그의 사상은 한참 목말라하는 젊은이들에게 지대한 영향을 주었다. 나도 고등학교 일학년 여름방학 때, 그의 소설 "구토"를 읽으며 이해하기위해 무진 힘들었던 기억이 난다. 당시 싸르트르나 카뮤의 소설이라면 번역본이 나오는 즉시 사보곤 했었다. 나중에 어느 때던지 내가 소설을 쓴다면 실존문학의 대가인 카뮤의 <이방인>같은 것이 될 것이라고 감히 생각했었다. 그러나 한낮 봄바람처럼 가슴을 휩쓸었던 그 야망은 아직도 실현을 보지 못하고 있다.

1965년 싸르트르는 비밀리에 에르레르(17세)를 양녀로 삼아서, 그의 모든 저작권과 유산을 전부 양녀에게 주어서 최후까지 보바르를 배신했다. 그녀가 원치 않았는데도 그녀는 지금 몽파르나스 묘지의 싸르트르 옆에 묻혀있다. 싸르트르의 무엇이 그녀의 영혼까지 사로잡은 것일까?

4-15-2005 (중앙일보)

결혼의 조건

캘리포니아의 오월, 유월은 찬란한 꽃의 계절인 동시에 결혼씨즌이다. 내 몸과 재능은 순전히 운명적으로 타고나서 유전자에 의해 좌우되지만, 결혼은 출생이 아닌 자기 자신에 의해 선택하는 미래이며 생의 제2의 출발일 것이다.

사랑하는 사람과 결혼하면 꼭 행복할 것이라고 우리는 믿는다. 또 대부분 그렇게 느끼며 긴 여정을 함께한다. 그러나 삶의 험난한 파고를 헤쳐 나가는 방정식인 기적의 나침반은 아직 아무도 발견하지 못했다.

21세기의 내면적 아름다움이 증발된, 가볍고 메마른 짱의 문화의 소용돌이에서, 생의 행복이 꼭 현실의 상식대로, 계산대로 따라주지 않는 것이 오히려 삶의 다양한 깊이이고 폭이다.

그래서 행복의 지수 또한 영수증과 달리 객관적 판단이 무효일 수도 있다. 결혼을 해도 후회하고 안 해도 후회한다는 어느 철학자의 말처럼 삶은 언제나 행복과 회한이 따라오기 마련이다. 부족한 나를 키우며 가꾸는 부단한 노력 위에서 폭 넓은 삶을 영위할 수 있듯이, 결혼도 사랑이라는 나무에 이해와 노력의 자양분으로 계속 가꾸어야 아름답게 성숙할 수 있을 것이다.

며칠 전, 친구 딸의 결혼 청첩장을 받았다. 서울에 있는 친구에게서 막내딸이 미국으로 유학을 가니 보살펴달라는 전화를 받은 것이 벌써 2년 전쯤이다. 그 동안 미셸과 몇 번 만났었지만, 주로 전화로 통화했었다. 내게는 별로 말을 안 해서 몰랐는데, 그런데 놀라운 것은 그녀가 그 사이 미국화가 되었는지 신랑이 외국인이라는 점이다. 나는 미셸이 우리 청년과 결혼하도록 챙기지 못한 가책(?)과 책임감이 들어 서울의 친구에게 전화했으나, 그녀는 지금 LA에 갔다고 한다.

우리 집에서 만난 친구는 울먹이며 나를 원망했다. 미셸이 혼자 외로워서 러시아에서 이민 온 가난뱅이 학생과 결혼한다는 것이다. 그런데도 옆에 있는 미셸은 매우 행복해 보였다.

"지난 1년 여 동안 같이 공부하며 지냈는데, 그이처럼 해박한 지식과 상식을 가지고 겸손하고 진지하게 생활하는 반듯한 인간성의 사람을 처음 봤어요, 서로 사랑하고 있으니까 앞으로 어떤 난관도 하나하나 헤쳐 나갈 거예요."

눈을 반짝이며 미셸이 확신에 차서 말한다.

이혼율의 증가와 출산율 저하라는 황폐한 현실에서, 세칭 얼짱, 몸짱, 돈짱이 존경받는 사회로 상식이 모아지고, 외모 신드롬은 여성만이 아닌 꽃미남이 만들어졌다.

외모도 능력이라는 팝콘같이 경박한 등식이 성립되고, 인격을 함양한다거나 실력을 갖추는 기본도덕은 물 건너간 쉰 세대의 고리타분한 잔소리로만 남은 것일까? 이런 사회에서 사람들은 가치 있는 삶을 찾지 못하고 찬란한 마이더스 신의 미소를 쫓아가며 결혼의 조건을 황금의 무게로 재고 있는 것 같다. 성실하게 노력하고 올바르게 살면 언제나 기회가 주어지는 사회가 믿음이 가는 이상적인 사회일 것이다.

사계절이 지나가는 하늘엔 햇빛과 달빛이 고여 있어 자연의 생리에 리듬을 준다. 날씨에 따라 변화하는 하늘의 모습은 밝고 따사로운 것만은 아니다. 비가 오고, 눈이 내리고, 바람이 불고, 폭염과 폭풍우가 몰아치는 변덕 많은 우리의 생활에서, 몸과 마음이 안식을 취할 수 있는 곳은 바로 평범한 우리의 가정이다.

우리의 감성은 세월이 지나도 늙지 않고 항상 푸르게 살아있어 사람에 따라 각양각색으로 반응하고 작용한다. 같은 대상을 보고도 느낌의 강도나 고저가 다르기에, 어떤 일률적인 행복의 공식도 성립하기 어렵다.

서로의 대화가 통하고 이해의 자장이 같아서 안심할 수 있는 사람, 어떤 난관도 함께 극복할 수 있는 믿음이 가는 사람, 삶을 직시하고 최선을 다해 열심히 노력하는 사람, 그의 부족한 면을 채워주고 싶은, 친구이면서 존경이 가는 인간성 풍부한 사람과 함께 하는 생활은 행복할 것이다.

그래서 미셸은 세칭 "결혼의 조건"이 아닌 "인간의 조건"으로 행복을 확신하고 있었다. 미셸은 현명한 신부이다.

6-05-2004 (중앙일보)

책을 읽는다는 건…….

많은 사람들이 생의 허무감과 무의미에 빠져 정신적 황혼에 사로잡힐 나이인 76세에 뒤 부셰롱은 이번 프랑스의 아카데미 프랑세즈(프랑스 한림원)상 소설 부문 수상자로 선정되었다. 더구나 수상작인 <짧은 뱀>은 그의 첫 소설이다.

싸르트르와 앙드레 말로가 75세에 죽었으며 <잃어버린 시간을 찾아서>의 대작을 쓴 마르셀 프루스트가 51세에 죽은 것을 생각하면, 그 나이에는 정신적인 집중력이나 상상력이 떨어져서 복합적인 구조와 메시지를 품은 상징적인 소설을 직조해서 쓴다는 것이 쉬운 일이 아니었을 것이다.

더구나 처음 쓴 소설이 아카데미 프랑세즈 문학상을 받다니! 놀라운 일이다. 오늘의 결과는 그 동안의 독서와 사고와 지식과 인생의 경험으로 모여진 긴 여정의 결집일 것이다. 그는 정신의 적극적인 활동과 고통스런 노력으로 시간에 대한 인간승리를 이루었다.

햇빛이 기울고 있는 퇴근 시간에 단골손님인 캐럴라인이 곱슬머리를 바람에 날리며 들어온다. 의례 한두 시간은 또 머물겠구나 싶었는데 잠시 후 '수잔 슐츠'의 시집을 가져온다.

"이 시인의 시들은 어느 때 읽어도 깊은 감동이 느껴지는군요."

"당신은 시도 쓰세요?"

"아뇨. 하지만 어린 시절부터 시를 읽어왔어요."

아빠의 무릎에서 독서의 씨앗이 심어진 그녀는 지금도 책을 음식처럼 취한다. 워너 브러더스 영화사에서 희곡을 쓰고 있는 그녀는 지적 공복이 생길 때마다 우리 상점에 들른다.

4천 종 이상이 진열된 카드 랙에는 온갖 메시지와 다양한 표현의 카드가 있기 때문이다. 올 때마다 넘버 A에서 W까지의 카드 대에 있는 새로 나온 카드의 메시지와 표현들을 섭렵한다. 글을 야금야금 먹는다고 표현할까! 그녀도 어느 때인가는 뒤 부세롱 같이 대작을 쓸 수 있지 않을까 생각해본다.

요즈음같이 클릭 한번으로 모든 정보와 지식을 얻는 초고속시대에서 무엇하러 책장을 넘기며 침침해진 눈을 비벼가며 인생을 소모하겠는가? 주제를 찾기 위해 꼬불꼬불한 미로를 헤매게 하는, 은유 화된 메시지에 고심하게 하는 새까만 활자들의 응집! 여러 권의 책을 클릭 몇 번으로 볼 수 있는 편리한 세상에서, 아직도 책장을 접어가며 줄을 그어가며 읽고 있는 옛 조선시대 사람들이 있다니!

그러나 인생은 순간적으로 뜨는 숫자와 결과만으로 속단할 수 있는 단순한 과정은 아니다. 시공을 초월한 책을 통해서, 그 장소와 상황에서 어떤 인생관으로 깊이 생각하며 대처했을까? 그들의 삶의 궤적이, 그 시대상이, 당시의 역사와 철학을, 우리가 직접 경험하지 않고도 그들과 교감하며 나눌 수 있는 지식과 지혜는 책을 통해서만이 얻을 수 있을 것이다.

어린 시절 엄마나 할머니에게서 들었던 재미있는 이야기는 일생을 통해서 잊히지 않는다. 그때 느꼈던 정서와 감정이 사라지지 않고 몸에 배어서 성장하면서 삶을 풍족하게 할 것이다. 또한 그 어린 시절의 상상과 경험이 일상생활의 근원에 뿌리 박혀 있어 결국 내 생각과 행동의 반경이 되는 것이라면 어린 시절의 독서는 정말 중요한 역할을 한다.

마음속에 뿌리 박혀 있는 리모컨으로 조정하는 생활은, 더 창조적이고 적극적인 생활이 되어, 주어진 가능성을 최대한으로 실현할 것이다. 삶의 가치와 목적에 대한 인생관이 뚜렷하게 고정되어 흔들리지 않게도 할 것이다.

특히 오늘날 지식은 넘치나 진리와 지혜가 감소되어 가는 인터넷 시대에, 책장을 넘기며 이것인가 저것인가 고심하면서 얻어지는 다양한 지식과 경험은 완전히 내 것이 되므로 일생 나를 부유하게 만들 것이다.

11-20-2004 (중앙일보)

삶을 바꾸는 지혜의 상자

얼마 전 우리나라 비교 종교철학의 큰 학자이신 김하태 박사께서 직접 쓰신 희귀본이며 10판을 거듭한 <현대인과 종교(1970)>와 용재 백낙준 박사가 서문을 쓰신 <생의 논리> 등 책 2권을 우리에게 빌려주셨다. 이 책들은 그분께서 젊은 시절 연세 대 신학대학학장과 대학원장 재직하시던 시절 쓰신 것이다.

그날 책을 주시면서 품절된 책이니 꼭 돌려달라는 좀처럼 말씀 안 하시는 당부를 하셨다. 책의 겉장을 종이로 싸서 조심스럽게 첫 권을 읽고 있는데, 지난 주 남편에게 책의 안부를 물으셨다고 하니 노학자의 책 사랑은 남다르다.

책의 내용은 내년이면 90세가 되시는 김 박사님의 종교와 생의 철학에 관한 고전, 현대를 아우르는 해박한 지식으로, 정신적 공허와 빈곤을 채워주며 어려움 속에서 소망을 가지게 하는 내용이 논리적으로 간결하게 담겨 있다. 그분의 종교와 철학적 저변에는 실존주의적 사상이 흐르고 있어 참된 자아를 찾으려는 현대인들이 이해하기가 쉽게 쓰여 있다. 그분의 간결한 문체와 쉬운 내용은 그분 지식의 높은 경지를 알게 한다.

책 속에 길이 있다고 했듯이, 젊은 시절 의심이 많았던 종교에 대한 해명을 얻은 귀중한 보고가 되었다. 또한 그분을 중심으로 한 '한얼모임' 회원들과 제자들이 기고한 90세 기념문집 <궁극의 실재를 찾아서>가 오는 7월 8일 89세의 생신 일에 출판기념회를 가질 예정이어서 기대가 크다.

> "처음 만남은 빛이었네 / 빛의 파장은 가슴을 뚫었네 / 삶은 과정의 연속 / 일필휘지의 붓 자국이 아니었네 / 덧칠하며 깊은 색을 더해 가는 / 본질을 찾아가는 길 / 조화와 균형의 길 / 빛과 함께 가는 / 유한의 길 // 빛은 직선 /어둠이 지나가도 다시 직선으로 비추며 / 빛은 어둠을 깨워서 / 어둠이 어둠이라고 말하네 / 마음에 던져진 빛의 파장 / 엉클어진 매듭 풀리고 / 세상이 더 밝게 보이네 / 어둠 속의 거울은 어둠만이 보이나 / 빛이 있어 거울 속의 내가 보이네 // 빛을 따라가는 여행 // 시공을 넘어 진리를 향해 가는 길 / 발자국마다 그리움이 되는 / 지나온 세월 / 눈을 밝히고 / 생각을 세우고 / 마음을 열게 하는 / 교감의 연속 / 환희의 세월 // 손님같이 머무는 나그네 길에서 / 의미를 찾아가는 / 의지의 아득한 빛 / 기쁨 소망 용기로 / 내가 나이게 길을 비쳐주는 / 그 빛은 사랑이어라"...... <궁극의 실제를 찾아서> 에 쓴 본인의 시 "만남"

인류 역사상 책이 없었다면 오늘의 21세기 문명이 있었을까? 서양 문명의 가치척도인 <성경>, 아랍국가의 <코란>, 불교의 <법구경>, 인도의 유명한 문헌 <우파니사드>, 유교의 <四書五經>과 <諸子百家叢書>도 있어, 인류가 쌓아온 문명의 기본이 되고 행동방향이 되는 책은 헤아릴 수 없이 많다. 말하자면 인류의 역사는 책으로 이어지며 책이 있어 문명이 존재한다고 하겠다.

수천 년에 걸친 온갖 민족적 시련과 박해 속에서 유태인을 지켜왔던 유태민족 5천년의 지혜와 철학이 담기고 신앙과도 같은 보검인 <탈무드>도 있다. 통권 20권으로 되어있어 1만2천 페이지에 이르며 낱말 수는 250만개, 무게가 75킬로나 된다고 한다.

사실 책은 저자의 사상적 프리즘이자 세계를 보는 지침이기도 하다. 인류가 존재하고 오늘에 이르기까지 숱한 인물과 사건들이 지나갔다. 그들 행적의 중요한 결집인 책은 우리 문명을 발전시키는데 없어서는 안 될 소중한 유산이 되었으며, 활자시대에서 전자시대에로 옮긴 오늘에도 그 가치는 감소되지 않는다.

책을 읽는 목적이 현재의 순간순간을 철저히 살기 위해서라면, 우리의 일회성의 인생에서 지식과 간접 경험의 시간을 더 많이 소유하게 되므로 더 풍요한 생을 살게 된다. 이제 디지털시대의 혁명으로 역사의 급류 속에서 앞으로 우리는 현재보다 1천 배나 빠른 세상을 살게 되리라고 한다.

컴퓨터 시대에 무슨 책을 읽나? 그럴 시간이 어디 있어? 그러나 1천 배나 빠른 세상이 온다 해도 파도치는 물결에 휘둘리지 않는 사람들은 여전히 책을 읽을 것이며, 느리고 여유 있게 하루 24시간 안에 취할 수 있는 양만큼 살아갈 것이다. 오늘날 TV가 있어도, 극장은 여전히 만원이고, E-mail이 의사전달의 한 수단이 되었어도, 카드는 잘 팔리고 있으며, 흰 편지지에 길고 따뜻한 마음의 향기를 담아 깊은 삶을 글로 보내고 있다.

세상은 아는 만큼 더 보인다고 한다. "남의 책을 읽는데 시간을 보내라. 남이 고생한 것에 의해 쉽게 자기 자신을 개선할 수 있다."고 소크라테스가 한 말은 삼천년이 지난 지금도 통용되는 진리다.

11-16-2005 (중앙일보)

공병우 박사를 생각하며…….

어제 받은 지인의 메일로 한글타자기로 더 알려진 공병우 박사의 생전의 자상한 프로파일을 접하게 되었다. 1995년 3월 7일 90세를 일기로 세상을 떠난 한국 최초의 안과의사인 공병우 박사는 유언에서 "장례식을 치르지 마라, 쓸 만한 장기와 시신은 모두 병원에 기증하라, 죽어서 한 평 땅을 차지하느니 그 자리에 콩을 심는 것이 낫다. 유산은 맹인 복지에 써라"는 말씀을 남기고 이승을 떠나셨다고 한다.

육이오 전 남산초등학교 시절, 눈병이 났을 때 어머님을 따라 광화문에 있었던 공안과에 몇 번 다닌 적이 있었다. 그 근처는 기와집들이 한길보다 낮은 오래된 길에서 유독 공안과만이 현대적 빌딩으로 우뚝 솟아 있었다. 한번만 더 오면 되겠다며 머리를 쓰다듬던 그 의사선생님이 고성능 한글타자기를 발명했고, 한글 텔레타이프, 한영 겸용 타자기, 세벌식 타자기 등을 발명한 바로 그 공병우 박사인줄을 이제야 비로소 알게 되었다.

1938년 한글학자 이극로씨를 통해 한글의 우수성에 대해 감화를 받은 뒤, 그분은 한글의 과학화에 앞장섰다. 한국일보에 의해 '한국의 고집쟁이' 6위로 선정된 그는 수많은 일화를 남겼다. 일제 강점기에는 창씨개명을 거부하며 '공병우 사망'을 선언했고, 서슬 퍼런 5공화국 때도 정면으로 정부를 비판했으며, 자신의 옷과 신발은 해어지고 밑창이 다할 때까지 신으며 검소하게 살았지만, 맹인부흥원을 설립하는 한편 장님을 위한 타자기와 지팡이도 개발했으며, 그들을 위해서는 많은 지원을 아끼지 않았다.

또한 지난 2월 16일 김수환 추기경의 선종에 따른 검소한 사랑의 삶이 공병우박사의 삶과 오버랩되어, 참된 삶이 무엇인지에 대해 반추하는 계기가 되었다. 어지럽고 혼탁한 사회 속에서 헤아릴 수 없이 많은 침묵의 다수인 선민들은, 추기경의 참된 가르침을 경청하고 있었다는 것이 재인식되었다.

내게는 그분이 LA에 오셨을 때 TV 인터뷰에서 "구원은 어떤 한 종교로만 이루어지는 것이 아니고 다른 종교를 통해서도 구원을 받을 수 있는 것이며, 또 천국을 오늘의 현세에서도 살라"는 말씀은 그분의 미소와 함께 내 마음에 각인 되어 있다.

올해 삼일절 90주년은 맞아 잊혔던 독립유공자들의 삶이 재조명되면서 우리에게 감명을 준다. "나의 길은 오직 하나"라는 독립정신을 고수하며 사시는 100세가 넘으신 최고령 독립유공자 구익균 옹, 최근에야 호적을 되찾았다는 단재 신채호 선생 그리고 이하전 옹 등의 대의를 위해 스스로 희생하는 삶은, 소유와 승자, 일등만 대접받는 오염된 사회에서 청정한 약수처럼 새로운 기운을 충전하게 하는 계기가 되었다.

우리 집안에도 독립유공자이신 김진성 큰아버님과 김승문 오빠(50년대 동아일보 편집국장)의 삶도 마찬가지였다. 내가 낳기 훨씬 전에 그분들은 독립운동을 위해 상해로, 일본으로 떠나시고, 한국에 남은 가족들은 예측할 수 없는 세월을 기다림 속에서 고심하면서 살았다. 해방이 되어 이 분들이 돌아왔어도 가정적으로 복잡한 어려움은 계속 많았었다. 독립유공자의 가족 하면 큰집이 떠오르고 선한 큰어머님의 질곡의 삶이 생각난다.

그분들의 뜨겁고 일관된 나라와 민족을 위한 희생적 의지의 삶이 있었기에 우리는 오늘의 독립된 자주 국으로 발전되어 세계경제 11위의 나라로 발돋움하게 되었다.

인생의 방향은 헤아릴 수없이 많다. 얼마나 노력하며 사회에 공헌하느냐가 인생의 지표라고 하신 공병우박사님, 남의 눈치보다는 옳다고 믿는 것을 실천하며, 소아보다는 큰 뜻에 따르며, 사랑을 실행하신 공안과 의사이신 공병우 박사님, 그의 넓고 실용적인 그늘에서 우리는 한글타자기로 헤아릴 수없이 많은 국가나 개인의 일을 처리해왔으며, 이제 컴퓨터로 상상을 초월한 만능의 일이 가능해졌다. 영원한 젊은이로 세상을 사신 공병우박사님의 기일에 깊은 감사의 뜻을 표하고자 한다.

개인적이고 이기적인 경쟁된 사회에서 그러나 우리는 옷깃을 여미며 진정한 삶의 가치에 대해서 생각해본다. 우리가 바라는 좋은 삶, 훌륭한 삶이라는 것은 만족, 열반, 행복과 같은 어떤 상태를 말하는 것이 아니라 매일의 삶의 과정을 의미하며, 목적지가 아니라 방향이라고 말한 칼 로저스의 주장을 다시 음미해 본다.

3-7-2009

명품의 의미

책을 읽을 때, 가끔 어떤 문장은 이성과 감성을 노크하며 깊게 감동하게 한다. 그 글에 필자의 영혼이 담겨있기에 밑줄을 긋고 반추하면서 음미하게 된다. 또한 글 속에서 작가와 합일해서 호흡하고 상상하며 영감을 나눈다. 오랜 세월 동안 많은 책을 읽고 많이 사색하면서 쓴 깊은 글을 읽으면, 즐겁고 감동되고 행복하다. 그런 글을 명 작가의 명문장이라고 하겠다.

요즈음은 유행의 첨단을 걷는 유명한 디자이너의 물건에 명자를 붙여 명품이라고 부른다. 명품이란 말이 유행어처럼 여러 곳에 쓰여져서 정확한 의미가 빗나갈 때도 있다.

친구 아들이 40을 훌쩍 넘었어도 결혼할 생각을 안 하면서 "남자는 나이가 많을수록 골드명품이 된다."고 너스레를 떤다고 한다. 최근 시사주간지 '뉴스위크'에서 미국인의 결혼상황의 단면이 나왔다. 남녀모두 학력이 높고 30대 40대에 결혼한 사람들이 오히려 동등하게 상호존중하며 삶을 향유하기 때문에, 20대나 어린 나이에 결혼한 사람보다 결혼생활이 더 안정되고 오래간다는 통계가 나왔다. 물론 모두에게 해당되는 말은 아니다.

조카인 K군은 중학교부터 조기 유학 와서 공부에 총력을 기우리드니, 명문대학과 의과대학은 거쳐 이젠 전문의사가 되어 병원에 근무하고 있다. 의대와 레지던트와 훼로우쉽을 거치면서 일하느라고 혼기를 놓쳐 노총각이 되고 말았다. 그래서 이모는 우리와 상의해서 결혼

상담소에 문의해 보기로 했다. 전화를 하니 우선 신랑감의 직업과 나이, 학벌, 키와 몸무게를 물어본 후 훌륭한 처녀들의 리스트가 많다고 알려준다. 며칠 후 상담소에서 전화가 왔다.

"그 명품 조카님과 잘 어울리는 신붓감이 나왔는데, 한번 나오시겠어요?"

"네? 명품조카요?"

명품이란 말이 시계나 핸드백, 지갑이나 넥타이에서 이젠 그 명품 계열에 사람까지 포함시키는 것 같다. 사람을 하나의 상품으로 비하하는 물질문명의 영향이 진동함을 느꼈다. 누구나 아름답고 멋진 양질의 물건을 사랑한다. 좋은 재료에다 세련되고 모양이 날렵하고 색의 조화가 아름다운 멋진 것을 보면, 우선 그 예술적 감각에 매료되어 터무니없이 비싼 가격에도 충동구매를 하게 된다.

명품을 충동 구매하듯이 결혼상대도 명품의 조건을 구비했다고 그 사람이 진정한 명품의 인격과 지성과 인품을 가졌다고 단정할 수는 없을 것이다. 명품이라는 조건을 갖췄다고 한 결혼은, 인생의 행복이나 가치를 표피적이고 찰나적으로 생각하고 물건을 충동 구매하는 것과 같을 것이다.

결혼은 사람과 사람의 결합이다. 사랑 없이, 성격의 조화 없이, 인격의 존중 없이, 이해와 인내 없이 하는 결혼은 한쪽의 희생이 강요되고 결국 이혼율만 높일 뿐이다.

명품이 행복을 가져온다고 주장한다면, 인위적인 조건이 애초에 없는 자연은 진정한 명품의 진수일 것이다. 비 오는 날 창밖을 바라보고 있으면 유년의 향수가 다가오고, 마음이 그리움으로 물들게 되며, 옛 추억으로 물안개 같은 슬픔이 가슴을 적신다. 순수한 마음으로 자연과 더불어 사는 것은, 겉으로 보기에는 화려한 명품의 삶은 아니지만 진정한 행복을 누리게 한다.

세계는 보는 자에게 아는 만큼 보여 지고, 생각하는 자에게 그 만큼 드러난다. 연암 박지원의 <코골기와 이명>이란 글에서 코고는 사람은 자신은 모르는데 남이 알고 지적하며, 이명은 자신은 아는데 남이 모르게 되니, 코골이나 이명만으로 세상을 다 안다고 생각한다면 두 사람 모두 편견의 좁은 삶을 산다고 하겠다.

행동은 마음에서 흘러나오며, 마음의 방향이나 가치기준이 행동으로 나타나게 된다. 우리의 행동으로 그 사람을 정의한다는 의미는, 우리의 인생행로에서 코골기나 이명의 편견 없이 올바른 가치관을 가진 길을 걸을 때, 비로소 완성으로 향한 인간일 수 있다는 말로 해석한다.

강물은 흐르고 흘러 바다에 도착하면 짠 바닷물로 바뀐다. 일회성의 인생에서 썩지 않는 바닷물에 가기 위해 산과 골짜기를 넘어 개울물이 되었다가 폭포가 되기도 하며 희로애락의 긴 생의 여행을 하게 된다.

우리는 우리 삶의 설계사이고 또한 우리 삶을 비판하는 독자이기도 하다. 2010년은 남은 내 인생의 진품설계사로 여생의 가치와 의미를 찾아가는 해가 되기를 기원한다.

2-13-2010 (한국일보)

생의 귀중한 만남……. 책

오랜만에 책 정리를 시작했다. 서적 마니아는 아니라도 좋아하는 책들이 책장에 꽂혀있어서 내 집이라는 행복감을 느낄 때도 많다. 그리고 그 책들을 나는 사랑한다. 서재정리는 우선 바닥과 책상 위에 쌓여 있는 책들의 먼지를 스위퍼로 닦고 정돈해서 분야별로 제자리로 옮기는 일이다.

> 이 세상 모든 책들이/ 그대에게 행복을 가져다주지는 않아/ 하지만 가만히 일러주지/ 그대 자신 속으로 돌아가는 길// 그대에게 필요한 건 모두 거기에 있지/ 해와 달과 별/ 그대가 찾던 빛은/ 그대 자신 속에 깃들여 있으니// 그대가 오랫동안 책 속에 파묻혀/ 구하던 지혜/ 펼치는 곳마다 환히 빛나니/ 이제는 그대의 것이리…….
>
> 허만 헤세의 <책> 전문

책을 사서 하루 밤에 다 읽은 책도 꽤 되는데, 그런 책은 아직도 저자의 사상이 감동으로 남아있다. 한 동안 보던 책을 어디다 두었는지 찾지 못해 애타했던 책이 이제야 눈에 띈다. 그런 책을 쓰느라고 저자는 얼마나 많은 각고의 노력을 기울였을까, 깊은 생각과 노력과 의지가 뭉쳐진 결과로 오늘 나는 편안히 앉아서 그의 무궁한 사상과 경험의 세계를 휘저으며 날아다닌다.

지난 3월 11일 입적하신 법정스님의 책도 몇 권 있어서 다시 새롭게 읽어볼 생각이다. 그분의 고적한 사색의 사생활이 글에 고스란히 묻어있어, 소유의 욕망으로 퇴색되고 있는 정신세계를 일깨운다. 법정 스님은 그분의 책들을 절판할 것을 유언으로 남겼다니 놀라운 일이다. 그 책들이 세속의 먼지 낀 곳을 닦아내는 역할을 하여 식자들을 감동시키고 생활에 정신적 일익을 해왔으며, 이제 고전으로 남아서 대대로 사람들에게 깊은 생활의 절제와 무소유의 의미를 전달할 수 있는 청전기가 될 텐데 몹시 아쉬운 마음이다.

책들 사이에서 오래 전에 선물로 받은 책을 찾았다. <Enten-Eller>, 덴마크의 키케어고르가 쓴 책으로 1843년에 Bictor Eremita라는 가명으로 출판된 원본이다. 어느 사상이나 처음에는 그러하듯 그의 첨예한 사상을 글로 발표했을 때, 모진 비웃음과 질시 속에서 경쟁자의 혹독한 비평으로 가슴에 멍들고 자존심에 심한 타격을 받았다. 그 험난한 사상적 논쟁의 틈바귀에서 그는 헤겔의 관념론과 루터교회의 무의미한 형식주의에 반대했다.

그의 사상의 논리를 완성하기 위해 그는 사랑하는 약혼녀와 헤어지고, 그의 주장을 이해하지 못하는 비판자들과 홀로 고독하게 싸우다가 결국 쓰러졌다. 그러나 그가 마지막으로 "얼마 머지않아 세계가 놀랄 것이다. 나의 사상이 세계의 지성을 휩쓸 것이다."는 말을 남기고 그는 떠났다.

그의 말대로 실존주의는 20세기 세계의 지성을 주도하고 지금도 우리의 뇌리 속에 존재한다. 이 책은 딸의 덴마크인 시부모님이 코펜하겐에서 구해서 보내준 선물이다.

1965년 손우성씨가 번역한 <몽테뉴수상록> 3권도 내게는 귀한 책이다. 20대에 남편을 따라 외국에 체재할 때, 두 달된 딸을 키우며 생활하면서 가장 힘들었던 것은 읽을 책이 없다는 것이었다. <몽테뉴수상록>은 당시 남편이 주문해서 선물해준 책으로 위편삼절(韋編三絶)이 되도록 애독했었다.

몽테뉴가 보르도우 시장 직에서 물러나고 여생을 그의 아름다운 몽테뉴성에서 독서생활로 접어들었을 때 "시칠리아의 왕 르네가 붓으로 자신의 초상화를 그렸듯이, 나는 펜으로 나 자신을 그린다."며 문학사상 처음으로 그의 사색과 사상, 삶과 죽음에 대해서 또 인생에 관해서 자기 자신에 대해 쓴 수상집이다. 오늘날 그 저서는 문학에서 훼손이 아닌 자신에 관한 글인 수필의 원조가 되었다.

"우리 일생동안 책 사이로 여행하면서 살자."던 제로옴과 알리싸, 그들의 맑은 세계는 문학의 미학을 따르게 하고 무궁무진한 상상의 세계로 끊임없이 항해하게 한다. 그렇다. 세계는, 시간은, 역사는 우리가 지향하는 여행의 도정이며 오늘을 살찌게 하는 토양이다. 우리는 과거로 여행하고 다시 책을 들고 오늘로 귀향한다.

책은 우리에게 간접적인 경험을 통해 상상력을 키워주고 새로운 지식과 지혜와 진리를 발견해서 미래를 내다볼 수 있게 하며, 인간으로 하여금 반성과 사유를 하게 함으로서 우리가 살아가는데 귀중한 만남이라 할 것이다. 어린 시절에 동화책과의 만남은 얼마나 큰 행운이었나!

3-10-2010 (한국일보)

최상의 X-MAS 선물

거리엔 크리스마스 장식이 화려해지고 쇼핑객들의 발걸음이 바빠진다. 예수그리스도의 탄생일인 크리스마스엔 모두 가족, 연인과 친지와 만나서 즐거운 한 때를 보내는 경건하고 뜻있는 이벤트이다.

나는 지난 33년 동안 Hallmark Store를 경영하면서 일 년 내내 발렌타인 날이나 이스터, 어머니날과 아버지날, 할로윈과 추수감사절 등 시즌과 직접적인 관계가 있는 바쁜 비즈니스였기에, 아이들과 시간을 함께 보내며 사랑과 믿음을 나눈다는 것은 더욱 어려운 생활이었다.

이제 아이들이 성장하고 독립해서 각자 자기 길을 가고 있어 고마운 마음이다. 그러나 한 인간이 완성되어 가는 과정이 타고난 유전자만이 아닌 복합적인 환경인자가 작용하고, 인성의 형성에 부모의 한없는 사랑과 믿음과 시간이 수반되어야함을 알기에, 크리스마스가 되면 지난날 애들이 느꼈을 상처가 짐작되어 매번 가슴이 아프고 후회하게 된다.

전쟁과 가난에 찌들었던 모국이 이제는 세계가 인정하는 부유국 대열에 끼었다. 전자제품의 발달로 삼성, LG, 현대 등 한국의 경제를 이끄는 자랑스러운 기업의 제품들을 어느 나라에 가나 쉽게 볼 수 있다.

그러나 한편, 한국에서 2009년의 사망원인 통계에서 10-30대의 사망원인 1위가 자살이라고 한다. 황금만능주의가 사회생활의 공통분모가 되어가고, 예술은 돈벌이의 도구로 하락되어, 우리 고유의 문화와 예술성의 특성이 변질되어 가는 한류라는 이상기류가 문화를 휩쓸고 있다. 단시일 안에 쏟아지는 문화의 변이는 우리에게도 어리둥절 혼란하게 한다. 시대에 따라, 나이에 따라 또 환경에 따라 젊은이의 고민과 번뇌가 다르게 나타난다. 부모가 이해할 수 있는 범위 밖에서 자녀들은 소외되고 외로워하고 괴로워한다.

TV에서 부유층의 거칠 것 없는 생활과 성공한 배우들의 화려한 삶, 순간적인 감정에 휘말리게 하는 랩과 현란한 댄스의 인기, 전국을 달려가는 먹을거리 소개, 세계 곳곳을 가는 자유로운 여행문화, 영상 문화를 휩쓰는 한류의 세속화함, 산업과 전자문명의 발달로 점점 벌어지는 빈부의 격차, 이 복잡한 현대를 살아가는 자녀들의 다층적 심정을 우리는 과연 살펴보려고 했던가?

리얼리즘과 깊이 있는 예술적 모더니즘을 지나서, 탈구조주의의 포스트 모던한 사회의식에 편향된 21세기의 첫 10년이 지나간다. 하나님이 주신 육체를 건강 때문이 아닌 외모지상주의에 편승해서 80대 노인도 성형을 하는 그래서 “이 좋은 세상 마음대로 사는” 자기 절제나 객관적인 판단력이 흐려진 혼돈된 가치가 지배하는 사회상이 일부에서 형성되고 있다.

이런 사회의식이 부모들이 100m를 뛰어야하는 미국의 이민가정에도 전이될까 걱정하는 부모님들이 주위에 있다. 보고, 느끼고, 즐기는 K-Pop의 인기가 세계를 휩쓴다고, 강한 한류의 수출로 무역수지를 올린다고 오히려 권장하고 있는 현실이다. 비판 없이 받아들이는 문화는 어린이들에게 이상기온의 옆길로 가게 할까봐, 매주 7일을 뛰어야하는 부모들을 노심초사하게 한다. 건전하고 밝고 예술적인 문화로 TV를 보게 하고 싶은, 고유하고 고상한 우리의 전통을 살렸으면 한다.

이제 은퇴한 후, 건강을 위해서 오늘도 그리피스 공원의 숲으로 들어가서 한참을 걸었다. 나무들이 온 주위를 덮고 옆으로는 산 위에서 내려오는 개울물이 밑에 가라앉은 나뭇잎을 추적이며 흐르고 있다. 통나무로 만든 울타리에 기대서 하늘을 보니, 잡목이 개울 위를 덮고 그 옆 언덕에 키 큰 참나무와 떡갈나무가 어우러져 하늘을 가렸다.

어둑한 몽밀(蒙密) 속을 지나서 나오니 햇빛이 빽빽한 나무사이를 뚫고 발밑의 낙엽에 내리 쏜다. 자연을 마음껏 품어 안고 사는 사람은 마음이 풍족한 사람이다. 천혜의 자연, 어린 시절부터 자연 속에서 사는 사람은 일생 순수한 마음이라는 재산을 갖고 살게 된다.

아직 척박한 현실에 접하지 않아서 순수한 어린 시절, 아이들에게 초록의 즐거움과 희망을 주자. 자연과 더불어 생명의 고귀함과 기쁨을 안겨주자. 현재의 매 순간 순간을 사랑하며 충실하게 살아가는 지혜를 알려주자. 다양한 생의 아름다움을 보여주자. 그래서 삶이란 행복한 것이라는 것을 알려주는 것이 부모의 의무가 아닐까!

"생명의 나무는 영원한 초록빛."이라는 괴테의 말이 가슴에서 소리친다.

바다는 하루에 70만 번이나 파도를 쳐서 스스로 새로워진다고 한다. 70만 번은 아니라도 기회 있을 때마다 주는 생의 경험이 지혜롭고 가치 있는 인생관으로 이어질 수 있도록, 아이들과 함께 걸으며 함께 생각하는 생활이 부모가 자녀들에게 주는 최상의 X-MAS 선물이 아닐까!

12-2010 (한국일보)

변해야 생존하는 세상

<보더스> 서점이 인터넷 물결에 밀려 파산한데 이어, 애플에서는 '아이패드4'가 나왔다. 근래에 우리 동네 샤핑몰에 있는 <반스앤노블>서점이 문을 닫았다. 그래서 글랜데일 갈러리아에 있는 서점으로 가봤는데, 책들의 종류도 전과 같지 않고, 럭서리하고 편안한 느낌이 줄어들었으며, 손님들이 분비지 않는다.

아침마다 커피 한 잔과 더불어 세상을 읽는 신문에도 인터넷 강풍이 몰아치고 있다. 이젠 종이 신문대신에 스마트 폰으로 대체하게 되어 지구의 문화 지도는 바뀌고 있다.

책과 함께 도도하게 이어온 역사가 인터넷 혁명에 휩쓸려 두뇌 속에 입력해온 가치와 의미의 주춧돌이 흔들리고 있다. 우리는 새로운 인터넷 쓰나미를 소화할 마음의 준비가 되어있는가?

홀마크 카드 회사가 다른 카드회사보다 먼저 컴퓨터를 도입해서 미국의 시장점유율 42%까지 차지하며 승승장구했었는데, 아이로니컬하게도 그 인터넷(e-mail) 영향 때문에 고전하며 매년 3억 달러의 손실을 본다고 했다.

그 와중에 내가 33년 동안 경영하던 홀마크 상점도 문을 닫게 되었다. 한 때는 우리 상점이 같은 사이즈 중에서 미국에서 넘버 1의 매상을 올려서 본사에서 상품과 감사장을 받기도 했었다.

계산기를 쓰기 전에는 암산이 잘되었으나, 이젠 아이들도 암산에 어두워서 기계에 의존하고 있다. e-book에 3,500권의 책을 담을 수 있고, 위키피디아는 브리타니카를 무용지물로 만들고 있다. 무엇이던지 빠르고 간단하고 편리한 것이 우세해서, 집중력이 분산되고 사색하는 뇌가 뒷걸음질치고, 기억력과 감정의 깊이나 자유로운 영감이 기계에 저당 잡히고 있다.

독일의 신학자 아켐피스의 "내 이 세상 도처에서 쉴 곳을 찾아보았으나, 마침내 찾아낸, 책이 있는 구석방보다 나은 곳은 없더라."는 심도 있는 사색과 침묵의 독서생활이, 지금 가벼운 현대문명의 회오리바람에 빛을 잃어가고 있다. 또한 만 권의 책을 읽으면 성인이 된다는 채근담의 성어는 그저 책 속의 판박이 문장으로 남게 되었다.

오랜 세월 <현대문학>이나 <타임>지를 빼지 않고 모은다거나, 신문스크랩과 철학사상을 마음에 저축해왔던 모더니즘 마니아들, 아날로그시대를 그리워하는 out of date의 이민 1세들은 시대의 밀물을 감당하지 못하고 썰물에 휩쓸리지 않으려 안간힘을 쓴다.

햄버거와 코카콜라로 한 끼를 때운다. 참 쉽고 간단하다. 쉽게 얻은 지식은 순간의 허기는 달래주겠지만, 어느 때가 되면 우리의 전통적 음식인 밥과 국과 김치가 그리워진다. 그리고 요리를 하는 시간이 필요한 전통요리가 곧 우리의 익숙한 삶의 리듬이며 과정임을 알게 된다.

"글로 쓰인 모든 것 중 내가 제일 좋아하는 것은 자신의 피로서 쓴 글이다."고 니체는 말했는데, 글로서 자신의 사상을 전달하는 일은 자신의 정신을 쥐어짜듯 힘들고 괴로운 도정이며 영혼이 긷든 과정일 것이다.

책은 진리와 지식의 심연을 자맥질해서 순연한 내 것으로 걷어 올리게 해주며, 시간과 무한을 해부해서 내 존재의 정의를 밝혀주어 궁극의 실체를 찾게 해준다.

우리가 사는 세상은 무수한 언어와 감성으로 써진 책들로 가득 찬 도서관이다. 그 도서관을 천천히 지나며 형용할 수 없이 아름다운 자연과 생활의 미를 산책할 수 있다.

인터넷 서핑으로 대부분의 사람들은 겉모습의 화면만 보고 대충 지식을 습득하게 된다. 이면의 고뇌와 생존과 사랑과 신비한 생명은 얻기 어렵다. 화폭을 붓질하는 화가의 파랫트엔 깊은 바다 속을 걸어서 천국과 지옥을 건너온 삶이 묻어난다. 정신세계의 공명은 오랜 세월 파도와 바람에 부딪히며 마모되어 찾아지는 성역이다.

순간에 세상을 켜고 순간에 끄는 인터넷은 우리의 일상을 참으로 편리한 세계로 이끌지만, 책을 등한시하는 삶 또한 절반의 삶을 사는 것이라 생각한다.

큰 기업들이 일반대중의 구매유혹을 자극하는 상품들을 생성해내고, TV방송국의 윤리성은 이윤추구라는 필 욕의 덫에 걸려 반문화적 반사회적 프로그램을 짜내고 있다. 이런 현상은 바보상자 TV에 의해서 청소년 문맹률을 더욱 높이는 역리현상이 이루어지는데, 과연 어떤 처방 약이 필요한 걸까?

광속으로 변하는 21세기의 하루인 오늘도, 누군가는 영감으로 가득 찬 눈빛으로 사색하며, 고상한 정신세계와 소박한 삶의 기쁨을 찾아, 속물주의의 실존을 떠나 책을 구해 독서에 몰두할 것이다. 달빛이 은은한 아름다운 밤이다.

3-11-2011 (한국일보)

빛의 길…….

- 김하태 박사님을 추모하며 -

지난 3월 16일, 하늘은 푸르고 공기는 맑고 차가운 바람이 살갗을 스치는 로즈 힐 언덕에, 김하태 박사님을 존경하는 지인 들이 모였다. 오늘은 그분의 5주기, 생을 달관하시고 그대로 받아드리는 그분의 엷은 미소가 우리 주위를 맴돌았다. 말씀보다 더 깊은 마음으로, 지혜와 사랑으로 생의 매 순간을 긍정하셨던 분, 종교와 삶의 철학을 몸소 보여주셨던 분, 그분은 91세를, 골짜기의 물줄기로 시작해서 굽이굽이 흘러 대양에 이르셨던 분. 많은 분들의 멘토가 되셨던 그분의 삶을 회고하며 그분 생전의 말씀을 추억하는 시간을 가졌다.

> 빛은 태양에서만 비치는 것이 아니었네 / 생의 순간순간을 호흡하시며 / 맑은 물로 씻어 주시던 빛이여 / 스스로 반사해서 남을 비추나 / 그늘 안에 머무시던 부드러움이여 / 진정 멋과 미를 품으시고 / 지성과 사랑으로 / 세상을 다 해독하고 이해하시던 / 앞서 가신 선각자여! /// 빛을 따라 가는 길 / 삶은 언제나 현재이기에 / 있는 그대로 / 자연 그대로 / "당신의 모습대로" / 다 보시고 아시고 감싸 안으셨네 / 비록 그 빛은 사라졌지만 / 사라지지 않는 사랑의 빛으로 / 시간을 넘어서 / 언제나 오늘에 머무시네/// 푸른 하늘 떠가는 흰 구름이여 / 골짜기를 지나는 솔바람이여 / 일렁이며 흐르는 강물이여 / 들리시나요 / 우리의 애타게 부르는 소리 / 그리운 분이여 / 사랑합니다 / 사랑합니다 ……, 본인의 시 (빛의 길 부분)

돌아오면서 누구에게나 피치 못하는 죽음에 대해, 생자필멸의 진리를 생각해봤다. 버나드 쇼어의 비석에는 '우물쭈물하다가 내 이럴 줄 알았다'는 묘비명이 써있다고 한다. 삶에 취해서 앞으로 누구에게나 닥칠 죽음을 외면하고, 남의 일로만 생각하고, 죽음의 두려움에 생의 진실을 눈감는다고 해서 화살이 옆으로 지나가는 것은 아니다.

마침 연경반(다석 유영모의 사상연구)에서 "죽음에 대하여"란 명제를 발표하게 되어서, 준비하느라고 다석의 사상과 더불어 많은 철학자들, 고전에 나타난 문인들의 생사관을 돌아보게 되었다.

삶이나 죽음에 대해서 더 아는 만큼 생의 지혜를 얻게 되고 남은 삶을 더 사랑하게 될 것이다. 우리는 죽음에 대하여 피할 것만이 아니라 더 진지하게 생각해보고, 어차피 누구에게나 언제인가는 오는 과정이므로, 이해하고 준비함으로 마음의 여유를 갖게 될 것이다. 또한 역사적으로 이 지구상을 거쳐 간 선지자들의 생각을 드려다 봄으로, 죽음에 대한 두려움에서 벗어날 수 있다고 생각한다.

언젠가는 죽을 수밖에 없는 인간의 운명에 대해, 많은 예술인들이 분노하고 저주하며 그들의 예술 혼을 불살랐다. 삶의 무게에 짓눌려 폭발하듯 폭염의 짧은 생을 살다간 예술가들의 절망에 비해, 자연과 더불어 자연 속에서 살다간 허만 헤세의 "죽음은 삶의 연속"이라는 그의 사상은, 죽음은 끝이 아니라 단지 삶의 연속이라는 그의 인식은, 우리들에게 위로를 준다.

실존주의의 비조인 키어케고르의 <죽음에 이르는 병>에서 "절망은 죽음에 이르는 병"이라고 했다. 절망은 무 신앙을 말하며, 또 절망은 죄를 말하고 자기소외를 말한다. 인간의 절망이란, 신을 상실한 상태이며, 절망에서 탈출하는 길은, 인간이 자기회복의 실존을 찾아가는 길과 신을 믿고 신 앞에 서는 것이라고 했다. 그는 이 세상에 진정한 크리스천은 예수님 한 분이라는 말을 남겼다. 파스칼도 하나님을 모르고, 비참한 상황만을 생각하면 절망이 뒤따른다고 하지 않았는가.

<말테의 수기>를 쓴 시인인 라이너 마리아 릴케는 그가 장미가시에 찔려 백혈병으로 운명하기 전에 남긴 노트에서, 삶과 죽음을 “여기와 저기” 라고 써 놓았다고 한다. 삶과 죽음이 연결된다는 의미일 것이다.

다석 유영모선생은 “죽음이 끝이 아니라는 것을 깨닫는 것이 신앙이며, 종교의 핵심은 죽음, 죽음을 이기자는 것이 종교다. 영원히 사는 것은 얼나[靈我]이며, 몸은 흙에서 왔으니 흙으로 돌려 보낸다”는 죽음에 관한 종교관을 가졌다.

또한 “우리가 신앙을 가진다는 것은 우리의 시선을 한층 높이어 하나님의 안목으로 이 세상을 내다볼 수 있는 능력을 기른다는데 있다” 는 김하태 박사님의 말씀을 다시 음미해 본다.

4-14-2012 (한국일보)

제 4 부

지구는 안녕하신가?

AIDS, 광우병, 구제역, 다음은?

태양계의 작은 별인 지구는 만물의 영장이라 일컫는 인간들이 사는 곳이다. 우리 인간들은 많은 종류의 동물들과 식물들과 산과 바다와 강과 더불어 자연의 질서와 조화를 이루며 작은 별에서 살고 있다. 그런데 최근 인간들에게 생소한 병들이 급속으로 파급되어 지구 전체가 수런대며 흔들리고 있다. 바로 AIDS, 광우병 그리고 구제역 바이러스가 인간들을 공포의 도가니로 몰아넣고 있다. 그런 병들은 왜 생겼을까?

> 현재 남아프리카 지역은 AIDS 병이 번져서 국가의 생존마저 위협한다고 한다. 70년대 후반부터 현재까지 AIDS로 사망한 숫자는 1700만 명이나 되며 앞으로 적어도 2500만 명이 그 뒤를 따를 것이고 또한 부모사망으로 인한 고아가 현재 1200만 명에 달한다고 한다.
>
> (타임지-2/20/2001)

영국에서는 1996년부터 시작된 광우병으로 이미 30여만 마리의 가축을 도살했으며 아직 전염되지 않은 가축을 보호하기 위해 20여만 마리의 가축을 더 도살해야하며 현재 미국을 포함한 90여 개 국에서는 유럽산 육류를 수입금지하고 있다. 이는 세계무역에 큰 위협이 될 것이라 한다. 지난주 버몬트 주에서는 광우병으로 의심되는 벨기에산 양이 첫 발견되었으며 또한 광우병으로 2명의 사망자가 생겨서 미국도 이젠 안심할 수 없게 되었다.

지난달에는 유럽에서 그 동안 잠잠했던 구제역이 폭발적으로 번져 이제 남미까지 확산되었다고 하며, FAO는 구제역에 안전한 나라가 없다고까지 경고하고 있다. 구제역 피해가 만연되어가고 있는 아일랜드에서는 그들의 최대 명절인 3월 17일 성 패트릭의 날 축제마저도 취소했다. 앞으로 인간들이 사는 지구에 또 어떤 두려운 병이 발생할지 누가 예측할 수 있겠는가.

현대에 들어와서 과학은 계속 발달하고 있으며 과학이 발달하면 할수록 합리적인 사고만 접속시키면 우리 인간들이 잘살 수 있다는 긍정적인 면도 있지만 그 부작용도 크다는 것을 실감하게 되었다. 인간이 달을 정복한 것(1969.7.21)은 이제 옛말이 되었다. 인간의 한정된 두뇌로 그 크기를 상상하는 것조차 불가능한 우주를 인간들이 속속 탐색하고 추리해서 조금씩 정복해가려고 하고 있다. 그뿐이랴, 머지않아 복제인간이 태어나게 될 것이며, 인간게놈 연구가 더 진전되면 DNA 염기들의 기능이 밝혀지게 될 것이고 먼 장래에 인간이 디자인한 패턴대로 원하는 종류의 규격화된 인간이 태어나게 될는지도 모른다는 생소한 일이 연구되고 있다.

과학의 발달로 우리들의 일상의 삶도 획기적 발전을 해서 모든 면에서 신속하고 편리하고 실용적이 되었으며 또 우리들을 여러 가지 병에서 해방시켜주고 수명을 연장시켜주었다.

그러나 한편으로는 산업쓰레기가 쌓이고 지구환경의 오염으로 오존층에 구멍이 생겼으며 자연의 섭리를 역행함으로 자생되는 불청객의 병들이 생기게 되었다. 우리 인간들의 끝없는 욕구로 자연적 생태계의 질서를 파괴해서 발생하는 환경의 피폐는 결국 부메랑처럼 인간들에게 돌아오고 있는 것이다. 과학의 발달은 목적만을 향해 부작용의 대책 없이 달리는 경주 같아서 경이와 함께 두려움이 앞선다.

일부 현대인들은 과속으로 발달하는 물질문명 속에서 건전한 인간성의 상실로 전통적인 도덕과 종교와 삶의 심미적 가치를 혼동하고 있다. 과학의 발달은 산업사회를 가져왔으며 지나친 물질문명에 기울어져 정신문명을 경시하게 되었다.

물질만능주의 사고는 사람들 사이에 팽배해져 돈이 되는 일이라면 사양하지 않게 되었다. 만능의 돈을 버는데 자연생태계의 파괴쯤이야 그들이 꺼리겠는가, 동물들은 물건으로 취급되어 동물들의 자연적 삶은 삭제되었다. 물건이 빨리 커지도록 과학이 한몫 거들었으며 도덕이 결여된 물질문명이 동조했다.

그러면 우리는 어디로 가서 현대병의 처방을 구할 수 있을까, 다른 별로 다시 이민을 가야하나? 아니다. 인간이 자초한 문제는 인간스스로 해결을 모색해야 한다. 인간은 과거에도 무서운 난치병인 페스트, 수두, 폐병 등을 연구해서 치유하는 약을 발명해냈다. 그러므로 현재를 지혜롭게 예방하며 헤쳐 나가는 것이 우선 우리의 과제이다.

AIDS는 보편적 삶을 벗어난 향락 추구의 부산물이며, 광우병이나 구제역은 인간의 이기적 욕심으로 발생한 결과가 아닌가? 인간들은 그들의 물욕을 위해서 의심 없이 사람을 순하게 따르는 선한 소와 양과 돼지에게 무슨 짓을 하였는가?

자연의 순리에 위배되는 삶은 재앙을 불러올 수도 있다는 것을 보았다. 지구도 우주의 질서를 따라 궤도를 도는데 하물며 우주의 미세한 입자인 인간이 이에 역행할 수 있겠는가!

3-29-2001 (중앙일보)

지구는 안녕하신가?

밤하늘의 별들은 예나 지금이나 맑고 푸르게 빛나고 있다. 지구는 안녕하신가? 아스라이 먼 은하계의 별들이 안부를 묻고 있다. 그러나 지구는 우주의 다른 별들처럼 안녕하지 못하다. 지구는 미열이 나며 몸살을 앓고 있다.

만물의 영장인 인간들이 만들어낸 공해물질로 지구는 오염되고 있다. 푸른 하늘은 베기 가스로 희뿌옇게 가려지고 이상기후로 더 무더운 여름을 치르고 있으며 오염된 물과 공기로 점점 훼손되어가고 있다. 인간들은 공해물질과 공생하고 있다.

지난 주 벤 나이스 지역은 온도가 110(F)도까지 올라갔다. 이제 지구의 온난화는 일상생활에서 피부로 느낄 수 있게 되었다. 대량생산에서 화학연료를 태울 때 발생하는 가스와 자동차 베기 가스 및 화산폭발의 분진 등이 지구온난화의 주범이 된다고 한다. "교통사고로 죽는 사람 수보다 대기오염에 의한 사망자 수가 더 많다."고 카네기 멜론 대학의 데브라 데이비스 교수가 조사 발표했다.

그럼에도 부시 대통령은 지금 행동에 옮기는 것보다 연구를 더 해보아야할 것이라는 구차한 이유를 대고, 그에게 정치적 지지를 주는 굴뚝산업자들의 로비로 9년 동안에 걸쳐 만든 1997년도 "교도의정서"를 쓰레기통에 던져버렸다. 하기야 세계 65억 인구 중 약 4%인 2억7천만의 인구를 가진 미국에서 세계 온실가스의 25%를 방출하고 있으니 자국의 경제발전상 현실을 의식하지 않을 수 없었을 것이다.

지난 4월 19일자 타임지에는 핵전쟁과 소행성 충돌을 제외하고 제일 무서운 것이 지구의 온난화일 것이라고 경고했다.

유엔보고서에서는 1990년대에 들어와서 석유, 전자공학, 원자력 등의 공업화가 확대되면서 생겨난 베기 가스와 폐수, 방사능 등으로 지구환경을 오염시키어 지구가 더욱 뜨거워졌으며 그 여파가 야생생태계의 420여종의 동식물에 영향을 줄 것이라고 했다. 지구온난화가 가져오는 영향을 연기할 수는 있어도 피할 수는 없다는 보고와 함께 지구는 2100년에 가서는 온도가 2.5 F-10.4 F가 올라갈 것이라고 경고했다.

인도에서는 1998년까지 50년 동안에 2500여명이 더위로 사망했다고 한다.

지구의 온난화 징조는, 아프리카에서 제일 높은 킬리만자로 산을 덮은 얼음이 앞으로 15년 후면 완전히 녹아 없어질 것이며, 1000년 후엔 그린란드 남극의 얼음이 녹아 바다의 수위가 30Ft나 올라가서 후로리다주는 역사에만 남게 될 것이라고 한다.

브라질 아마존 강의 열대림은 벌목 자들에 의해 해마다 16만Km^2씩 사라진다고 한다. 대기의 아황산가스를 중화시켜주고 인간에게 필요한 산소를 공급해주는 나무들이 사라짐은 조만 간에 사람들의 건강에 직접적인 피해를 입힐 것이다.

국가 간의 이해관계도 세계화시대에 들어서서 만인이 만인에 대한 경쟁관계로 대치되어 어떤 대가도 불사하며 생존을 위한 투쟁의 시대로 변화하고 있다. 인간들은 주위 환경변화의 메시지는 모른 채 우선 잘살아보자는 것이다.

얼마 전 신문에 보도된 데로, 후발 공업국인 중국은 오는 11월에 WTO(세계무역기구)에 가입될 것이고 중국서부대륙(한반도의 28배, 중국대륙의 56%) 개발계획 12건을 발표하며 엄청난 자금을 쏟아 붇는다니 이 대역사의 용트림에서 나오는 낙진을 어떻게 감당할 것이며 한국에 날아오는 황사는 어찌할 것인가?

그러므로 미래의 세대를 위해서 위기에 처한 지구를 구하자는 취지하에 1992년 세계185개국 지도자들과 NGO 대표 등 3만 여명이 모여 지구온난화문제, 대기오염방지, 산림보호, 동식물보호 등 브라질의 "리우선언"채택을 우리는 상기하며 다 같이 마음을 모아 지지해야한다고 생각한다.

며칠 전 한 여성이 카드 여러 장을 사러왔었다. 나는 당연히 그의 카드를 종이봉투에 넣어줬다. 그는 셈을 치른 후 봉투에서 카드를 빼고 봉투를 되돌려준다. "Save Nature!"하며 빙긋 웃는다. 그렇다. 우리는 각자 'Save The Earth'를 할 수 있는 작은 방법들이 있다. 홀마크 샾에 와서 봉투를 돌려주는 사람들은 한둘이 아니다. 매일 여러 번 접하게 되는 친 지구인들이다.

인간은 자연과 하루도 떨어져서 살 수 없는 자연의 일부이다. 우리는 자신과 우리의 자손들을 위해서 우리 모두 환경운동가가 되어 환경을 지켜나가야 하지 않겠는가? 그것이 우리가 살아남는 길이고 우리의 후손들이 살아갈 수 있는 길일 것이다.

은하계에 흐르는 수십억의 별들이 묻고 있다. 지구는 안녕하신가?

8-23-2001 (중앙일보)

모국의 현황

9월이면 이제 가을인데도 며칠째 따뜻하고 화창한 날씨가 계속되고 있다. 이런 날씨엔 이락과의 전쟁도, 서울에서 소용돌이치는 정치적 정쟁도 잠시 잊게 된다. 뒤뜰 그늘진 곳에 모아 두었던 신비디움에 물을 주고 내년 봄의 아름다운 꽃을 연상하며 돌아서는데 의자 위에 놔두었던 아침신문에 시선이 갔다. 미국이 이락에 폭격을 가했으며 이락이 유엔 사찰단의 조사를 무조건 받겠다고 했다고 한다.

또한 신문에 한국의 어지럽게 엉켜진 정치인들의 심각한 정쟁도 대서특필되었다. 한국의 여당과 야당의 어지러운 정쟁뿐만 아니라 부정부패와 사회적 부조리가 막다른 골목에 부딪쳐서 외쳐대는 소리가 지구를 돌아서 아메리카 대륙까지 들리는 것 같다.

얼마 전 서울에 사는 친구 S가 LA에 왔다며 연락이 왔다. 우리는 오랫동안의 회포를 풀려고 둘이서 만났다. 그녀는 고등학교 때의 내 단짝이다. 어린 시절 이유도 없이 서로가 좋아서 항상 붙어 다녔다. 방과 후 을지로 5가에 있는 학교에서 청량리에 있는 친구 집까지 가서 숙제하고 놀다가 늦은 저녁 안암동 집에 돌아와도 피곤한 줄 몰랐다. 읽었던 책의 스토리를 이마를 맞대고 얘기해주면 S는 눈물을 글썽이며 듣곤 했는데, 설마 지금까지 그 스토리들을, 그 설레었던 여린 감정을 기억할 줄은 몰랐다. 우리는 대학도 같이 다녔다. 졸업 후 그녀는 30여 년 동안 약국을 하며 두 시동생들을 고시에 합격하게 뒷바라지했으며 아이들은 미국에 유학 보내서 교육시켰다. 이해심 많고 성실한 친구는 아름다운 가정을 꾸며서 잘 살고 있었다.

"우리 사돈 맺을까? 우리 딸이 미스 코리아처럼 예쁜데......" 그녀의 제안에 나도 대 찬성이었다. "한데 약국은 어떻게 하고 여행 왔니?" 남편이 작년에 정년퇴직 했다고 한다. 이제야 시간을 내어 같이 여행할 수 있다며 기뻐했다. 연세가 어떻게 되시냐는 내 질문에 문득 "응 59세" 한다. "59세? 그러면 우리보다 젊잖아?"라는 내 질문에 그때야 어색한 듯 "사실은 64세야. 한국에선 나이 많으면 직장에서 눈치 보이거든......" 친구는 무의식중에 한국에서처럼 대답한 듯했다. 나이가 많다고 직장에서 대우를 받는 것이 아니라 눈치를 보며 생활하는 서울의 현실이 안타까웠다.

작년엔 남편의 친구 부부가 세계 여행 중 우리 집에 들렀다. 그분은 국가공무원의 최고위직까지 올랐으나 재산문제로 퇴직 당한 분이다. 들리는 얘기로는 부인이 땅 투기로 거부가 됐다고 한다. 젊은 시절 남편과 절친한 친구이며 나하고도 안면이 있었다. 부엌에서 정성들이여 음식을 작만 하고 있는데 부인이 부엌으로 왔다. 미국생활이 여자들에게는 너무 힘든 것 같다며 위로해준다. 그녀는 "저이가 퇴직한 후 집에만 있으니 친구들하고 전화도 맘대로 못하고 모임에도 못 나가니 불편하다."고 한다. 밖에서 활동을 많이 하느냐는 내 질문에 동창모임과 학부모 모임 등 일주일에 4번 이상 나가게 된다고 했다.

서울에서 온 두 친구 집을 보면, 내 친구 S는 30여 년간 말없이 가족을 위해 약국에서 밤 11시까지 일을 했으며 남편이 은퇴한 후 따뜻하게 맞이하여 더 행복하게 생활하고 있다. 다른 친구 집은 비록 거부는 되었어도 남편이 집에 있는 것을 자기 생활의 구속이라 생각해서 불편해하고 있는 것 같다. 일생동안 일한 남편이 은퇴 후 갈 곳이 어디이겠는가, 그 동안 자신이 희생하며 지켜왔던 가정이 아닐까!

이런 일이 일반적 가정에서도 일어나고 있다면 이것은 사회적인 문제가 될 것 같다. IMF 이후 명퇴자나 직장을 잃은 가장들이 가족에게는 출근하는 것처럼 아침에 집을 나와서 거리를 헤매다가 저녁에 집에 들어가는 사람들이 많다고 한다. 또 어떤 사람은 아예 노숙자가 되었다고도 한다.

심각한 사회현상이다. 가장이 곤경에 처했을 때 제일 먼저 알아야 할 사람이 가족일 것이다. 다른 누구와 상의하고 앞으로의 진로를 결정할 수 있을까? 항해하는 데는 선장도 있어야 하지만 키잡이도 제구실을 해야 할 것이다.

정직하게 일하는 소시민들은 앞으로 어떻게 살란 말인가? 퇴직 당한 가장들은 무엇을 해서 가족을 부양할 것인가? 그들의 정신적 고통과 소외감을 누가 어떻게 보상해줄 수 있는가? 공연히 삭일 수 없는 억 감정이 용암처럼 분출하며 마음을 괴롭힌다.

부정과 비리로 사회가 먹칠되었는데 뿌리 깊은 부조리의 개선책은 없이 겉모습만 더 많이 서구화되어 정신적 지주가 흔들리고 있는 것 같아 공연히 답답하다.

9-08-2002 (중앙일보)

우주적 시각으로 본 인간들의 갈등

매일 저녁 8시가 지나서 동네 주위를 한 바퀴 도는 것이 즐거움이 되었다. 문밖으로 나가면 차가운 저녁바람이 피부에 와 감긴다. 벌써 어두워진 보도로 내려서면 검게 솟아있는 뒷산이 앞을 막아서고 바위산에 엉기성기 뿌리박고 서있는 나무들이 더 울창한 그림자로 먹칠되어온다.

산 너머로 해맑은 달이 얼굴을 내밀고 있다. 하긴 지구에서 달까지 광속으로 1초 정도밖에 걸리지 않는다니 달은 가장 가까운 이웃이 아닌가! 언제나 가까이 떠있는 달이 말갛게 가득 채워져 그 무게로 어느 순간 떨어질 것 같아 얼른 받아 안고 싶어진다. 자연은 동요하지도 설레지도 않는데 지구촌의 인간들은 방황하고 갈등하며 우주의 하루살이 피조물인 것을 모르고 와우각상의 아귀다툼을 하고 있다.

유한의 생명체인 인간들은 한정된 시간 안에서 무엇인가를 이루려고 잠 못 자며 고뇌한다. 선과 악, 육체와 정신, 삶과 죽음, 현실적인 욕망과 미래의 꿈, 미추 등의 상극의 갈등 속에서 사라져 가는 시간과 더불어 존재의 허무를 실존 속에서도 느껴야하는 우리들이다.

여기에 미국의 현대적 자본주의는 절대 개인주의와 상업주의를 부추겼고 가족단위가 해체되고 가족의 유대가 희박해지면서 삶의 가치기준이 혼돈되고 있다. 사회의 발달과 적응과정에서의 혼란으로 기존도덕이 허물어지고, 달러와 쾌락을 쫓는 본능적 충동적 생활이 근원이 되어 미국문명을 좀먹는 미증유의 병균이 사회 곳곳에 아메바처럼 서식하고 있다.

이런 모순된 현실 속에서 아메리칸 드림을 이루기 위해 첵 캐싱을 하든 H씨는 목숨을 잃었으며 또 며칠 후 가게를 오픈 하려던 K씨는 강도의 피습을 받아 부상을 당했다. 마음 저리게 슬프고 억울한 마음을 누구에게 호소할 수 있을까? 이렇게도 절박한 일들이 비일비재한 오늘의 현실을 우리는 어떻게 극복해 나갈 것인가?

점점 오늘만 있고 내일이 없는 사회, 불나비같이 순간적인 행복 추구 자가 되어버린 오늘의 사회상, 영혼이 부재한 인간 집단 속의 현대생활은 그래서 각박하고 메마르지 않을 수 없다. 모래바람이 부는 인간관계에서 표피적인 관계만이 이어지고 물질적이고, 기능적인 우정만이 교통하고, 달러로 계산되고 계약으로 문서화된 사랑이 통용되는 현대사회에서 순수한 인간성은 점차로 퇴색되어가고 소멸되어 가고 있다.

인간들의 고뇌를 아는 걸까? 이름을 붙여주기에는 너무나 아득한 거리에 있는 별들이 보일 듯 말 듯 빛을 반짝인다. 최근 지구의 생명의 씨앗이 우주로부터 왔다는 학설이 발표되었는데 저 광활한 우주의 별무리 중 어느 별에서 아미노산이 묻혀왔을까?

우리가 육안으로 겨우 볼 수 있는 안드로메다 성운은 광속으로 2백만 년 걸린다니 그 성운의 2백만 년 전의 모습을 우리는 이제야 보고 있는 셈이다. 거리가 멀다는 것은 시공을 넘어 현재에서 과거를 볼 수 있다는 것이 아닌가? 우리도 우주적인 시각으로 현재에서 지나간 먼 과거와 먼 미래를 역사적 안목으로 볼 수 있다면 오늘의 부조리를 해결하는 실마리를 찾을 수도 있을는지 모르겠다.

인간의 두뇌로 셈하기 어려운 천문학적 거리 뒤에 우주는 엄연히 상대성의 질서로 존재하는데 자연에 비한 인간이라는 생명의 의미는 무엇일까? 무한대의, 무변의 저 우주는 그러나 끊임없이 유전하는 우주의 리듬 속의 정적으로 아무런 해답이 없다.

지구촌에는 가뭄과 홍수가, 불경기와 범죄와 불안이, 또한 희망과 기쁨이 점철되고 올해도 테러할 살상무기를 제거하기 위해서 지구촌에는 전쟁이나 힘겨루기가 일어날 것 같다. 이 복잡한 인간들이 사는 지구를 지나서 달은 내일 다시 내일의 밤을 위하여 떠오를 것이다.

달은, 달을 보며 걷는 동안 현실을 떠나 무한한 우주의 숨결을 마시며 지구촌의 스모그 같은 혼란한 마음을 수습할 수 있는 여유를 준다. 그래서 "타락일로에 있는 사회 병균을 상대로 저주나 절망이나 기도는 무의미한 것이며 오직 우리 인간의 힘을 다하여 묵묵히 냉철하게 의사와 같이 병균과 싸워 이겨야 한다."는 카뮈의 "페스트"에 있는 말을 되새겨 보게도 된다. 우리에게 순수 무구한 자연이 옆에 있다는 것은 얼마나 행복한 일인가!

8-17-2002 (중앙일보)

지구오염을 막을 수 있을까?

밤새 소리 없이 비가 내렸나보다. 새벽에 뒤뜰에 나가니 타일바닥이 비에 젖어있고 나뭇잎에서 물방울이 뚝뚝 떨어진다. 날이 채 밝기 전 차가운 새벽 공기 속에 안개비가 실바람처럼 흩날린다. 화초들에 물을 주고 나니 셔쓰가 눅눅해져서 새벽기운이 차갑다.

120년 만에 최고의 더위로 기승을 부렸던 이번 여름의 끝머리인데 벌써 계절의 변화조짐이 보인다. 그칠 줄 모르는 인간들의 욕망이 만들어내는 환경의 오염으로 지구도 몸살을 앓고 있는 것 같다.

그러기에 지구열병을 치유해보고자 1992년 6월 리우에서 지구환경회의가 있은 후 10년 만인 이번(8.26-9.4-2002)에 남아프리카의 요한네스 버그에서 다시 지속가능발전을 위한 세계정상회의(WSSD)가 열리는 것이 아니겠는가?

10년 전 당시 유엔 사무총장 갈리는 "우리는 우리자신들을 위해서가 아니라 우리들의 후손들을 위해 지구를 구하려는 이 역사적인 회담을 진지하게 진행해 나가자."고 전제하고 선진공업국가들은 지구온난화에 책임이 있으며 후진국들은 지구자원 파괴에 책임이 있다고 지적한 것은 지금도 새겨볼 말이다.

189개국의 정상급 정부대표와 국제기구, 비정부 민간환경단체 등 6만 여명이 참석하는 이번 회의는, 1992년 브라질의 리우데자네이루에서 185개국 대표들 3만 여명이 모여 지구 온난화문제, 대기오염방지, 산림보호, 동식물보호, 인구조절 등의 문제와 지속발전가능을 추구하기로 결의한 "리우선언"의 성과를 평가하고 앞으로의 실천할 일과 목표를 토의하는 모임이다.

그러나 이번 회의도 지난번과 마찬가지로 기업의 세계화에나 도움이 될 뿐 개발도상국의 빈곤 퇴치에는 효과가 없을 것이라며 31일 반세계화 단체들과 전 세계의 400여 개 NGO(비정부기구) 단체 등 7만여명이 모여 회의를 반대하기 위한 행진을 할 것이라 했다.

지구 환경은 계속 나빠져서 온실가스의 주범인 이산화탄소의 배출량은 지난 10년 사이 18억9천만 톤이나 증가했다. 지구는 더욱 온난화 되어 알래스카의 빙하는 최근 해빙속도가 2배로 빨라졌으며 지난 100년간 해수면은 20cm나 높아졌다.

아프가니스탄과 파키스탄, 인도를 거쳐 스리랑카까지의 대기층을 덮은 갈색 구름의 두께는 3km에 달해서 태양 에너지를 차단하고 있으며, 그 위력은 핵폭발 시 발생하는 대형 버섯구름에 맞먹는다고 까지 한다. 그 결과 아시아 각 곳에서 홍수와 가뭄과 농작물의 기근 등 막대한 피해를 보고 있다.

환경오염문제는 국경개념이 없는 지구인 모두의 문제다. 지난 3월 우리나라를 덮친 중국의 황사는 호흡이 어려울 정도로 고통을 주지 않았던가. 뿐만 아니라 이곳 LA 카운티도 매해 약 3500여명이 대기오염 영향으로 사망하고 있으며 가주 전체로는 9300여명이 대기오염과 관련된 질병으로 사망하고 있다한다.

세계 인구는 이제 61억으로 증가했는데 삼림 면적은 점점 감소하고 있으며 2025년부터는 전 세계 인구의 절반이 식수 부족으로 고통을 받게 된다고 한다.

50년 후에는 세계 인구는 90억이 되고 금세기 말에는 110억의 고비에 달한다고 하는데, 지상은 인구 팽창과 폴류션으로 덮이고 더욱 치열한 시장경쟁으로 치달리게 되어 인간성은 메말라 가고 우리들의 생활은 본래의 자연에서 더 멀어져, 그 결과 암 등 불치의 병에 시달린다면 우리 인간들은 스스로 자기 모혈을 파고 있는 것이 아니겠는가?

모든 생물들이 곧 자연의 산물이고 자연에서 왔다가 자연으로 돌아가며 문명도 자연을 개발 이용해서 얻은 결과인데, 산업 찌꺼기인 화학 오염물이 지구를 덮고 지구의 생태계의 균형관계를 깨트리므로, 자연과의 공생관계가 무너져가고 있다.

그러나 다행히도 최근 타임지에는 앞으로 더욱 고온과 광란의 기후변화의 징조는 보일 테지만 학자들이 새로운 아이디어와 기술을 개발해서 젊고 푸른 금세기를 만들 수 있다고 희망적인 관측을 내놓았다.

내일은 영원한 미래로 이어지므로, 우리의 후손들을 위해서 오늘 비닐 백 한 장이라도 버리지 말고 모아서 지구환경을 우리 스스로 정화시켜 나가야 하지 않을까?

8-29-2002 (중앙일보)

백세를 사는 지혜

대한민국의 지축이 터질 듯이 붉게 타올랐던 월드컵의 열기도 이제 가셨다. 그러나 놀라운 것은 한결같이 붉은 티셔츠에 악마 뿔을 쓰고 얼굴엔 태극기를 그린 백만 명의 운집이 10대나 20대, 30대들이라는 것이다. 한국의 50대, 60대, 70대는 어디에서 응원을 했던 것일까? 반면 엘에이에서는 60대 이상 이민 1세들의 열띤 모습을 더 많이 볼 수 있었다.

최근 십여 년간에 한국은 저 출산과 더불어 인구의 고령화가 사회적 문제로 부상하기 시작했다. 지하철의 노인 석에 앉아있는 십대에게 자리를 양보해달라는 어른의 부탁에 "누가 늙으랬냐?"고 답하더라는 말을 듣고 경악했었다. 철없이 사랑만 받고 자란 어린아이의 말이겠지만, 한편 퇴색되어 가는 경노사상의 사회풍조를 짐작케도 한다.

우리는 이 지구상에 태어나서 만물의 영장으로 영위하지만, 아무리 의학과 웰빙, 예방의학이 발전했어도 백세까지 산다는 것은 현재로는 흔하지 않은 일이다. 그래서 고대 그리스 철학자도 인간이 사용하는 것 중 가장 중요한 것이 시간이라고 했을 것이다.

얼마 전, 교포사회의 원로이신 오재인 박사님의 99세[白壽硏] 생신일 축하파티에 갔었다. 백수잔치에 참석한 것은 이번이 처음이었다. 그래서 인생칠십고래희(人生七十古來稀)라는 '두보'의 연민의 시 구절이나, 인생여조로(人生如朝露)라는 인생은 아침이슬과 같다는 '이릉'의 애절한 시 구절을 생각지 않아도, 오 박사님은 남부럽지 않은 건강과 품위

그리고 번창하는 자녀들을 두셨으니 축복 받은 분이시다.

그분의 건강비법은 매일 아침 일어나서 맨손체조를 40분간하시며, 소식과, 걷는 것과 자전거에서 다리 운동을 하신다고 하셨다. 그분은 우리들이 '슈퍼맨'으로 부르며 한 치의 흐트러짐이 없는 매너로 존경 받는 분이시다.

이제 우리가 90대라면 무엇이 보일까? 앞만 보며 달려온 인생도 어느 순간 걸어온 뒤안길을 관조해 보게 된다. 역으로 돌아보는 삶, 젊었을 때 보지 못한 새로운 가치와 의미가 보일까? 경험과 연륜을 거쳐 삶의 종착역이 가까워 졌을 때 우리는 무엇을 후회하며 연연하며 아쉬워할까? 거꾸로 지금의 나를 쳐다보면 아직은 젊고 건강하고 무엇이든지 가능한 나이로 생각될 것이다. 또한 과거도 미래도 아닌 준엄한 현재를 생각하며 가장 맞춤 된 장밋빛 여생을 꿈꿀 수도 있을 것이다.

그렇다면 중국의 영문학자이며 작가이고 문명비평가인 임어당의 책에서 본 인생 서정철학을 반추해본다. 그는 불교의 표현대로 제행무상(諸行無常)과 생자필멸(生子必滅)이라는 우주적 진리에 근거를 둔 노장사상에 가까운 사상가로, 내세를 믿지 않고, 이 세상을 있는 그대로의 천국으로 보았으며, 현세의 삶에 온전한 가치를 두고 매 순간을 참으로 즐겁게 행복을 향유하라는 것을 충고하고 있다.

인생철학을 달관했다고 식자들 간에 회자되는 그의 저서 <생활의 발견>은 1937년 미국에서 출판되어 1년간 Best seller 중의 best로 팔렸으며 10여 개 국어로 번역되었다. 할아버지와 아버지 2대에 걸쳐 기독교집안이지만 그는 기독교인이 아니었다. 그가 사랑한 자연과 인생이 그의 종교였는지도 모르겠다.

또한 월남선사 틱낫한(Thick Nhat Hanh)은 그의 저서 "마음을 다하는 기적"에서 "매일같이 일하는 사소한 것이라도 성의껏 하는 것이 종교적 의미와 가치가 있다."고 주장했다. 예를 들어 그릇 하나 닦는데도 거룩한 것으로 생각하고 가장 중요한 일이라 생각한다면 전에 경험하지 못한 즐거움을 느낄 것이라 했다.

한편 톨스토이의 종교관을 보면 "인간의 모든 불행은 종교의 결여에서 온다. 종교만이 선한 것과 악한 것을 결정하며, 종교만이 죽음의 공포에서 해방하여주고, 종교만이 삶의 의미를 부여한다. 종교만이 모든 외적인 압박에서 해방시켜준다."고 했다.

어느 사상에 의미를 두던, 내 여생의 빈틈없는 주인이 되어 늙음의 경험과 지혜로 현재를 가치 있고 즐겁게 살려고 노력한다면 100이라는 숫자를 초월해서 인생에서 가장 멋진 시간이 될 것이다. 셰익스피어도 늙음을 즐기라고 한 것을 보면 그도 우리와 똑같은 노년의 허무를 느꼈었나 보다.

9-25-2003 (중앙일보)

삶은 영원한 현재이기에

작년 9월 11일 테러는 미국 자본주의의 상징인 WTC(세계 무역센터) 빌딩 속에서 웅지를 펴려는 대망을 안고 일하던 무고한 시민 2천 8백여 명을 희생시켰다. 그 이후 미국인들에게는 전과 다른 의식의 변화가 일어났다. 신의 존재에 무관심하거나 회의를 느끼고 인간의 능력과 현실에 더 충실했던 실존적인 지성인들이 이젠 종교적이 되기도 하고, 가족관계가 더욱 가까워지거나, 무심했던 주위를 둘러보며 사랑과 우정을 나누는 등 유한한 인간으로서의 능력의 한계를 느끼며 긴장된 일 년을 지냈다.

초현대적인 뉴욕커들이 의식의 변화를 일으키고 있다. 특히 그때 그 긴박한 초를 다투는 상황에서 그 빌딩에서 탈출에 성공한 많은 사람들의 공포의 회고는 뉴욕커들뿐만 아니라 평범한 미국인들에게도 세계정세에 눈을 뜨게 하는 동시에 지나온 삶에 대한 회의를 느끼게 하기도 한다. 또한 불안 증세가 바이러스처럼 번지고 있다. 모두들 조용히 다가오는 시간을 주시하는 것 같다.

그 동안 미국은 어떤 나라보다도 안정된 민주주의 하에서 세계경제와 정치를 리드하는 수퍼파워국으로 세계 최고의 부와 최고의 군사력을 보유하는 국가로 자부했다. 그래서 대부분의 미국인들은 미래에 대한 불안이 적은 평화로운 삶을 구가하고 있었다. 남을 돕는 자원봉사를 많이 하며, 예술과 문화적인 생활을 즐기며, 다의적 삶을 생활화하고 있었다. 그러나 9.11 테러 후, 아프간전쟁에 이어 다시 악의 축으로 명명된 이락과의 전쟁이 일어난다면, WTC 붕괴를 보면서 환호를 하던 회교권 국가와의 문명충돌이 되지 않을까, 세계는 다시 불안한 상황을 느끼게 된다.

내 친구 부부는 70년대 말에 이민 와서 경제적 성공을 위해 오로지 사업에 열중했다. 그들은 미국에 온 후 지금까지 리쿼스토어를 하며 일속에 파묻혀 살았지만, 그래도 미국생활에 만족해했다. 그러나 지난 9.11이후, 어느 때 어느 곳에서 테러가 발생할지 모르는 불안감에 빠져 정서적 안정감을 잃고 몹시 불안해한다. 또한 황홀한 미래만을 꿈꾸어왔던 자신의 삶의 방향이 빗나갔다는 허무감에 빠졌다.

LA폭동과 노스리지 지진을 치르고도 재기했던 그가 이젠 미래 보다 현재에 가치를 두는 미국식 사고방식으로 변했다. 지나가 버린 시간? 아니 그 시간의 의미가 무의미하게 생각될 때 주체하기 힘든 감정의 회오리를 느끼게 된다. 그래서 미래가 아닌 현재 내가 살고 있는 지금 이 순간이 가장 중요하다는 사고의 계기가 되었다.

완성이란 이루기 힘든 일이지만 그래도 우리는 현재 불가능한 것이 미래에 무엇인가 이루어질 것을 기다리며 산다. 인생에 있어서 완성이란 영원히 추구해야하는 미지의 이상세계일 것이다. 우리는 채워질 수 없는 현실적 불만을 미래라는 장밋빛 가능성을 걸고 오늘을 위로하며 살고 있다.

과학과 산업과 문화가 초음속으로 발달되어 가고 있는 21세기의 풍요 속에 사는 우리들인데도 더 허기지고 고독하고 배고파한다.

"물속의 물고기가 목말라한다는 말을 듣고 나는 웃는다."고 인도 시인 까비르는 노래한다. 행복이나 진리는 내 집안이나 주위에서 찾을 수 있는 것인데 목을 내밀고 먼 다른 곳을 쳐다본다는 의미일 것이다.

우리는 누구나 무엇을 기다리며 산다. 척박한 현실을 불확실한 미래에 희망을 두고 살고 있다. 그러나 사람들이 기다리고 있는 것은 오기는 오는 것인가?

아일랜드의 작가 사무엘 베케트는 1949년 그의 대표작인 <고도를 기다리며>에서 두 주인공이 막연히 고도라는 이름밖에 모르는 인물을 기다린다. "뭐가 뭔지 도대체 모르겠으나 한 가지 분명한 게 있지, 우린 고도가 오길 기다리고 있다는 것이야." 알지 못할 신의 존재에 대한 영원한 기다림 속에서 불투명한 미래에 대한 불안의식을 표현한 것으로 그는 1969년 노벨 문학상을 받았다.

불확실한 존재에 대한 영원한 기다림, 즉 막연히 고도라는 이름밖에 알지 못하는 인물을 한없이 기다리는 것을 묘사하여 베케트는 인간의 존재에 대한 무지와 불안과 유한성을 보여주고 있다. 그러나 척박한 현실을 사는 우리에게 기다림이나 의지할 대상에 대한 희망마저 없다면 어떻게 될까?

우리는 오늘을 외면하고 미지의 가능성을 기대하며 사는 현실의 소외자인지도 모른다. 어려운 현재로부터의 탈출구를 과거의 노스탤지어나 보다 희망적인 미래의 환상 속에서 찾고자한다.

그러나 현재 우리에게 주어진 환경에서 가능성을 최대한으로 실현시키고 장애물이나 한정성까지도 선용할 수 있는 열린 의식으로 산다면 현재의 삶이 가치 있는 미래로 이어지지 않을까? 삶은 영원한 현재이기에.

9-24-2002 (중앙일보)

핵 구름에 가려지는 햇볕

지난 9월 제 14차 아시안 게임 때 북한 응원단이 만경봉호를 타고 다대포항에 도착할 때부터 남남북녀니, 자연 미인이니 신문에 보도되며 젊은 남성들의 가슴을 흔들어놓았다. 64%의 결혼적령의 청년들이 북녀와 결혼하고 싶다는 통계도 나왔다. 그들의 발랄하고 야드러진 응원과 톡톡 쏘는 제스추어는 우리의 선입관을 바꾸어놓았었다. 한데 이번에 캘리 특사가 방북 한 후, 핵 보유 사실 확인보도는 우리들을 아연실색하게 했다.

북한 응원단의 AG참여는, 김 대통령의 햇볕정책과 신의주 경제특구 지정 등으로 북한의 생존을 위한 정치적 동기라고 볼 수 있다. 북한은 지구상에 하나 남은 폐쇄된 공산주의 국가이다. 부시대통령도 '악의 축'으로 지목한 나라지만, 소용돌이치는 세계화의 물결과 햇볕정책 등으로 남북의 교류가 점차 원활하게 되어가고 있는 것은 사실이다.

향수 파는 가게에 들어가서 향수를 사지 않더라도 나올 때는 몸에 향수냄새가 베인다. 이번 AG게임에 참석해서 이들이 묻히어간 따뜻한 동포애와 자유스러운 분위기가 전해져서, 앞으로 좀 더 잦은 평화적 교류가 이루어진다면 남북통일이 가까워질 것이다. 그러나 최근 한국의 많은 젊은이들은 통일에 관심이 없거나 반대하고 있다고 한다. 이대로가 좋다는 것이다. 그들은 8.15 해방의 의미를 역사책에서 읽은 세대이다. 또한 6.25 동란으로 동족상쟁과 수많은 이산가족들의 피눈물 나는 아픔을 겪지 않은 신세대들이다. 전쟁의 참혹함을 책과 영화에서 본 가상의 일로 이해할 수는 있겠지만, 가슴에 걸쳐진 뻐아픈 슬픔은 오직 경험한 사람만이 알 것이다.

해방 전 B-29의 폭격을 피해 금강산으로 소개 갔었다. 첩첩이 이어진 높은 산 봉오리 사이 계곡으로 흐르는 냇가엔 넓은 치마바위 위로 햇빛에 반짝이는 잔물결이 뒤채이고 밤에는 짐승들의 포효가 쩌렁쩌렁 산 속 마을을 울렸다. 냇가에서 빨래하는 흰 수건 두른 부인들과 주위 경관은 박수근 화백의 산수화 같았다. 그리고 해방을 맞이해서 서울로 돌아왔었다.

그러나 1950년의 6.25사변은 참혹한 비극의 전쟁이었다. 때도 없이 떨어지는 대포알을 피해 수많은 밤을 숨 막히는 방공호 속에서 지샜다. 한강다리가 끊긴 후 우리 가족은 기차의 짐칸 위에서 피난대열에 끼여 남쪽으로 피난 갔다. 강경의 초등학교에서 비행기소리만 들려도 불안에 떨며 서울이 그리웠는데, 52년이 지난 지금도 그 전쟁의 참담함을 잊을 수 없다.

최근 시사지에 "아이크의 참혹한 날들"로 재조명되고 있는 제 34대 아이젠하워 대통령은 2차 대전을 승리로 이끈 장군이다. 하물며 그는 재임기간 중 중동 분쟁 등 미국 병사를 전쟁터로 몰아넣는 정책을 피하기 위해 최선을 다했다고 한다. 그는 전쟁의 비극을 잘 알기 때문이다.

인간들의 이해관계, 국가 간의 정치, 경제, 종교와 사상이 개입된 갈등과 마찰이 용암처럼 들끓고 있는 21세기에서 현재 우리는 살고 있는 것이다.

1945년 8월 6일 B-29폭격기에 실린 무게 4톤의 원자폭탄이 역사상 최초로 히로시마에 투하됐다. 이 원폭투하로 11만 여명이 사망하고 8만 여명이 중경상을 입었다. 그 후 원폭투하로 빚어진 참혹한 참상에 대하여 여러 각도로 많은 논란을 일으켰다. 루스벨트와 투르만 대통령, 영국의 처칠 수상의 원폭투하 결정은 반인륜적이고 비도덕적이라는 비난이 뒤따랐다.

이제는 쏘련 연방 붕괴로 동서 냉전도 사라지고 핵무기 감축노력으로 상당량의 핵무기가 폐기됐다. 현재 지구상에는 미국, 러시아, 영국, 프랑스, 중국, 인도와 파키스탄 등의 핵무기 보유국이 있는데, 북한이 핵폭탄 2개를 만들 수 있는 농축우라늄 30Kg을 보유하고 있다는 보도는 한국과 미국뿐만 아니라 우방 국가들에게 또 다른 핵 공포를 불러오고 있다.

우리의 햇볕정책도 핵 구름으로 일식현상이 일어나고 있다. 북한을 탈출한 유상준씨의 처참한 스토리를 읽어보면, 햇볕정책은 군비강화로 사용되었다고 한다. 그러나 핵폭탄을 만들지 않는다는 보장이 된다면, 비참한 생존을 이어가는 북한주민들을 위해서 또 평화적 통일을 위해서 그래도 햇볕정책은 계속되어야한다는 생각이 든다.

10-28-2002 (중앙일보)

미래의 맞춤인간

요즈음 정보산업이나 생명공학의 발달이 눈부시다. 과히 혁명적이라 할 수 있다. 1925년 RC 회사에서 최초로 TV 수상기를 세상에 내놓은 이후 세계는 시각적인 것에서 촉각적인 시대가 되었으며, 인터넷은 지구를 하나의 안방가족으로 만들었다. 특히 생명공학은 상상을 초월해서 세분화되며 발달해가고 있어 끝이 어디인지 모르겠다.

의학의 발달은 병을 고치는 단계를 지나서 이제는 병이 아닌 사람들의 본능적인 갈증도 해결해주고 있다. 섹시하게 예뻐지고 싶은 여성들의 갈증은 성형수술의 발달을 가져와서 예쁜 얼굴의 미인을 탄생시킨다. 이젠 얼굴뿐이 아닌 몸도 성형을 해서 큰 키의 날씬한 비너스로 고칠 수 있다니, 부모로부터 받은 유전적 개성이 사라진 맞춤미인들이 거리를 메울 때, 그 중에서 진짜 자기 딸을 찾아내기가 어려운 시대가 오지 않을까 상상해본다.

과학 잡지인 Nature지에, 1953년 최초로 유전인자 DNA의 분자구조가 발표되었다. DNA는 세포분열을 할 때 정확하게 복제되어 전해지므로, 과학자들에 의해 유전자를 인공적으로 조작하거나 합성해서 인간생활의 향상과 우량종의 개발을 위한 유전공학이 발달되어왔다.

근래에 급속도로 발달한 DNA 연구로 생명의 신비가 낱낱이 밝혀져 가고 있다. 20세기의 천재인 아인슈타인과 피카소 등의 두뇌구조의 연구와 더불어 인체 지놈사업이 활발해지고 있다. 난치병의 극복은 물론 앞으로는 천재이며 아름답고 센스 있는 맞춤인간으로 재생되어 불로장생하는 시대가 올는지도 모른다. 또한 아기가 태어나면서 아예 유전자 조작으로 이상적인 맞춤인간을 생성하는 시대가 될 수도 있을 것 같다는 것이다.

최근 지구 생명의 씨앗이 우주에서 왔다는 학설이 나왔다. 지구탄생 초기 우주에서 지구로 수많은 혜성이 날아왔을 때 이들 혜성 표면에 아미노산이 묻어있었다면 이들이 지구 생명의 씨앗 역할을 했을 것이라는 것이다. 과학적인 생명탄생의 학설은 아득하게 긴 시간의 축적이 작용했음을 말하고 있다.

1997년에는 복제양 "돌리"가 탄생하드니 인간 복제만은 불법화했던 미국은 부시대통령이 2001년 8월에 배아줄기세포 연구를 제한적으로 허용했다. 줄기세포를 배양해서 인간의 난치병을 치료하는 것은 누구나 긍정적으로 받아들이나, 줄기세포를 얻는 방법에서 생명의 윤리나 존엄성에 관한 문제가 뒤따른다는 것이다. 또한 인간복제는 다윈의 진화론에 근거하는 생명과학이므로, 기독교인들에게는 커다란 혼란을 주고 있다.

생명과학은 계속 발전해서 인간의 수명을 연장시킬 것이며 더 나아가서 우리의 생활을 어떻게 바꾸어 놀지 아무도 예측할 수 없다. 최근엔 인간의 골격도 만들어낼 수 있다고 하며, 지놈연구의 권위자인 설스틴 박사는 멀지 않은 장래에 감정을 조절하는 유전자도 찾아낼 것이라고 한다. 그렇게 되면 인간도 컴퓨터 화되어 버튼 하나로 황진이 같은 시인이 되고, 차이콥스키가 되었다가 키캐고르 같은 철학자가 될 수 있는 환상적인 미래가 우리를 기다리고 있을는지도 모른다.

무에서 유를 만들어내는 창조성은 인류역사를 발전시켜왔다. 그 창조성은 지구 위의 모든 사람들이 제각기 다 다르기에 특이한 아이디어와 두뇌로 그 기초가 출발되었다고 본다. 인간의 지식은 한계가 있지만 인간의 창의력은 무한대일 것이기에 미래에 대한 희망의 끈을 놓을 수 없다.

그러나 기다리고 있는 미래는 결국 컴퓨터 화한 비인간적인 삶의 퓨죤시대가 아닐는지 두렵기도 하다. 개성과 창조적인 정신세계는 점점 과학적 기능화에 밀려나게 되고, 우리의 생각은 비개성화되어 붕어빵의 일률적인 사고와 행동과 생활을 하게 될는지도 모른다. 그렇게 되면 우리는 일상생활의 어느 곳에서 모든 세포들이 떨리는 감동을 맛볼 수 있는 인간본연의 자연적 아름다움을 찾을 수 있게 될 것인가?

이태리 의사 "안티노리"는 2003년 1월엔 최초의 복제아기가 베오그라드에서 출생한다고 했다. 신이 아닌 인간으로 우리가 받아들일 수 있는 한계는 어디까지인가 묻게 된다. 생명의 신비는 과학이 풀 수 있는 그 이상의 영역이 아닐까? 그러기에 우리는 아무리 과학이 발달하더라도 신비한 생명현상에 대해서는 겸허한 마음자세로 변화가 예기되는 미래에 대비할 필요가 있다고 생각한다.

12-26-2002 (중앙일보)

황홀한 신기루, '로토'

최근 한국에서는 로토의 대박 열풍이 불어 사회적인 문제가 된 듯하다. 지난해 12월 2일 시작한 복권은 2월 들어 3주 연속 1등 당첨자가 나오지 않아 누적된 당첨 액이 700억 원이 되자 전국이 로토 열풍에 뜨겁게 휩싸였다. 역술인들의 행운의 숫자가 소개되고, 직장에서는 심지어 로토 계를 만들어 공동구매 하는가하면, 싹쓸이전법이 회자되어 전체의 로토를 구입한다 해도 당첨금을 밑돈다는 것이다.

로토와 관련된 사이트만 돌아다니는 웹서핑족을 가리켜 '로티즌'이라는 신조어도 등장했으며 또한 유흥업소는 로토와 명함을 우송하는 홍보 전까지 등장하는 등 인생역전의 욕망이 산불처럼 번지더니, 당첨 후의 계획까지 세워놓고 돈 쓸데부터 고민하는 사람도 많다고 했다.

로토에 대한 흥미는 비단 한국뿐만이 아니다. 지난 달 캘리포니아의 로토당첨액이 8,700만 불로 늘어났을 때 나도 그 열파에 휩싸여 1800만 분의 1 당첨 확률에 도전해서 이웃 마켓에 갔다가 5장을 구입했다. 내 번호가 꼭 당첨될 것만 같은 예감에, 그 돈으로 무엇부터 할까? 물론 제일 먼저 우리 아이들에게 굉장한 선물을 해야지, 그 다음엔 무엇을?......하면서 전전반측 밤잠을 꿈으로 채웠다. 다음 날 딸에게 전화해서 로토 구입을 실토했더니, 딸은 당장 "엄마가 그런 찬스를 노리는 분인 줄은 몰랐군요!" 하며 핀잔을 준다. 딸의 일침에 부끄러운 생각이 들어 공연히 말을 했다고 후회했었다.

딸의 말대로 나는 일확천금을 노린다든지 놀음을 좋아하는 속성이 잠재하고 있는지도 모른다. 1960년대 워커 힐에 가면 야외 수영장 옆에서 '노란샤쓰'의 현미와 여러 가수와 악단이 음악을 연주했었다. 그 옆의 본관 입구에는 슬롯머신이 몇 대있어서 내 생애 처음으로 도박(?)을 해보았다. 순간적으로 쏟아지는 동전의 짤랑짤랑하는 소리는 청각을 황홀케 하는데 충분했다. 특히 느긋하지 못한 성격의 순종한 국인인 나는 순간적 게임으로 얻게 되는 재미와 전통적 부도덕한 사행심과의 사이에서 잠시나마 망설이기도 했었다.

도박은 미국이나 한국뿐이 아니라 유럽에서도 똑같이 인간의 태생적인 욕망을 자극한다. 제네바에서 30분 정도 나가면 국경을 지나 바로 불란서 땅에 '디본느'라는 아름다운 마을이 있는데, 그 촌락에 유명한 카지노가 있다. 제네바에는 GATT, WHO, ILO 등 유엔의 모든 경제전문기구들과 RED CROSS본부 등 중요한 기타 국제기구들이 포진해있는 곳이라 사시사철 국제회의로 매우 바쁜 도시이다. 그런 국제회의에 참석하는 대표들이 관광 겸 긴장을 풀려고 카지노에 출입하곤 했다.

한번은 나도 서울에서 온 분의 관광안내로 카지노에 갔었다. 그 곳은 미국과는 달리 손님이 넥타이를 매고 정장을 해야 출입이 가능하며 규율도 엄격했다. 그 카지노의 특실에서는 이란의 석유장관(샤 왕조시대)이 각료회의 참석하러 와서 100만 불씩 베팅한다는 딜러의 귀띔도 들었다. 그날 어느 행색이 초라한 노인이 불란서 프랑 몇 잎을 들고 찰랑대며 도박꾼들로 둘러싸인 룰렛 테이블 사이를 기웃거리고 있었다. 손 큰 '갬불러'들이 그 노인의 어깨를 또닥거리며 칩을 한두 개 개평으로 주면서 연민의 눈길을 보낸다. 그 노인은 근처 동네의 유명한 갑부 집 아들로 태어나서 젊었을 때 도박으로 상속받은 모든 재산을 탕진하고, 지금은 정부의 도움에 의탁해 살면서도 도박중독에서 헤어나지 못하고 부끄러운 말년을 도박장에서 산다고 했다.

10여 년 전 캘리포니아에 로토가 시작한다고 했을 때 시민들과 주상 하원들 간에 많은 토론이 있었다. 찬성자들은 주정부 예산에 도움이 되고 공립학교를 지원할 수 있다고 했다. 반대자들은 사행심을 길러주며 전통적인 도덕적 가치관을 훼손시킨다며 반대했다. 그러나 실제로 동부의 명문대학들의 재정적 토대가 복권으로 도움을 받았다고 한다. 현재 미국 성인의 20%가 매주 복권을 산다고 한다. 그들은 대부분 경제적 여유가 적은 서민들이다.

로토! 그것은 희망이라는 묘약으로 일확천금의 황홀한 꿈을 꾸게 하나 약효가 끝나면 척박한 현실로 되돌아가는 몇 시간 동안의 신기루에 지나지 않는다.

2-19-2003 (중앙일보)

호랑이 등에 탄 부시대통령

중국 고사성어에 "지어지앙(池魚之殃)"이라는 말이 있다. 연못 속 물고기가 엉뚱한 화를 당한다는 뜻이다. 그 말의 근원은 춘추시대 송나라에 사마 벼슬을 하는 한퇴라는 자가 죄를 짓고서 진귀한 보석을 가지고 종적을 감추었는데, 송왕은 그 보석이 대단히 탐이 나서 환관을 시켜 찾도록 했으나, 한퇴는 그 보석을 궁궐 안 연못에 던져버렸다고 했다. 그리하여 연못의 물을 다 퍼내고 바닥을 샅샅이 뒤졌으나 보석은 찾지 못하고 애꿎은 물고기만 피해를 입고 말라죽었다는 이야기다.

가스 값이 개론 당 $2.35? 곧 전쟁이 일어날 것 같다. 미국은 9.11 테러를 일으킨 알카에다와 연계가 있는 후세인을 쳐서 테러를 뿌리부터 없애겠다는 명분을 내세우고 있지만, 그 뒤에 숨겨진 진짜 이유는 테러이외에도 가스에 있는지도 모른다고 한다. 이락의 가스까지 손에 넣는다면 미국은 군사적으로 경제적으로 초 슈퍼파워국가가 되어 신자본주의 세계화의 맹주가 될 것이다. 그러나 여기서 연못의 물고기들인 무고한 민간인들의 희생을 어떻게 피할 수 있을 것인가?

그래서 전 세계적으로 전쟁반대 데모가 일어나고 있으며, 미국 내에서도 수많은 사람들이 반전데모에 참여하고 있다. 최근 타임/CNN 여론조사에서 미국인 61%가 대 이락 전쟁을 반대하며 오직 유엔지지하에서만 찬성한다고 했다.

전쟁! 착잡한 마음에 가슴이 답답해진다. 60대 전후의 우리에게 전쟁은 참혹한 상처를 남겼다. 처참했던 동족상잔의 6.25사변으로 2백여 만 명의 사상자를 냈으며 그들의 가족이나 남북으로 헤어진 이산가족들의 아픔을 어찌 말로 다할 수 있으랴!

동네에서 유일하게 라디오와 전화가 있었던 우리 집에 동네사람들이 반회의가 아닌데도 많이 모였다. 멀리서 대포소리가 간간이 들렸다. 어머님은 그들에게 젠사이(단팥죽)를 대접했으나 누구의 마음도 안심시킬 수가 없었다. 라디오에서는 이승만 박사의 떨리는 성명이 들리고 있었다. "친애하는 서울시민 여러분, 안심하시고......" 그 성명을 발표하던 당시 이 대통령은 벌써 부산에 피난 가있었다고 한다. 우리 집 뒤에 사시던 중부서의 고위경찰관리도 행적이 사라지고 다음 골목의 판사님도 안보였다. 아버님은 바로 동아일보 편집국장이셨던 집안오빠(김승문)에게 전화하셔서 사태의 추이를 물어보시려 했으나 오빠는 급하게 떠나셨고 올케언니는 큰어머님과 남았다고 했다. 아버님은 만약을 대비해 뒤뜰에 방공호를 파시느라 우리들의 꽃밭을 다 망가뜨리셨다. 그 3개월 동안 여러 곳을 전전하며 숨어살았던 악몽 같은 기억은 그 후에도 오랫동안 잠재의식으로 꿈에 나타나 괴롭히곤 했다.

그해 12월 24일 성탄절에 우리 집도 피난 대열에 끼었다. 한강 다리는 이미 파괴되고 다리 밑에 걸쳐진 고무다리가 있었으나 위험해서 배를 타고 건넜다. 용산 역에서 한없이 더디게 움직이는 무개화차를 타고 남쪽, 낯선 곳으로 피난 갔었다. 처참했던 6.25사변은 한국인 모두에게 죽음의 공포와 심리적 불안감을 뿌리박았다.

지난 1991년 43일간의 걸프전쟁으로 다국적군인 500명과 이락 민간인 1만 명 이상이 폭격으로 죽었다하며, 이락 군대는 5만 여명이 사망했고 쿠웨이트를 비롯한 아랍인구 4-5백만 명이 추방되거나 이동했으며, 미국의 전비 610억불을 포함해서 총 1,500억불이라는 돈이 소모되었다고 한다.

부시정부는 20만 명의 미군을 이미 중동에 파견했으며, 천억 불 이상의 예산까지 계산하고 있다. 3월 17일 UN안보리의 결의가 남았지만 부시대통령은 UN결의 여하 간에 곧 이락과의 전쟁은 이미 기호지세의 처지가 되어 중도에 멈출 수 없는 상황인 듯하다. 또한 지난 1973, 1977년의 가스 파동으로 겪었던 참담한 어려움과 또 다가올 재선을 생각한다면, 부시대통령의 전쟁을 치르려는 결심을 쉽게 알 수 있다.

전쟁이 정치적 이해관계로 불가피하다면 속전속결로 무고한 인명피해를 줄이기를 희망한다. 어차피 부시대통령은 함렡같이 사색하며 고민으로 세월을 보낼 형은 아니기에 제 2 걸프전쟁은 빠른 시일 안에 결판 날 것 같다. 아니 우리 모두 그렇게 희망하고 있다.

3-03-2003 (중앙일보)

시라크 대통령의 이중성

지난 75년 중반까지 우리는 스위스 국경지역인 제네바에서 살았었다. 당시 TV에서 프랑스의 대통령출마 정견발표가 있었는데, 후보인 지스카르 데스탱(현 EU의장)씨의 지성적인 연설 모습을 보고, 그때부터 나는 그의 팬이 되었다. 그뿐 아니라 종종 여행했던 파리의 거리에서, 루브르 박물관에서, 몽마르트 언덕에서 프랑스의 깊은 미와 멋을 찾고 싶었다.

롬가에 있는 스테판 말라르메의 집이나 상징주의 예술가들의 발자취를 찾아다니며 얼마나 가슴이 설레었던가! 파리에서 3년을 살면 일생동안 떠나기가 어렵게 된다는 친구의 말에 전적으로 수긍하고 있던 내가, 그러나 마음이 180도 바뀌게 된 일이 생겼었다.

제네바의 트랑트 앤 디셈브르 거리에 있는 아파트에 살고 있었는데, 만 5세가 된 우리 딸에게 학교에 입학하라는 서류가 교육국에서 왔다. 집에서 가까운 오비브 학교에 등록하러 갔었다. 유치원 교장인 마드무아젤 스테파니는 학교구역이 다르다고 말하며, 잠시 머뭇거리더니 알파벳의 언어를 쓰지 않는데 어떻게 가르치겠냐고 반문하면서 커다란 눈방울을 굴리며 입학을 거절했다. 전형적인 프랑스여인인 그녀가 특유의 불어 비음으로 거짓말을 천연덕스럽게 하는 것을 보고 정이 싹 가셨다. 그래서 남편의 유학시절 하숙했던 곳의 주인인 마담 뷸레에게 전화했더니 유치원에 같이 가주겠다고 했다. 남편이 불어로 써준 교육국에 항의서를 보내겠다는 편지를 들고, 교육국에서 온 서류를 챙겨서 마담 블레와 유치원에 가서 따진 후에 입학이 허가되었다.

스위스에서는 초등학교까지의 교육은 대개 불어와 예술교육에 70%의 시간을 할애하는데, 학년말이 되면 교육국의 장학관이 직접 나와서 불어와 다른 과목들을 테스트해서 다음 학년으로 진학 여부를 결정한다. 한데 첫해에 정현이가 운 좋게 클래스에서 1등을 했다. 그 후부터 돌변한 마드모아젤 스테파니의 태도는 나를 어리둥절하게 하곤 했다.

우리는 같은 아파트 이웃인 프랑스인 가족과 가까이 지냈다. 내 불어가 약했으나 그녀 또한 영어를 못한다기에 서툰 불어로 소통하면서 방과 후에 우리는 아이들을 데리고 뮤지움이나 공원에 자주 갔었다. "아이들이 올라가서 노는 저 참나무에 우리 할아버지도 소년시절 올라가서 놀았다는군요."하며 그녀는 작은 도시의 여러 가지 역사를 말해주었다. 우리는 비슷한 연령대에다 아이들도 어려서 서로 친절하게 지냈다.

우리가 제네바를 떠나면서 애들의 친구인 그녀의 아들 앙드레에게 아이들이 가지고 놀던 장난감을 물려주면서 작별 인사를 했다. 그녀는 섭섭해 하는 표정으로 고맙다고 하면서, 그러나 깜짝 놀랍게도 유창한 영어로 내게 여러 가지를 물어보지 않는가?

시라크 프랑스 대통령은 세계의 평화를 위해 중동에서의 전쟁에 반전을 외치면서 UN 안보 회에서 무조건 비토 한다고 공언했다. 그래서 미국과 영국은 마지막 수정안조차 상정을 포기하고 말았었다. 그는 대외적으로는 그러면서, 당시 프랑스의 한 회사는 이라크와 수십억 불의 오일계약을 작성 중이었으며, 이라크에 전투기 부품을 공급하는 실익을 챙기면서, 또 한편으로는 반전을 주장하는 외교를 펴고 있었다.

전쟁이 이제 미, 영의 승리로 기울게 되니, 프랑스는 미국과의 동맹

관계는 변함이 없다면서 미, 영에 잇따른 화해의 제스처를 보내고 있다. 전후의 4000억불에 달하는 이라크 재건사업에 그들도 참여하려고 U-턴을 하려는 것인가?

요즈음 신문과 TV는 전쟁뉴스를 앞 다퉈 보도하고 있다. 지금 이락에는 미국 군인들이 나라를 위해서 혹서와 모래바람 속에서 전투하고 있다. 그들이나 그들의 가족들은 숨 막히는 불안 속에서 기도로 하루하루를 지새우고 있을 것이다.

수많은 인명피해가 따르는 비이성적이고 비도덕적인 전쟁을 아무도 바라지 않을 것이다. 도대체 같은 인간으로 태어나서 누가 무슨 권리로 누구를 죽일 수 있단 말인가? 어느 누가 살상이 따르는 전쟁을 좋아하겠는가? 그래서 많은 사람들은 반전을 외치게 된다. 그런데도 세기 전부터 인류역사는 전쟁의 역사였다.

미국은 9.11테러로 희생된 생명과 그들의 가족들에게 깊은 상처를 준 잔혹한 테러를 발본색원해서 장래 미국의 안전을 확보하기 위해서, 또한 세계에서 테러를 종식시키기 위해서 전쟁을 하고 있는 것이다. 물론 미국의 국익을 위한다는 정치적 요소도 있겠으나, 사담 후세인이 그들의 독재체제를 유지하기 위해 자국의 반체제인사들에 저지른 처참하고 비인륜적인 보도가 사실이라면, 그는 인류양심의 심판을 받아 마땅할 것이다.

이번 전쟁으로, 세계는 지구촌의 인간가족으로 평화롭게 열려져서, 편협한 국수주의적 독재주의 인간은 이 세상에서 깡그리 사라지고, 지구상의 어느 나라에서도 기아와 문맹이 없는 문명한 사회가 되기를 꿈꾸어 본다. 그렇게 되면 시라크 대통령이 미국의 정크후드를 사랑한다면서 다른 편으로는 미국을 비방하는 일을 할 필요도 없어질 것이다.

4-10-2003 (중앙일보)

이민 1세들의 애환

푸른 숲 사이로 잔잔하게 흐르던 강물도 갑자기 벼랑에 당도하면 소리치며 떨어진다. 낭떠러지가 더 높고 험할수록 더 많은 물보라와 폭포소리가 숲을 울린다. 물이 잔잔하게 흐를 때는, 흐름에 여백이 있었다. 세상은 평화로웠다. 그러나 이민 1세대의 흐름에는 기복이 심한 소용돌이나 낭떠러지가 도사리고 있다. 심신이 기댈 언덕은 아득히 멀어도 외길 따라 바위에 부딪치며 물살에 휘둘리며 현실을 견뎌내는 이민 1세대들!

신년 초하루, 이웃동네인 파사디나의 콜로라도 길에서 있었던 '로즈퍼레이드'를 보면서 가슴 뿌듯한 흐뭇함을 느꼈다. 2003년 6월 13일은 한인 이민 100주년이 되는 날이었다. 1세기가 지났으니 이젠 우리가 이 땅의 이방인이 아닌 주인의 의식을 가지고, 앞으로 우리의 구심점이 될 체계적이고 조직적인 우리만의 Community를 위한 계획을 세워야하지 않을까? 전체 한인들을 위한, 또 앞으로 이민 오게 될 동포들을 위해서.

> "이것이 누구의 숲인지 나는 알겠다 / 물론 그의 집은 마을에 있지만- / 그는 내가 여기 서서 눈이 가득 쌓이는 / 자기 숲을 보고 있음을 못 볼 것이다 // 아름답고 어둡고 아늑한 숲 속 / 그러나 내게는 지켜야할 약속이 있고 / 자기 전에 가야할 먼 길이 있다 / 자기 전에 가야 할 먼 길이 있다" 미국 시인 로버트 프루스트의 (눈 내리는 저녁 숲가에 서서)

퓨리턴의 땅 뉴잉글랜드 태생의 그는 인생의 책임감과 의무의 수행을 진지하게 말하고 있다. 마치 이민 100주년을 맞는 우리들 이민 1세들처럼…….

이민 1세대! 만감이 교차되는, 차라리 꽁꽁 밀봉된 단어다. 앞으로도 계속 이어질 이민의 물결, 여러 가지 이유로 이민을 오겠지만, 이민 온 후의 삶은 대부분 자녀들의 교육과 장래를 위한 뿌리가 되려한다. 한 알의 밀알로서 이방의 토양에 뿌려지고, 생소한 문화에 휩쓸려 정체성에 혼란이 오고, 오늘의 현실을 외면한 채 인내하며, 내일만을 바라보는 '고도를 기다리는' 외로운 존재이다. 스스로 작아지고 삭아져서 한 마리의 매미처럼 껍질만 남기고 사라지는 1세대인 것이다.

이민은 자신의 과거는 묻어두고, 새로운 황무지에서 처음부터 다시 시작하는 생의 전환이다. 낯선 이방에서 믿을 것은 자신밖에 없는 차가운 현실에서, 다시 처음부터 계단을 밟고 올라가는 고독한 길이다. 이민 온 후 성공의 여부를 떠나서 대부분의 1세들은, 육체적 고통보다 심리적 갈등을 더욱 많이 겪고 있다. 이민 오기 전과 후의 이질적 삶에서 잃어버린 자신을 찾아 헤매는 피에로.......

심리적 갈등을 이기지 못해 일어나는 여러 가지 억지 사건들을 주위에서 종종 보게 된다. 정상적 환경이라면 절대로 일어나지 않을 일들이 막다른 길에서, 앞뒤의 차분한 사리판단 없이 터지고 만다. 이런 후유증의 치유는 세월에 맡긴 채 그래도 앞으로 걸어가고 있는 이민 1세대! 현재는 잊은 채 미래만이 있는, 목표를 향한 집념의 자갈길, 매일을 인내와 회의와 다짐을 반복하며 오늘에 이르렀다. 이제 1세들은 대부분 노년기에 접어들고 있다.

이민의 삶……. 귀속감을 상실한 채 바다에 뜬 일엽편주로, 나침반은 있으나, 접히고 또 접혀오는 파고 때문에 직행할 수 없었던 망막했던 빈 가슴들……. 지나간 행복했던 화면들은 가슴 깊숙이 잠겨두었다. 젊은 시절의 계획이나 희망이나 자신감은 점점 희박해지고, 현재 있는 것이 남겨진 자신의 모습임을 수긍해가며, 매일 매일을 묵묵히 현재를 수용하고 있다. 나이와는 역행으로 마음이라도 가벼워지면, 어느 날 먹물처럼 스며들었던 실망이나 아픔도 희석되리라.

세상을 오래 살아본 사람들에겐 인생은 단지 오늘이라는 시간의 연속이며, 오늘을 살아가는 과정이 우리 인생을 이룬다는, 그래서 매일이 더욱 의미 있게 이해될 것이다. 이렇게 쉽게 빨리 가버리는 것을, 고민하고 계획하고 실행하기 위해서 안간힘을 썼던 지난 일들이 주마등처럼 떠오르고, 그러기에 결과보다도 과정이 더 중요하다는 말이 실감이 날 것이다.

서울소식을 들으면 이젠 한국이 미국보다 더 여러 면에서 선진화되었다고 한다. 좋은 면도 많겠지만, 가치관이 삭제된 자유라는 이름의 사치와 방종과 제멋대로의 생활방식이 한국에 수입되어, 세포분열을 하는 듯하다. 그래서 1세들의 촉촉한 그리움은 더욱 돌아갈 곳이 없다. 그러나 연어라면 회귀할 고향이 있다. 우리는 한번 떠나온 곳으로 돌아가기엔 여건이 안 되는 중간자들이다.

깊은 밤 자신을 돌아볼 때 조각 천으로 이어진 조각보의 여러 색상을 보게 된다. 어린 시절부터 몸에 밴 한국의 서정적 문화와 사상 위에, 미국의 스피디한 초현실의 메마른 숫자들이 모자이크된 조각보를 덮고, 조각보의 사고와 가치관으로 이 땅에서 살고 있다.

과학의 발달로 세계는 인간가족 화되어가고 있다. 콩코드 기보다 더 빠른 비행기로 지구촌 어느 곳이든 이웃집 드나들듯이 할 날이 멀지 않았다. 앞으로 2-3세로 가면서 세계는 국경의 의미가 없어지고 민족의 고유성이 적어지며, 사고방식도 유사하게 지구촌화함으로 이민이라는 원래적 의미도 사라지게 될 것 같다.

잘못 적힌 답안지처럼 내 것이지만 내 것이 아닌, 정답을 모르는 아니 정답이 확실하지 않는 이민 1세들의 여생…….

그러나 내일보다는 오늘이 젊다. 내일보다는 오늘 할 일이 있다. 생의 황혼기에 접어들어 지나온 길을 되돌아보며 여생을 그려보고, 계획을 세워서 자신의 삶을 사랑해야 할 것이다.

현재의 것이 내게 있는 모든 것이기에, 현재에 자신을 맞추어 이해하고 소중하게 인식하며 사랑하며 기쁘게 오늘을 산다면, 설혹 잘못 맞혔던 답안지라도, 연륜의 지혜로 정답을 찾을 수 있을 것으로 생각된다.

6-01-2003 (중앙일보)

인간의 집념

며칠 전, 차의 스모그 첵크를 위해 우연히 들린 곳의 주인이 한국인이었다. 서로 인사를 한 후, 한동안 스모그 첵크에 열중하던 그가 뜻밖에 "저, 한국 신문을 보십니까?"한다. 그렇다고 대답하자 "신문을 볼 때마다 울화가 치밀어와요. 왜 이리 아수라장인지, 이대로 가다가는 이북보다 한국이 먼저 붕괴될 겁니다. 정신 나간 작자들!"하며 분노를 씹어뱉듯이 테이블 위에 있던 한국 신문을 쓰레기통에 쑤셔 박는다.

기름이 잔뜩 묻은 손으로 분주하게 일하는 그의 마음속에 저리도 뜨거운 모국사랑이 있었구나……. 그날 신문기사에는 북한 간첩 1개 사단이 남한에서 활약한다는 내용이 있었다. 처음 본 한국인 손님에게 가슴에 뭉쳤던 분통을 서슴없이 내뱉는 그, 잠시 한국에서 무슨 직업을 가졌었을까? 생각해봤다. 한국에서 자라고 교육받았던 우리들, 오랜 세월 외국에 살면서도 마음은 늘 모국에 머물고 있는 것이다.

최근 모국의 사회현실은 오늘만 있고 내일이 없는 막다른 골목으로 치닫는 느낌이다. 변칙이 판을 치고, 부자와 승자만을 위한 사회가 되어버려서 수단방법을 가리지 않고 어떻게 해서든 돈만 벌려는 도덕불감증이 전염되고 있다. 정부는 WTO 각료회의 등의 척박한 세계경쟁에서 국가의 장기발전을 위한 비죤을 내놓지 못하고, 정당은 당리당략과 보수 진보간의 몸싸움으로 날을 세우고 있는 듯하다. 최근 노사분규가 뜸해서 다소 조용하다고 생각했더니 다시 폭풍우 '매미'가

덮쳐서 경남지역의 피해가 막심했으며, 무역피해액과 침수피해액이 5-6천억이 된다고 한다. 이런 어려운 상황에 이락 파병의 난제는 폭풍전야처럼 다가왔다.

우리는 이웃 중국을 본다. 중국역사에서 그들에게 1978년은 진시황의 중국통일만큼이나 큰 획을 그은 해이다. 작은 거인 등소평이 등장해서 소모적인 30년간의 이념투쟁에 종지부를 찍고, 13억 중국인민을 개혁개방으로 들어서게 했으며, '고양이 색깔이 희든, 검든 쥐만 잘 잡으면 된다.'는 백묘 흑묘론의 신 용어를 만들어 내고, 그 실용주의 정책에다 실사구시를 업혀 중국식 자본주의로 밀고 나가 무서운 경제대국으로 일어서고 있다.

지난해에는 WTO에 가입했으며 외국인 제조업 투자는 미국을 제치고 세계 1위가 되었다. 등소평은 종이에 그려진 잠자던 용에 눈을 그려 넣어 승천의 길로 가게 한 셈이다.

세상의 모든 존재는 시간에 의해 변하며 파괴되어 간다. 영원히 변하지 않는 것이 인간의 집념이라면 그 역설에 놀라게 될 것이다. 시도 때도 없이 변화무쌍한 인간의 마음이 어떻게 무변하다고 하겠는가? 그러나 시간을 초월해서 지나간 역사를 두고 생각해본다면, 인류사회는 부단히 발전과 번영을 위해 도전과 응전을 계속해왔다. 그래서 과거와 현재와 미래라는 시차가 구분되며, 인간의 집념은 꾸준히 더 낳은 미래를 향하고 있다.

우리나라도 박정희 대통령 때 시작한 경제개발은 그 동안 많은 발전과 부작용이 쌓이면서 현재 선진국으로 진입하고 있다. 한 지도자의 집념은 나라의 운명을 좌우하며, 인간의 집념은 세상을 바꾸는 힘이 있다. 박정희 대통령의 집념은 한국경제발전의 틀을, 등소평의 집념은 오늘의 경제대국을 만들었으며, 아폴로 11호의 달 착륙이나, 지금은 창세기일 뿐이라는 인터넷의 시작은 모두 인간의 집념으로 발전되어 왔다.

한국은 인터넷 사용자가 천만이 넘었다한다. 인터넷 세상에선 2003년 현재가 현대의 고전으로 변화되어가며 하루하루가 옛날로 되어 가는 초고속 세상에서, 유비쿼터스 시대에 맞는 자유롭고 민주적인 사고로 변해야 살 것이다. 그러나 사회는 빈부격차와 한탕주의, 열악한 취업난, 북핵문제와 전쟁개연성, 카드 빚 때문에 일어나는 사회 악, 경제적으로는 중산층이 사라지고 20%의 부자가 편식하는 사회, 교육은 돈으로! 돈이 있으면 명품의 인생길이 펼쳐지는 사회! 그래서 최근 20-30대의 젊은이들 50%가 더 낳은 삶을 위해 이민을 원한다는 것이다.

스모그 책크를 하며 매일을 성실하게 사는 우리 동포들이 안심하고 미소 짓는 그런 모국이 되기를 간절히 바란다.

9-25-2003 (중앙일보)

인디언이 못사는 이유

변하지 않는 것이 세상에 있을까? 현미경을 들이대지 않더라도 주위를 둘러보면 모든 것이 변하고 있음을 알 수 있다. 시시각각 우리를 둘러싼 세계는 변화하고 있다. 아니 우주도 변화하고 있다. 그런데도 어떤 사람은 변화를 주저하며 자기가 아는 것만을 간직하고 변화를 두려워한다. 옛 것이나 자신만을 옳은 것으로 보는 근시안을 갖게 된다. 그것은 오랜 세월을 거친 고정된 인식에서 비롯됐다고 볼 수 있다. 변화는 항상 새롭다. 새로운 것이 항상 옳은 것은 아니지만, 새로운 것을 이해하고 판단하는데 또한 발전이 있을 것이다.

"동일한 강물에 발을 두 번 담글 수는 없다"고 한 헤라클레이토스의 말은 우리 인생의 변화무쌍한 흐름을 지적한 진리이다. 흐르는 강물에 다시 발을 담그면 첫 번째 담갔던 물은 벌써 세월 속으로 흘러가 버린 후이다. 지금 이 순간도 흐르고 있는데 어찌 어제에 매달려 오늘과 미래를 고정관념으로만 생각할 수 있겠는가? 변화를 모색하며 부단히 노력할 때, 새로운 발전을 얻을 수 있을 것이다.

지구인은 화성에 '스피릿'호를 쏘아 올려 생물의 존재여부를 찾고 있으며, 어느 때인가는 지구와 비슷한 온도를 가진 우주의 행성에서 생물을 찾을 것이라고 어느 과학자는 주장한다. 이제 세상은 디지털 시대의 물결이 도도히 흐르는데, 많은 보통사람들은 광속으로 변하는 현재를 생각하지 않고 옛것만을 고수하고 변신하지 못한다면, 지구의 자전, 공전을 느끼지 못하듯이 시대의 변화에 적응하지 못하고 과거에 머물러 있게 될 것이다.

지난여름 유타 주에 있는 '파웰'호수에 갔을 때 '나바호'란 인디안 촌의 유적지를 가보았었다. 현재 아직도 근처에 200여명이 모여 산다고 한다. 서구라파 인들에게는 영웅인 콜럼버스가 이들 인디안들 에게는 죽음을 몰고 온 원한의 적으로 생각하는 것 같다. 그들은 초속으로 변화하는 새로운 시대에 맞춰 변신하지 못하고, 지나가 버린 옛 영화만을 그리워하며 비참한 생활을 하는 것을 볼 수 있었다.

최근 가주 전역에 5만 5천대의 슬롯머신을 운영 중인 53개 부족들은, 슈와재네거 주정부에 카지노 수익금 중 5억불의 세금납부를 거절하고 있다. 자기들이 그 자체 하나의 자치정부라는 시대착오의 주장을 하고 있어서, 가주주민들은 이해하기가 어렵다고 불만을 한다.

지난 해 10월 세계적인 가전업체 SONY의 노부 유키 회장은 "삼성을 배우자."고 동경 근처 IT전시회에서 연설해서 우리를 놀라게 했다. 1996년엔 SONY의 10분의 1에 불과했던 삼성전자가 이제 세계각지에서 SONY를 추월하고 세계적인 가전업체로 등장한 것은, 1등만이 생존한다는 IT 산업에서 삼성의 환골탈태의 변신과 노력의 결과일 것이다.

지난 세기에 가장 획기적인 변신을 한 나라는 중국일 것이다. 이제 우리의 고구려 역사까지 뺏어가려 하며, 쌍용차도 인수하려하고 있다. 중국은 '선저우'의 발사가 성공했으며 3년 내에 달 탐사계획을 하고 있다. 세계3위의 무역국이고 대미 흑자만 해도 1,200억불에 달한다고 하며, 인터넷 인구는 8천만 명에 달해 미국 다음이라 한다.

70년대 문화 혁명기를 거치면서 내부 혼란으로만 30여 년을 소비하며 희망이 없어 보이던 그들이, 등소평의 등장으로 뼈아픈 내부 이념투쟁에 종지부를 찍고, 13억의 중국인이 개혁개방으로 변신했다. 실사구시와 백묘흑묘론의 실용주의 사상으로, 옷은 공산주의로, 행동은 시장경제주의로 입은 중국은 역동적인 발전을 이룩했으며, 일본을 제치고 무역량이 미국을 추적할 것이라고 한다. 등소평은 화룡점정의 용의 그림에 눈을 그려 넣어, 승천을 하게 한 것이다.

중국에 비해 오늘의 아랍 국가들의 후진 화는 그 종교적 오랜 관습과 전통에서 깨어나지 못하고, 수천 년 전의 지식을 변화의 여지가 없이 고수하는데 있다고 한다. 국가나 개인이나 창의성 있는 변화 없이는 발전이 없을 것이다.

"어둡다는 것을 알기 위해서는 먼저 그 곳에 빛이 있어야 한다."고 했다. 우리도 광속의 변화 속에서, 중국의 발전하는 빛을 보며, 우리 상황을 비추어 생존과 승리를 향한 변신의 길을 찾아야 할 것 같다.

1-24-2004 (중앙일보)

재앙과 경외

새벽에 창문을 여니 비에 흠뻑 젖은 찬 공기가 훅 밀려온다. 뽀얀 안개비가 눈앞을 가리고 세상이 흰 안개 속에 포근히 잠겨 있다. 밤새 비 내리는 소리가 잔잔한 드럼소리처럼 계속 울렸었다. 캘리포니아는 한국과 달리 겨울에 비가 많이 온다. 한데 올 겨울은 유난히 비가 더 많이 왔다. 하긴 어느 겨울도 똑같은 겨울은 없었지만 변화 많은 자연의 오묘함 속에서 우리는 무심히 생활하고 있다.

전자통신문명의 발달로 세계는 지리적으로나 사상적으로 일일생활권으로 들어선 이웃이 되었다. 지난해 12월 26일 아침 인니 스마트라 서부해안에서 발생한 진도 9.0 지진의 해일피해는 그 엄청난 피해규모와 전파를 탄 피해상황을 보면서 세계인들은 경악했다. 15만 명 이상의 인명 피해와 인도양 해안 마을을 쑥대밭으로 만든 그 처참한 천해로, 자연에 대한 경외와 두려움이, 무고한 생명을 잃은 슬픔과 동정이 파도치고 있다.

이 엄청난 재앙의 후유증을 막는데 많은 국가들이 경쟁적으로 돕고 있다고 한다. 이것은 인재가 아닌 천재가 아닌가! 거기에 어떤 뜻이 있을까? 우리 인간은 인재는 막을 수 있어도 천재는 불가항력이 아니가?

1992년 '리우 지구환경회의'에서는 "미래의 세대를 위해 위기에 처한 지구를 구하자."는 취지의 역사적인 모임이 있었다. 지구를 구하는 일은 우리와 이웃을 구하는 일이다. 뉴욕타임스의 리언 푸어스 기자가 지적한데로, 지진발생 후 7시간이 걸려 벵골 만과 안디만 해에 접한 지역을 해일이 덮쳤기 때문에, 세계 재해정보망을 구축해서 고성능의 쓰나미 센서를 인도양 해저에 설치했더라면, 무고한 생명 15만 명의 생명을 구할 수도 있었을 것이라고 한다. 너무나 가슴 아픈 일이다. 우리가 할 수 있는 유비무환의 일이란 과학의 힘을 빌리는 것뿐이다.

몇 년 전 신문에 후리웨이에서 차가 고장 나서 스톱한 차를 도우려고 차 뒤에서 차를 갓길로 밀고 있던 사람이 뒤에서 달려온 다른 차에 치어 사망한 뉴스를 읽은 적이 있다. 그 일이 마음에 침식되어 떠나지 않았다. 왜 신은 그런 많은 선량한 사람과 무고한 사람을 희생시키는 것인가? 종교철학자 김하태 박사님께 물어보았다. "비가 어느 곳이나 내리듯이 인간에게도 신은 선택적으로 구원하지 않는다."는 말씀이셨다.

역사상 유럽인구의 3분의 1을 앗아간 흑사병을 연상시키는 까뮤의 작품 <페스트>에서 "신이 존재한다면 이렇게 많은 사람들이 그냥 죽을 수 있느냐?"며 지옥 같은 '오랑'에서 탈출할 수 있었는데도 마지막 순간에 그곳에 남아서 의사 '류'를 도와 환자들을 돌보고 결국 '오랑' 시민들을 구원한 랑베에르는 사랑과 정의로 인간구원을 실행했다. 싸르트르나 앙드레 말로 등과 더불어 실존문학의 선구자 역할을 했던 까뮤는 "신은 존재하지 않는데 죽음의 불안만 남았다."는 불안문학으로 인간구원을, 이들 주인공들을 통해 묘사했다.

안개에 파묻힌 마을은 묵묵히 자연의 변화에 순응하는 듯 빗속에 잠겨있다. 인간은 자연에서 나와 자연으로 돌아간다는 만류의 합일성에서, 인간의 본향인 자연은 무한히 자비롭지만 또한 무한히 두려운 존재이기도 하다. 이번 일로 안개만큼이나 불투명한 해결되지 않은 의문이, 인간의 지혜를 초월한 단지 믿음으로만이 해답을 대신하는 질문이 남았다. 이제 종교철학자 본회퍼의 "하나님 앞에, 또한 하나님과 함께 우리는 하나님 없이 산다."는 글의 깊은 의미를 되새겨 본다.

1-11-2005 (중앙일보)

자연과 조화되는 삶을!

하늘이 높고 푸르다. 투명하게 맑아서 그 곳으로 한없이 달려가면 해와 달 그리고 별들도 만날 듯하다. 아니 찬연한 은빛 은하수도, 무한대의 푸른 우주도 그 곳에 있겠지. 푸른 하늘, 푸른 자연의 숨결이 오늘 LA에 와있다. 아침과 낮 그리고 황혼의 일몰이 우리를 설레게 하며 아열대의 사계절이 있는 이곳 캘리포니아에서 산다는 것이 행복하게 느껴지는 오늘, 푸른 날씨다.

그러나 고개를 눈높이로 내리면, 자연이 아닌 인간들의 실존의 삶이 보인다. 헤아릴 수 없이 많은 전자파와 온실가스로 에워싸인 지구촌에서는 각국이 이해타산으로 분쟁이 끝일 날이 없다. 개인들은 집착과 욕망으로 생존을 위해 고속으로 치달려 가는 21세기의 글로벌 경쟁시대에서 마음의 안식을 어디에서 구할 수 있을까?

몇 년 전 코펜하겐에 살고 있는 딸집을 방문했었다. 사돈댁의 초청으로 저녁식사를 나누며 여러 가지 대화를 나누던 중, 딸의 시부모님(덴마크인 의시들)은 지구의 심각한 오염을 걱정하며 정부의 정책으로 두 분 다 병원에 자전거로 출퇴근한다고 했다. 날더러도 건강을 위해서 그리고 공기 오염을 위해서도 자전거 타기를 권했다.

그들은 그림 애호가로, 수집한 현대화들로 가득한 바닷가 3층집에서 살고 있는 그들이 자전거로 출퇴근하다니……. 코앞의 경쟁에 시달리는 한국과 미국의 스피디한 일상의 사고로는 그들의 친자연적 여유 있는 삶을 이해하기에는 시간이 걸렸다. 그렇게 소박하고 검소한 생활을 하는 덴마크는 현재 유럽에서 자전거 이용률이 EU 25개국 중 가장 으뜸인 나라다.

들꽃이 흐드러지게 핀 비포장의 시골길을 들바람에 머리를 날리며 아무 걱정도 없이 자연과 동화되어 달려가면 스모그에 찌든 메마른 가슴에 푸른 꽃이 피어날까? 2004년도 <화장>으로 이상 문학상을 수상한 소설가 김훈씨도 그의 자서를 보면 자전거로 시골길을 사색하면서 달리고, 달리면서 사색하는 현실의 실사 적인 장르로 작품을 쓴다고 신문에서 읽었다.

내가 운영하는 홀마크 카드 스토어에서 캐시를 보고 있으면 여러 종류의 사람들과 마주친다. 어느 날 카드 진열대 앞에 오래 서서 카드를 고르고 있던 청년이 카드를 십여 장 골라왔었다. 나는 자동적으로 종이 백에 모두 담아주었더니, 그는 값을 계산한 후, 종이 백에서 카드만을 꺼내 들고 종이 백을 내게 돌려주며 'Save tree'하곤 나간다. 이 청년도 가슴에 쿨한 자연을 품고 있구나!

지구촌이 이상기후로 몸살을 앓고 있다. 아르헨티나는 폭설이 내려 동사하는 사람이 있는가 하면 인도, 인도네시아 등은 한발이 되어 개구리 결혼식으로 기우제를 치르고 있다고 TV뉴스에서 보았다. 그 이유가 엘니뇨현상 때문이라고 한다. 홍수가 나고 태풍이 불며 쓰나미가 예년보다 훨씬 많이 일어날 것이라 한다.

또한 메마른 산에서는 산불이 나서 집을 잃은 난민들이 계속 늘어나고 있다. 가까운 장래에 지구의 온난화로 남극과 북극의 얼음산이 다 녹아 없어지고 생태계의 변화로 북극에서 살던 백곰이 멸종되리라는 보고도 있다. 또한 LA의 교포들의 크루즈여행 선호 대상 1위인 알래스카의 얼음산이 많이 녹아내려 얼마 후면 볼 수 없게 된다고 하는 여행사의 선전 메시지도 더 자주 접한다.

지난 주말 태권의 집에 가서 점심을 한 후 아들이 비디오를 틀어주었다. '동물의 왕국'이란 <National Geography>이었는데, 자연의 이상변화로 두려운 환경에서 어쩌지 못하던 어린 동물들의 처연한 모습이 기억에서 사라지지 않고 마음에 맺혀있다. 자연이 생명이라고, 살아있는 자연을 아끼며 사랑하라고 '동물의 왕국'은 우리를 일깨워 주고 있다.

시장에 가면 산더미로 쌓인 과일과 채소, 고깃간의 온 벽에 진열된 붉은 색 고기, 그뿐 아니라 종이 백과 플라스틱 백을 공짜로 주는 아낄 줄 모르는 생활이 아메리카의 현상이다. 그러나 이제는 샤핑백을 파는 마켓도 있다. 재활용품을 모으는 커다란 통엔 주민들이 가져온 플라스틱 백이나 병들이 담겨있다. 소비가 미덕이라는 한때 미국의 경제철학도 그 의의와 효과가 퇴색되고 시효는 끝나가고 있는 것 같다.

최초에는 인간이 문명을 만들었지만, 오늘에는 무한히 발전된 그 문명이 인간에게 편의를 제공하는 반면, 그 역리현상으로 문명의 횡포와 지배를 되돌려 받고 있는지도 모른다.

오늘의 세계는 하루가 다르게 자원이 고갈되어 가고, 고유가와 불경기로 들끓고 있지만, 그보다도 더 시급한 문제는 우리 삶의 보금자리인 이 지구를 친자연적 삶으로 건강하게 보전해야 하는 것이 아닐까.

밤하늘에 뜬 수십억의 행성들이 묻고 있다. 지구는 안녕하신가?

Save Earth!

8-2010 (한국일보)

이민 1세대의 각오

달력을 12월로 바꿨다. 올해의 마지막 달이다. 작년부터 시작했던 이민 100주년을 기념하는 여러 가지 세미나와 사업이 진행되었고 이젠 마무리되어 12월인 올해도 지나고 있다. 앞으로 다가오는 새로운 세기에 새로운 일을 기대해 본다. 요즈음 한국에서는 이민을 가려는 유능한 젊은이들이 많다고 한다. 100년 전의 이민에 비하면 오늘의 이민은 오히려 사치스러운 것일 것이다.

그런데도 이민의 아픔이, 불안이, 낯섦이 우리의 매일의 생활에 스며있음을 부정할 수 없다. 아무리 영어를 잘해도, 때와 장소에 따라 변신을 잘하는 맞춤인간이라도, 내부에 똬리를 튼 본성이 유년시절에 배인 모성처럼 잠재하고 있다. 앞으로의 100년을 우리는 어떻게 더 좋은 삶으로 2세들을 리드할 것인가? 어떤 환경을 조성함으로 우리의 후세들에게 더 낳은 삶을 만들어줄 수 있을까? 사실 현실의 우리는 대부분 나의 세대를 가누기에 급급했다. 또한 2세들에게 부담을 안주는 것으로 우리의 도리를 다한다고 생각할 수도 있을 것이다. 그래도 사색하고 궁리해서 체계적인 대책을 세워야 할 것이다.

친구 P는 항상 부지런하다. 남들이 보면 집안의 모든 일이 다 잘 정돈되어있고, 자녀들도 독립해서 나갔으며 편안한 여생을 즐기며 살 수 있을 텐데, 그래도 무엇이 부족한지 항상 조급하게 자신을 채찍질하며 다음 일을 계획하고 추진한다. 물론 진취적인 성격의 사람에게서 흔히 볼 수 있는 경향이라고 치부하면 그만이겠지만, 또 그런 성격이 삶의 발전을 가져오는 것이지만, 주위 사람들을 불안하게 하는 것도 사실이다. 특히 그녀의 남편은 그녀의 극성을 힘들어한다. "이제 제발 좀 느긋하게 삽시다."고 P씨가 말하면 한동안 수그러들었다가 얼마 후엔 다시 새로운 것을 계획하고 추진하느라 집안이 항상 긴장에 싸여있어서 편안하지 못하다고 한다.

그녀가 미국에 정착한지 30년이 넘었는데, 지금도 기회만 있으면 한국에 다녀오고 한국의 앞서가는 풍속을 알려주며 친구들을 만나면 한국 얘기로 꽃을 피운다. 이제는 과거를 지나서 시선을 멀리 두고 관조하는 때도 되었건만, 또 그녀자신도 한국의 빨리빨리 사회나 정치에 누구보다도 적극적으로 혹독한 비판을 하면서도 그녀를 생각하면 '한국파'라는 감을 버릴 수가 없다. 며칠 전 모임에서 그녀가 무언지 허전한 표정으로 중얼거렸다. "한국에 가서 부모님이 안 계시니 돌아다녀 봤자 재미가 없더라. 한국에 대한 미련이 부모님에 대한 그리움이었던 것 같아." 한국파인 그녀의 참회를 듣는 듯한 감이다. 한국은 그래서 모국이지 않는가!

부모님에 대한 그리움과 사랑은 본능적인 것이어서 어떤 여건이 되어도 지우거나 삭제되지 않는다. 우리는 한국어나 한국의 역사를 모르는 또 모국이라는 단어의 진정한 의미가 무엇인지 모르는 1.5세나 2세들의 부모이다. 우리는 그들의 부모인 동시에 그들의 모국이다. 우리의 마음 깊은 곳에 잠재되어있는 이질감, 아니 정신적 이방인의 쓰라림을 그들에게 물려주지 않기 위해서도, 우리는 시야를 멀리 뜨고 또 하나의 100년을 설계하고 계획해서 이질감이 없는 토양을 만들어야 하지 않을까 생각한다.

제네바의 오비브 팍에서 만났던 한국아이가 생각난다. 해질 무렵쯤 4-5세 정도 되는 그 아이는 웬 연세가 많은 스위스 부부의 손에 잡혀 삐죽대며 우리 아이들 곁으로 다가왔었다. 내 아이들이 놀고 있는 모래성 앞에 오더니 도로 돌아가려고 때 쓰는 아이를 노부부는 살살 달래고 있었다. 아이는 불안하고 낯설고 어설픈 듯 못내 눈길을 맞추지 않는다. 내가 무슨 일인가 물어보았다. 그 아이는 나이 드신 그들이 입양한 한국 아이이며 스위스에 온지 2달되었다고 했다.

한 육십 세가 넘어 보이는 노부부는 제네바대학에서 공부하면서 만나 결혼하고, 젊었을 때는 아이를 낳지 않고 인생을 즐기다가 65세가 넘어서야 아들을 입양했다고 했다. "어떻게 해야 이 아이가 행복할지 몰라서 아이에게 한국말과 문화를 알려주고 싶어요. 비행기에서 입양될 여러 아이들과 같이 내리는데 우리 애가 제일 잘 생겼어요. 우리가 럭키 하죠. 애가 외로워해서 한국에 있는 그의 형제들은 전부 입양할 생각입니다." 부인이 아이에게 한국말을 시켜보라고 했다. 내가 말을 시키니, 갑자기 아이가 가슴속에서 북받치는 오열을 터트린다. 우리 모두가 당황했다. 그때 부인이 순간적으로 아이를 얼싸안고 같이 울지 않는가!......

잠시 후 아이는 그 늙은 엄마의 품에 안겨 집으로 갔다. 영양실조로 잘 자라지 못한, 머리에 도장밥이 몇 군데 있는, 검고 노란 피부의 그 아이를 가장 잘 생겼다고 사랑하는 그 스위스 부부가 정말 고마웠다. 그 아이도 이젠 30세가 넘은 청년으로 잘 자랐겠지. 아이의 모국은? 그 어린 나이에 겪었을 혼란을 어떻게 잘 견디었을까? 이해심 많은 그 노부부가 잘 보살폈으리라 짐작된다.

그렇다, 모국을 그리워하는 것은 부모의 간절한 사랑을 그리워하는 것이다. 우리의 자손들에게는 모국이, 부모가 있는 이 곳이며, 그들에게 이중적 사랑의 본성을 1세대들처럼 갖지 않게 우리가 환경을 조성해줘야 할 것이다.

12-03-2003 (중앙일보)

기축년, 소해의 단상

2009년인 올해는 기축년, 소의 해다. 올해엔 지난해의 금융쓰나미 등 다사다난했던 어려운 난관을 슬기롭게 극복하여 우리 모두에게 희망과 행복, 축복의 해가 되었으면 한다.

66억의 세계인구가 같은 지구 위에 공생하면서 새해를 맞는 각자의 희망은 각기 다를 것이다. 최근 이스라엘과 팔레스타인간의 가자지역 분쟁과 미국의 이락, 아프가니스탄 전쟁 등은 일촉즉발의 국제분쟁으로 이어질 조짐이 숨 가쁘게 이어지고 있다. 역사상 지구촌에 전쟁이 없는 날이 얼마나 될 것인가! 전쟁 없이 대화와 타협으로 해결할 수 없는 이해의 상충과 욕망, 민족의 생존을 지키기 위해서 이어져 온 인간의 역사는 바로 전쟁의 역사라고도 할 수 있을 것이다. 그러기에 3천 년 전의 트로이 전쟁을 서사시로 엮은 호머의 "일리아드 오디세이아"는 오늘날에도 문학적인 것만이 아닌 많은 것을 시사해 주고 있다.

우리민족에게도 뼈아픈 전쟁의 상흔이 아직까지도 남아있다. 불과 3년 동안의 전쟁이었지만 그 아픔의 한이 치유되지 못한 채로 남았다. 사랑하는 가족들과 헤어진 지 59년, 인간의 존엄성과 사랑과 그리움이 짓밟혀진 그들의 슬픔과 고뇌를 어찌 가볍게 지나칠 것인가! 이성에 의한 당위적 도덕보다는 비이성적 요인인 욕망과 이해타산에 지배되는 약육강식의 현실을 개탄할 수밖에 없다. 이는 인간의 안타까운 숙명적인 뼈아픈 슬픔이다.

다른 한편 2008년 9월부터 월가의 금융시장이 붕괴되기 시작해서 월가의 금융쓰나미는 전 세계를 휩쓸고 있다. 사방을 둘러봐도 이성적 해결책은 어려워지고 "경제, 돈"이라는 구호만 높이 휘날린다. 아무도 이 거대한 신자본주의의 결함을 치유하지 못하고 말만, 이론만 무성하다. 세계는 돈으로 환산되는 물질적 상품화로 전락 되어가고 있다. 이런 상황에서 한국도 경제 올인을 시작하고 실업자 구제를 통한 실물경제회생을 위해 4대강 운하건설의 토목사업을 시작하고 있다.

한해가 지나가고 새해가 왔다는 것을 실감하기도 전에, 신문을 도배한 경제문제는 우리를 억누르는 척박한 현실, 우리가 넘어야할 태산이다. 물이 문득 솟구쳐 사물이 생겨났다가 물이 흐르면서 사물이 순간에 아득하게 사라져 버리듯이, 우리 인간의 일생이 지나가는 것도 그 속도가 문틈으로 흰말이 달려 지나가는 것을 보는 것과 같이 빠르다는 장자의 말이 이해되는 요즈음이다.

2008년은 다사다난했던 한 해였다. 주식시장의 곤두박질로 생계수단이 막히고, 실직으로 집을 잃고 홈리스가 된 사람, 기아에 허덕이는 지구촌의 수많은 사람들, 또한 지구 온난화와 전쟁 등 수 많은 어려운 문제들이 끈이지 않는 복잡한 삶의 질곡 속에서 우리는 2009년 새해를 맞았다.

일회성의 인생인데, 하루에 두 번 새벽이 없고, 한번 가버린 시간은 영원히 돌아오지 않는 것이 피조물주인 우리의 현상이다. 그러므로 오늘 하루는 내 인생의 최고의 날이라는 각오로 가장 중요한 지금, 여기에서 새로운 새해를 맞이한다면 여생을 후회의 여한에서 조금은 벗어나지 않을까!

"희망의 원리" 저자인 독일 철학자 어네스트 블로흐는 "인간에게서 욕망의 활동이 멈추어 버린다면 시체 외에 무엇이 되겠는가! 인간은 언제나 현존을 초월해서 보다 낳은 미래를 지향하는 존재."라는 것이다. 삶은 다양한 얼굴을 가졌다. 회한과 괴로움에 반해서 희망과 기쁨이 상존 한다. 그래서 우리는 어려움 속에서도 희망을 잃지 않고 미래를 향한 욕망의 활동을 멈추지 않는다.

어린 시절, 새해 아침에 머리맡에 놓여있을 설빔 생각에 가슴을 두근거리며, 눈썹이 희어질까봐 잠을 쫓던 일, 어머님이 정성 드려 만드셨던 모본단 치마에 색동저고리, 집안 어른들께 세배 다니던 일, 돌아보면 즐거운 추억만 메모리 셀에 잠재되어 있다. 그때는 지금보다 그렇게 평화롭고 아름다웠던 시절이었던가? 물론 그렇지만은 않다. 해방 전후와 6.25 사변을 겪은 소용돌이치는 세월이었으니까. 그러나 어떤 상황에서도 가정의 평화와 아름다운 전통과 정서를 지키려는 어머니의 마음이 있었기 때문에 그리운 추억으로 남은 것이다.

기축년 새해가 밝았다. 소의 해다. 소는 반추를 한다. 우리도 지나간 일들을 회상하며 돌아보며 다시 반추하며 지금 처한 상황에서 좀 더 낳은 "담대한 희망"을 가져보자.

1-10-2009 (한국일보)

새해를 맞는 자세

한 해가 지나고 다시 2010년 새해를 맞이했다. 지나가 버린 시간은 기억이나 경험의 cell에 저장되어 현재와 미래를 살찌게 한다. 앞으로만 흐르는 무게 없는 시간은 때론 역류해서 우리를 지나간 감정에 젖어들게도 한다. 그립고 아쉬운 추억들, 못 다한 절절한 낱말들이 피톨로 떠돌고 있는 과거로 역행하다가 다시 돌아오기도 하며 내 마음의 강을 오르내리고 있다. 어느 누구도 지나온 과거에서 자유로울 수 없는 인간의 숙명적인 한계에서 우리는 실존하고 있다.

또한 알지 못하는 미래는 언제나 장밋빛인가? 아니다. 모르는 것은 오히려 두려움과 불안을 동반한다. 우리가 아는 것은 앞에 놓인 시간들, 미래라는 시간을 계획하고 조절하고 활용해서 가치 있는 미래를 꿈꿀 수 있는 현재뿐이다. 과거를 비춰보며 과거에 얽매이지 않고 미래를 온전히 갖기 위해 우리는 메마른 현재를 위해 노력하며 살고 있다.

새해첫날 새벽에 동네 근처 그리피스 파크에 있는 동산에 올랐다. 많은 사람들이 벌써 나와서 맨손체조를 하고 있었다. 그들도 새해부터 자신을 관리하는 진취적 생활을 하기 위해 따뜻한 침대에서 벗어나 이곳에 온 것일 것이다. 2009년인 어제와 2010년인 오늘의 차이는 달력에 표시된 숫자에 불과하다. 하지만 어제와 오늘의 의미의 차이는 가버린 시간과 현재 가지고 있는 시간이라는 차이이며, 시간이 내포한 값어치는 나이 들수록 절실하게 느껴지기에 한 해가, 하루가, 또 하루를 구성한 매 시간이 중요한 것이다.

간단한 워밍업을 한 후 숲길로 들어섰다. 어슴푸레한 새벽빛을 배경으로 나무들은 하늘을 향해 희망찬 가지를 뻗고 서있다. 드디어 멀리 산 위의 허공이 밝아오고 엉켜진 나무들 사이로 직 광이 내리비치고 있다. 숲 속에 있는 수많은 나무들이나, 오솔길에 떨어져 쌓인 푸르고 노랗고 또 붉게 모자이크된 단풍잎들이나, 어느 것 하나도 똑같은 것이 없다. 같은 나무와 토양과 환경에서 같은 시간을 살아온 나뭇잎들이 아닌가!

인간도 시간과 환경과 gene의 영향을 받기에 어느 누구와도 똑같은 모습이 없다. 과거 수천 년을 지구상에 존재했던 인간들과 현존하는 65억의 사람들과 미래에 또 수천 년을 태어나고 사라질 인간들이 아무도 똑같지 않음을 생각해보면, 미지에 대한 근본적 두려움으로 아득해진다. 더불어 주위의 아름다운 자연을 대할 때나, 상상의 극한을 넘는 우주의 신비를 헤아릴 때면, 평소에 잊고 지냈던 창조주에 대힌 경외하는 마음이 깊이 물결친다.

새 가나안 땅을 찾아 이곳에 이민 온 우리들, 새로운 환경에 적응하며 공생하기 위해 생각지도 못했던 어려움과 고난을 겪어야했던 지난 세월이었다. 특히 지난해는 이락전쟁과 국지적 분쟁에 휘말리고 이와 더불어 금융 쓰나미로 인한 경제적 위축으로 세계가 공황에 휩쓸리지 않나 하는 공포 속에서 방황했던 세월이었다.

대나무는 꽃을 피우기 위해 100년의 세월을 기다려서 꽃을 피운 후 생을 마감하고, 모하비 사막의 만년 청풀은 25년의 세월이 소요되며, 또한 바다거북은 먼 바다에 나가 살다가 알을 낳기 위해 25년 만에 자기가 살던 곳으로 돌아온다고 한다. 연어 또한 먼 바다의 항해에서 돌아와 알을 낳기 위해 고향강의 시원으로 끝없는 역류를 시도한다. 생명의 역사는 그렇게 빠르고 간편하게 이루어지는 것이 아님을 우리는 잘 안다. 굽힐 수 없는 의지와 고독과 아픔과 카오스를 딛고 뿌린 작은 씨를 위하여 참고 기다리는 긴 세월, 그리하여 어느 날 보람된 결과를 기대하는 것이다.

"아프고 견딜 수 없는 고통을 이겨내는 법을 배우므로, 고뇌는 우리 인간을 질기게 하고 단단하게 한다. 참고 극복하는 법을 잘 안다면 그것은 온전히 산 것이다. 그리해서 행복은 '어떻게'이지 '무엇'이 아니며, 행복은 느끼는 '능력'이지 찾아 나설 '대상'이 아니다."라고 헤세는 칼 붓세에게 보내는 편지에서 말했다.

과거의 집착에서 벗어나고, 불확실한 미래에 대한 불안을 극복하며, 현재를 현명하고 충실하게 아름답게 행복하게 살도록 노력할 것이다. 경제의 어려움과 개인적 고민과 해일처럼 밀려드는 허무함을 이겨내고 경인년 호랑이해에는 어떤 어려움에서도 희망의 끈을 놓지 말고 더 강해지기를 우리 모두 기원하자.

1-1-2010 (한국일보)

내가 겪은 6.25

수도극장 뒤편의 조용한 동네에서 친구들과 고무줄놀이를 하고 있었다. 우리 옆집의 영자와 학순이, 다음 골목의 철규 우리 모두는 남산초등학교 4학년 같은 반 친구들이다. 철규는 웬일인지 여자아이들하고 놀기를 좋아해서 학교에서도 우리와 함께 놀았다.

저녁나절 어머님의 부름으로 각자 집으로 돌아간 후 그날 저녁 전쟁이 일어난 것을 어른들이 말해주셨다. 우리 동네에 하나밖에 없는 우리 집의 라디오에서는 이승만 대통령이 떨리는 목소리의 담화가 계속되고 동네사람들이 모두 모여서 듣고 있었다.

그 이후론 우리는 더 이상 땅뺏기나 공기놀이나 고무줄이나 줄넘기를 하지 못했다. 철없이 뛰어 놀던 어린 시절은 전쟁으로 말미암아 더 이상 우리의 것이 아니었다.

38선 이북에서 군인들이 탱크를 앞세워 을지로와 종로로 지나가고, 인도에서는 수많은 사람들이 이상한 국기를 흔들며 만세를 부르고 있었다.

며칠 후, 다음 골목에 사는 철규가 집 앞에서 울먹이며 서 있었다. 엄마 아빠가 잡혀갔다는 것이다. 철규 아빠가 변호사라 했다. 그래서 잡혀간 것이라 했다. 철규와 어린 동생 영희만 큰집에 남아 어떻게 되었는지 그 후로 우리는 그 애들 소식을 더 이상 듣지 못했다. 친구들과 학교 방과 후 놀러가던 남산 길엔, 가마니로 덮인 시체들이 즐비하고 어른들은 숨죽인 듯 방공호에 숨어 지내셨다.

그 해 9월 28일 유엔군과 국군이 인천으로 상륙해서 서울을 수복한 후 38선을 너머 북으로 진격한다고 했다. 그리고 얼마 후, 다시 중공군이 남으로 밀려오니 피난을 가야해서 12월 24일 우리 가족은 한강을 나룻배로 건너서 용산 역에 도착했다. 용산 역엔 기차를 타려는 피난민으로 들끓고 서로 가족을 찾는 아우성으로 수라장이 되었다. 어찌해서 우리 가족은 짐 싣는 무개차 위에 올라탈 수 있었다. 그때가 오후 1시, 기차의 지붕 위에 까지 피난민을 가득 실은 기차는 힘에 겨운 듯 겨우겨우 움직여서, 기어가다가 서고, 가시 좀 움직이다가 되돌아가기도 하면서 대전에 가까스로 도착했을 때는 밤 12시였다.

1950년 6월 25일 새벽 4시에 발발했던 사변은 1953년 7월 27일 휴전협정의 조인으로 전쟁은 끝났다. 6.25동란은 소련의 태평양지역의 패권 장악의 야욕과 모택동의 한반도 지배의 목적 그리고 김일성의 적화통일의 야심이 일으킨 골육산장의 참혹한 전쟁인 것이다. 유엔군과 한국군을 합해서 18만 명의 인명피해와 한국 민간인 99만 명의 살상자를 내었다 한다. 이북 또한 북한군 52만 명과 중공군 90만 명의 인명이 죽었다고 한다. 그 과정에서 피맺힌 수백만 명의 이산가족이 생기고 그 상처는 지금도 이어지고 있다.

이제 61년의 세월이 지났어도 아직도 그 아픔과 한은 사라지지 않고 전쟁을 치른 우리 세대에게는 인생의 깊은 상처로 남아있다. 특히 TV를 통해 방송되었던 이산가족의 상봉모습은 당사자가 아니어도 온 국민이 울면서 지켜보게 된다.

미국도 1세기 전 1861년부터 1865년까지 4년간 계속되었던 미국의 남북전쟁은 노예해방이 명목이었으나, 내용 면에서는 남과 북의 경제전쟁이었으며 북의 승리로 노예들이 해방되었다.

150년이 지난 오늘날 그 전쟁의 목적인 노예해방은 이루어졌으나, 그 참뜻인 인종갈등은 여전히 남아 있어 지난 1992년의 4.29폭동이 일어나고 앞으로도 항상 긴장상태가 계속되고 있는 것이다. 지구상의 인류는 전쟁이 없는 세상을 꿈꾸나 불행히도 매년 지구상에 전쟁이 없는 날이 며칠이나 될까?

이제 미국에 산지도 36년이 지났다. 피난지에서 처음 보았던 파란 눈의 사람들과 함께 매일 같이 생활하고 있다. 전쟁으로 떠났던 서울을 피난지에서 안타깝게 그리워했는데, 지금도 떠나온 고국을 그리워하며 외지에 마음 붙여서 살고 있다.

오랜 세월이 지난 현재, 한국은 세계적인 경제대국으로 진입했으며 문화적으로도 세계의 젊은이들을 리드하고 있는 듯 보인다.

이제는 우리 모두 먼 앞날의 조국통일을 위한 준비와 더 이상 이산가족들의 뼈아픈 고통이 없도록 한 마음으로 기원하며 노력해서, 좀 더 좋은 세상을 후손들에게 물려주었으면 한다.

6-25-2011 (한국일보)

전쟁과 인류의 역사

TV를 켜니, 뉴욕의 세계무역센터이며 미국경제의 상징인 쌍둥이 빌딩이 화염 속에 불타고 있었다. 당시의 급박하고 비극적인 영상이 이어지고 슬픔과 절규 속에 쌍둥이 빌딩이 차례로 무너졌다. 먼지의 먹구름 속에 한치 앞이 안 보이는 숨 막힌 광경들, 영화 속 장면 같은 지옥의 순간이 방영되었다. 그 와중에도 선량한 인간애로 남들을 구제하기 위해 희생된 살신성인의 사진이 뜨며 2001년 9.11을 추모하기 위해 비극의 현장을 다시 방영하고 있었다. 그 후 잔인한 미소를 띤 빈 라덴이 나와 알 카에다의 광기의 복수를 정당화하는 말을 하고 자기들의 과거 영광을 되찾자고 한다.

올해는 9.11이 일어났던 10년 째 되는 해이다. 알 카에다의 자살 특공대에 의해 비행기 4대가 납치되어 쌍둥이 빌딩과 워싱턴 DC에 있는 펜타곤이 공격당하고 나머지 한 대는 용감한 탑승객들에 의해 숲 속에 추락했다. 이로 인해 2970명이 사망했다.

분노한 부쉬대통령이 모든 자원을 동원하여 적을 응징하겠다고 선포하고 아프가니스탄과 이락과 전쟁을 했으며 지금도 이란과의 끝없는 게릴라전은 계속되고 있다. 알 카에다의 빈 라덴이 지난 5월에 사살되었으나 미국의 공항은 3중 4중의 검열을 거쳐야 탑승을 하는 보이지 않는 게릴라전은 지금도 계속되고 있다.

역사이래, 계속되어온 전쟁의 참혹함을 지구상의 인류는 다 아는데도 왜 전쟁은 되풀이될까? 트로이전쟁을 서사시로 쓴 <일리아드>와

<오디세이아>를 보면 3천 년 전에 살았던 그들도 현재인과 똑같은 이성과 욕망을 소유한 인간이기에 10년에 걸친 전쟁이 일어났던 것이다. 2500년 전에 그리스의 소크라테스나 중국의 공자, 인도의 석가모니에 의해 인간의 지혜가 전부 나왔는데도, 인간들의 전쟁은 21세기에도 계속되고 있다. 세계 1차, 2차 대전을 겪었음에도, 해마다 지구촌에서 전쟁이 없는 날은 불과 며칠밖에 되지 않는, 지구촌의 잔인한 전쟁 속 세상을 우리는 살고 있는 것이다.

인간의 욕망 때문일까, 무지일까? 오늘날 문명의 발전으로 통신수단이 발달되어 지엽적으로나 사상적으로 세계는 하나의 집안처럼 좁아져버렸다. 이제는 인간가족이라는 자각이 성숙단계에 접어들어 아프리카 오지나 동남아 섬에서 인간애를 실행하는 많은 선인들을 볼 수 있다. 정의와 사랑은 갓세마네 동산에만 있는 것도 아니고 멕카의 신전에만 있는 것도 아니기에, 상호 화합의 길을 택해서 평화와 사랑의 세계를 구현하는 21세기가 되기를 우리 모두 바라고 있다.

지난 달, 내 생일에 지인으로부터 <십자군이야기>라는 책 선물을 받았다. <로마인 이야기>로 잘 알려진 "시오노 나나미"의 작품으로 움베르토 에코의 <장미의 이름>과 같은 류의 팩션소설이다. 그리스도교국인 비잔틴제국은 7세기 전반에 아라비아 반도에서 일어난 이슬람 세력에 의해 시리아, 팔레스티나, 이집트, 북아프리카를 잃고 소아시아까지 이슬람 세력이 육박해 오자 로마 교황에게 원군 파병을 요청한다. "신이 그것을 바라신다(Deus lo vult)."며 설사 이교도와 싸우다 죽더라도 너희의 죄를 용서받게 된다는 우르바누스 2세 교황의 설교로 성도 예루살렘의 탈환을 목적으로 "십자군 전쟁"은 시작된다.

중세기인 1096년에 시작된 "십자군 전쟁"은 세계 역사상 가장 긴 200년 동안 계속된 종교전쟁으로, 정복지에서 종교가 다른 사람은 모조리 죽여 없애는 광기의 참혹한 전쟁이었다. 종교전쟁은 영토전쟁이나 이념 전쟁보다 더욱 잔인한 전쟁 같다. 역사를 돌아보며 2001년의

9.11로 인해 더 이상 전쟁이 계속되지 않기를, 더구나 종교전쟁으로 비화되지 않기를 바란다.

인간사회에서 지배욕과 충동은 인간의 공통된 본질이기 때문에 이러한 처참한 분쟁은 끊임없이 일어난다고 한다. 그러나 사랑과 인간 영혼구제의 본질을 추구한다면 이와 같이 무고한 인간을 살상하는 어리석은 일은 이제 없어져야할 것이다.

9-10-2011 (한국일보)

우주 속의 소립자

지난 12월에는 성탄절에 맞추어 동부에 사는 딸집에 선물을 부치고, 가까이 사는 큰아들 가족과 샌프란시스코에서 오는 막내아들부부의 선물을 사느라 샤핑몰을 돌아다녔다.

크리스마스이브에는 우리 집에 다 모여 손자들의 재롱을 보며 즐거운 시간을 가졌지만 나이 탓인지 몸이 좀 피곤했다. 막내부부는 엘에이에 오면 큰아들 집에 머물며 지냈는데, 그날 밤은 우리 집에서 잠을 자게 되어 은연중 긴장하고 신경을 썼던 것 같다. 그리곤 세밑의 바쁜 일정이 지나자마자 나는 감기몸살로 2주가 넘게 앓았다.

2012년 새해의 정월인데 외출도 못하고, 책도 못 읽고, 아무 것에도 집중하지 못한 채 감기를 끌어안고 미열에 시달리며 집안에 갇혀있었다. 창밖으로 보이는 밤하늘의 별들이 유난히 맑고 푸르다. 세월이 아무리 흘러도 별이 총총한 밤하늘을 보면 동심으로 돌아가서 유년의 추억이 달려온다.

정신을 가다듬고 친구가 보낸 이 메일 '허블망원경이 본 우주'라는 영상을 보았다. 허블씨의 망원경은 무한대한 우주의 신비한 아름다움을 보여주고 있어 감탄과 두려움과 더불어 창조주와 자연에 대한 경외감이 온몸으로 전해온다.

이 작은 땅 위에 두발 딛고 사는 인간존재의 실상이, 재물과 권력을 위해 이전 투구하는 인간생존경쟁이 가소롭고 안타깝다. 그래 동물 중 가장 위대하다는 인간의 지혜가 고작 이 정도인가…….

검은 우주 속, 인식의 차원을 넘는 곳에서 '별이 총총히 빛나는 밤'이라는 성운을 지나고 화려하고 아름다운 장미성운과 오리온성운을 지나서, 화면에 온통 쏟아지는 별빛으로 환상적으로 붓 칠이 된 은하수가 보인다. 그 옆에 잘못 찍어진 것 같은 붉은 색의 한 점이 우리의 태양계란다. 검붉고 둥근 소용돌이의 블랙홀의 무시무시한 위용, 그리고 지구에서 1000광년이나 떨어져있다는 전갈자리의 붉은 일등성인 안타레스(Antares)별, 아……. 그 별! 밤하늘에서 15번째로 밝은 별인 안타레스별에 비하면 60억의 인간들이 사는 태양계는 먼지 같은 크기로 지구는 점으로도 찍을 수 없는, 존재조차 아득한 소립자다.

> "1000광년을 달려가야 만나는 그대 / 그대 또한 내게 닿으려 / 어두운 밤하늘 / 천왕성, 해왕성을 지나 / 장미성운과 오리온성운을 지나 / 외롭고 두려운 검은 공간 속을 / 억년의 세월을 달려 / 그대의 빛 / 내 몸을 겨냥하고 / 아득해라 / 막막해라 / 돌아보지 않고 / 후회하지 않고 / 카오스의 허공을 지나 / 어느 순간 그 빛 / 내 가슴을 뚫었네. …… 본인의 시 <안타레스 별>

그러나 인간존재의 모든 문제들, 정치, 경제, 종교, 문화와 인권, 기아와 자연재해들, 국가와 민족 간의 갈등, 끝없는 경쟁과 슬픔과 불평등으로 불안한 환경 속에서, 흔적 없는 시간 속에서 달팽이 뿔 위에서 싸우듯 와우각상지쟁(蝸牛角相之爭)을 일삼는 우리 70억의 영혼들……. 생자필멸의 인생을, 기껏 100년을 넘지 못하는 순간의 인생을 우리는 먼지보다 작은 이 극입자에서 살고 있다.

"이것이 우주의 끝일까요? 모르죠. 아닐지도……." 화면은 묻고 있다. 허블망원경에 보이는 것이 우주의 전부가 아닐 것이라는, 무한에 대한 인간의 무지한 한계에 두려운 전율이 엄습한다. 그런데도 우리에겐 현재 우리가 사는 모래알갱이 같이 작은 지구와 그 위에서 마야의 베일이 씌워진 인간 생존의 현상이 우리가 가진 전부이다.

근래에 세계를 휩쓴 혼미한 경제와 화산폭발과 쓰나미와 이상기온과 전쟁과 카오스의 정치실상이 신문을 도배해도, 이젠 일상으로 느껴진다. 누군가의 실수로 판도라 상자를 화들짝 열어 재낀것 같았던 2011년은 힘겹게 지나갔다. 우주를 아무리 둘러보아도 별이 빛나는 우리의 안식처는 우리가 가진 이 작은 지구뿐이다. 이 작은 지구, 후손에게 물려주어야 하는 유일한 우리의 행성을 우리 스스로 보살피며 잘 간직해야 하는 이유를 허블망원경은 극명하게 보여준다.

"어디까지 방황하며 멀리 가려느냐? / 보아라, 좋은 것은 여기 가까이 있다. / 행복을 잡는 방법을 알아두어라 / 행복이란 언제나 네 곁에 있다." 독일의 낭만파 시인이며 소설가인 괴테가 그의 시 <경고>에서 일러주고 있다.

1-20-2012

제 5 부

사랑의 에피센터

일하는 엄마의 가책

창밖에는 봄비가 내리고 있다. 봄비가 내리면 아픈 상처를 건드리듯 아려오는 후회와 가책이 떠오른다. 봄비는 메말랐던 대지를 촉촉이 적셔주며 내 마음에까지 내리고 있다.

벌써 10여 년 전의 일이다. 그 날도 봄비가 내리고 있었다. 나는 무료히 밖의 비 오는 모습을 바라보고 있을 때 동부에 있는 딸에게서 전화가 왔다. "엄마" 하고 부르는 정현의 음성이 한 옥타브 낮아져 있다. 딸은 심각한 얘기를 할 때는 저음이 되는데…….

그 지난해 9월 딸은 대학에 들어갔다. 딸을 보내면서 품안의 병아리를 세상에 내보내는 것처럼 안쓰럽고 불안해서 잠시도 안정을 못하고 신경이 예민해져서 고통 받았던 기억이 생각난다. 나는 좀 불안해져서 얼른 안부를 물어 보았다. 다 괜찮다고 한다. 학교생활에 적응도 잘 되고 공부도 잘 따라가고 있다고 한다. 그런데……. 나는 문득 어떤 예감이 스쳐 가는 것을 느꼈다.

잠시 후 딸의 음성이 더 깊어지면서 "엄마, 대학에 와보니 집에 있었던 동안 나는 무엇인가를 미스 했던 것 같아요. 친구들과의 기숙사 생활에서 내게 어떤 정서적 공백이 있다고 느껴져요" 딸의 이 말은 그때 이후로 내 가슴에 각인 되어 시간이 지나도 잊히지 않고 있다.

정확히 15년 전 일이다. 한순간도 한구석도 소홀히 할 수 없는 아이들의 어린 시절에 나는 내 몸과 정신을 자녀교육과 사업에 나누어 쓰고 있었다. 한참 자라는 아이들의 옆에 있어주어서 조그마한 일까지 같이 얘기하고 상의해 주며 엄마의 희생적 사랑과 일상적 접촉을 나누었어야 했는데, 많은 순간들을 일 때문에 잃고 말았다.

부모에게 응석부리지 못하고 스스로 일을 혼자 처리하고 책임져야 했으며, 틴에이저의 변화 많고 외로운 심리상태를 혼자 해결했어야했다. 이 곳 미국 아이들과의 다른 점들, 가치관의 차이나 문화의 차이. 코리언으로서의 자신감과 우리만의 정서를 가족의 공동생활에서가 아니라 부모의 권위를 가지고 일방적으로 식탁 위에서 말해주고는 했다. 그때 밖에 같이 있을 시간여유가 없었으니까…….

어떤 사상이나 법칙도 경험과 맞닿아 있을 때 몇 배의 효과가 생기는데 경험을 같이 나누지 못한 상황에서 아이들이 피곤해 하는 엄마의 입에서 나오는 어설픈 이론을 제대로 이해하고 소화하기는 무리가 되었으리라.

더구나 그 짧은 저녁시간에 우리의 경험과 꿈을 주입하려했던 내가 아니었던가. 틴에이저인 아이들과 압둘 자바나 매직 존슨의 묘기를 토론한다던 지, 막내가 수집하고 있는 베이스 볼 카드에 대한 얘기나, 딸의 친구인 킴벌리에게 남자친구가 생겼다는데 흥미를 보여주었어야 했다. 내겐 관심 밖의 일이었어도 아이들 세계에는 중요한 일이었기에 우리들 사이에 틈이 생기는 것은 당연한 결과이리라. 딸의 경우 그 나이의 흥미 있는 일과 정서 생활을 거치지 못하고 뛰어 넘어 조숙해졌기 때문에, 그 시절의 공백이 대학 기숙사 친구들과의 생활에서 투영되었으리라.

그런데도 나는 아이들의 코드에 와 닿지 않는 저 높은 말들을 되풀이하는 우를 범했다. 마치 헌팅톤 라이브러리의 도서실에 저장되어있는 고리타분한 고서들 속의 문장들을 식탁 위에 내 쏟고 있었다. "최선을 다해라, 나머지는 하나님께 맡겨라" 30, 40대에 인생의 어려움을 느낄 때 충고해줄 수 있는 말들이었다.

현재도 미국에는 열쇠 아동들이 많이 있겠지만, 감수성이 강한 어린 시절에 느꼈을 정서적, 심리적 불안정감을 살펴주지 못했던 죄책감으로, 지금도 나는 아이들에게 기회 있을 때마다 공백을 만회해주려고 부지런히 전화하며 노력하고 있다.

나는 딸이 아기였을 때 스포크 박사의 책이나, 몽테뉴의 수상록에서 부친이 몽테뉴에게 나전어를 가르치기 위해서 나전어 선생과 같이 생활하게 하고 하인들도 몽테뉴 앞에서는 불어를 못하게 했던 것을 참고삼아 내 나름대로 여러 가지 교육계획을 세웠었다. 아기가 잠이 들 때나 깨어날 때 모찰트의 음악을 틀어준다던지, 입이 아플 정도로 말을 많이 해주려 했다. 그러나 척박한 이민의 현실은 나를 붙잡고 있어 분주하고 피곤한 생활이 계속되다보니 그런 계획도 멀리 주저앉고 말았다.

지난 2월 타임지의 커버스토리에 의하면 대통령 후보인 조지 w. 부시나 잔 멕케인은 강한 개성의 어머니의 영향을 받으면서 성장했다고 한다. 전 대통령 부시를 키울 때 그 어머니 도로쉬 부시여사는 "자만하지 말고 최선을 다하라(Avoid braggadocio, always to do your best)"고 조언을 되풀이했다고 한다. 물론 이 말은 지금도 타당하지만, 그러나 아이들이 어렸을 때는 서로 접촉하며 친구 같은 사랑이 더 필요했을 것으로 이제는 이해된다.

딸은 결혼한 후 바로 덴마크의 코펜하겐 대학으로 가서 연구에 열중하고 있다. 이제 딸은 어엿한 쌍둥이의 엄마가 되었다. 또 직장에서는 생화학 연구실에서 다른 박사들과 함께 암 연구에 몰두하고 있다. "그때그때 애들 교육에 잘못되었다 느껴지면 바로 시정해라, 그 순간은 다시 오지 않으니까"라는 내 충고에 딸은 어린 시절이 생각나는 듯 과민 반응을 보이지만, 내가 미스테이크 했던 점을 되풀이하지 않도록 설명하며 조언하고 있다.

직장과 자녀들 문제는 앞으로도 계속 여성들의 내적 갈등의 요인이 될 것 같다. 어떤 방법으로 현명하게 대처해서 직장 엄마들이 창의적이고 충실한 일과 가정생활을 최상으로 이끌 것인가를 우리는 심각하게 생각해봐야 할 과제이다.

1-04-2000 (중앙일보 이아침에......)

아버님의 지혜

내게는 대학시절 잊을 수 없는 추억이 있다. 아버님은 제약회사와 약품 무역회사를 운영하고 계셨었다. 내가 아침에 일어나면 아버님은 이미 출근하신 후이고 어머님은 우리 육 남매를 돌보시느라 여념이 없으셨다. 나는 나 혼자의 생각대로 생활하면서 필요한 것이 있으면 어머님께 말씀드리면 언제나 주셨기에 의례 그러려니 생각하고 부모님에 대한 애틋한 감정 없이 대학 생활에 열중하고 있었다.

그런데 형제 중에 남동생이 틴에이저의 방황을 시작했다. 늦게 들어온다거나 안 들어 올 때도 있어 가족들에게 불안을 더 가중시키고 있었다. 부모님께서 시간을 할애해서 혼란과 방황을 잡아주려 하셨으나 마음이 뜬 동생은 시간이 지날수록 더욱 거세게 반항하여 집안 가족들이 어떻게 손을 써야 좋을지 아무도 몰랐다. 그렇게 한동안 지내면서 장래 어떻게 될지 초조해서 집안 분위기는 날로 우울해지고 모두들 불안한 나날을 보내고 있었다.

그러던 어느 날 아버님은 주말에 가족회의를 하겠으니 다들 모이라고 하셨다. 그 주말 가족회의를 할 때, 아버님은 그 주일동안 회사에서 일어났던 일에 대해서 말씀하셨다. 좋은 일과 좋지 않았던 일, 또 그런 일이 일어났을 때 아버님이 느끼셨던 스트레스와 그 일을 어떻게 생각하고 해결을 보았으며 어떻게 흥분된 감정과 분노를 다스렸는지에 대해 자세히 설명해주셨다. 또 일의 중요성의 무게에 따라 그분 스스로 자신을 잘 관리해야 한다고 말씀하셨다.

나는 그날 처음으로 아버님을 다시 보게 되었다. 항상 근엄하셔서 어렵기 만하고 완벽한 분인 줄로만 알았는데, 아버님에게도 여러 가지 어려움과 상처받기 쉬운 감정이 있다는 것을 이해하게 되었다. 그날 우리에게도 말할 기회를 주어서 그 동안 쌓였던 불만이나 학교생활의 어려운 점 등 사소한 일들을 돌아가면서 말했다. 그날 이후로 매달 한 번씩 가족회의를 했으며 그 여과로 동생은 다시 재 위치로 돌아오고 가정이 평온하게 되었던 경험이 생각난다. 그때서야 가정의 평화가 얼마나 가치 있는 것인가를 새삼 알게 되었다.

다른 한 가지는 나 자신 부모님을 한 인간으로 이해하게 되었다는 점을 들겠다. 매일 매우 분주하게 지내시는 분들이 자식을 바로 인도하기 위해서 시간과 정성을 기울이는 것을 보고 내가 부모님의 자식이라는 것에 대해 자긍심을 가질 수 있었다. 나는 그 일로 부모님의 인간적인 모습을 발견할 수 있었으며 집에만 항상 계시면서 어머니라는 이름으로 살아오신 어머니의 참 모습도 볼 수 있었다. 어머니 이외의 본명으로는 가정 속에서는 존재마저 희미하지만 어머니에게도 꿈이 많은 소녀 시절이 있었다는 것, 또 생활인으로 서 지혜를 겸비한 훌륭한 여성임을 처음으로 인식하게 되었다. 나는 그녀를 어머니라는 단어 안에서만 잘 알고 있었고 그 이외의 것은 관심을 두지도 못했었다.

아침에는 학교에 지각할까봐 종종대는 내게 재빨리 밥상을 채려주시고 스타킹과 장갑을 가져오시고 비가 오면 우산을 챙겨주시는, 또 밤늦게 돌아오는 딸을 기다리며 대문 앞에서 기다려주시는 분이 어머니인데, 그 이외의 다른 면을 본적이 없는 어머니를 가족회의를 통해서 어머니의 진정한 모습을 알게 되었다.

어머니도 한 여성으로서 나와 똑같이 꿈 많은 청춘을 경험하면서 방황하기도하고 괴로워했다는 것을, 여성이기에 이룰 수 없는 이상을 포기하면서 고민했었으리라는 것을 나는 왜 생각해보지도 못했을까.

그런 과정을 겪으면서 오랜 세월을 거쳐 이제는 흔들림이 없는 어머니라는 굵은 뿌리로 가족 속에 박혀 집안의 대소사를 잘 이끌어가고 있는 어머니의 참모습을 더 알게 되었다.

그 일이 있은 후로 가족 간의 이해가 깊어졌고 형제간의 우애도 좋아졌으며 무엇보다도 부모님과 일반적인 사소한 대화를 시작했다는 것을 들 수 있겠다. 중요한 일이 많이 쌓여 있는데 사소한 대화가 무슨 필요가 있겠는가고 생각하기 쉽겠지만 그 모래알같이 사소한 대화는 우리 생활의 윤활유가 되고 믿음의 잔뿌리가 되어주며 방황하는 정신을 제갈 길로 이끌어주는 지극히 사소하면서도 꼭 필요한 인간관계라는 것을 확신했다.

높은 산도 근본을 보면 작은 모래입자의 접착으로 이루어졌으며 아름다운 해변도 모래들의 집대성이다. 사소한 대화는 이해의 밑거름이 되고 사랑의 모래알 같은 표현이며 전달 방법이 된다. 그 사건으로 서로간의 대화의 중요성을 알게 되었으며 우리 형제들 모두에게 잊을 수 없는 추억과 교훈이 되었다.

2-2000 (여성중앙)

그이의 새벽노래

오십여 년이 넘게 지속되어온 말썽 많은 새벽잠 때문에 내겐 항상 곤혹스러운 일들이 따라다닌다. 어렸을 때는 학교에 지각할까봐 아침 식사도 못하고 버스 속에서 발을 동동 구를 때가 부지기수였다. 또한 해마다 여름이면 교회에서 다 같이 가는 캠핑마저도 새벽잠 때문에 폐 끼칠까봐 바쁘다는 핑계를 대고 참석하지 않았다. 그뿐이 아니다. 결혼생활에까지도 말 못할 큰 불편을 주었다.

시원한 잠자리 속에서 듣는 지저귀는 새들의 향연, 새벽안개가 지나는 젖은 발걸음소리, 솔잎사이로 미명이 튀는 깔끔한 향내임, 또한 말끔히 씻은 햇살이 문틈으로 들어와서 나의 잠을 깨울까 말까 망설이는 그때야말로 내게는 더욱 잠의 나락으로 떨어지고 싶은 때이니 결혼해서 환경이 바뀌었다고 잠 습관이 쉽사리 고쳐질 리가 없다.

집안에서는 다 아는 나의 새벽잠이므로 그런 대로 가족들이 단념 반 이해 반으로 대수롭지 않게 생각했기에 처녀시절을 아무 탈 없이 넘겼는데 결혼을 하고 나서부터는 심각한 문제가 생겼다. 남편의 잠자는 시간과 나의 잠자는 시간이 정 반대인 것이다. 그이는 초저녁에 잠자기 시작해서 이튿날 새벽 다섯 시면 어김없이 일어난다. 반면에 나는 어떤 일이 있어도 밤 열두 시 이전에는 잠을 잘 수가 없다. 잠을 자려고 노력하면 할수록 더욱 의식이 말똥거려지므로 아예 단념하고 책을 드는 편이 낫다. 한참동안 잠에 대해서 잊어버리고 있노라면 잠이 슬그머니 나를 건드리기 때문이다.

그런데 심각한 문제는 결혼 첫날부터 싹이 텄다. 신혼여행을 가서 바닷가에 있는 호텔창문으로 보이는 밤하늘은 내 마음을 무척 설레게 했다. 검은 비로드 같은 밤하늘에 떠있는 별들, 은은한 달빛, 그리고 잔잔한 파도에 부딪치는 그 빛들을 말없는 바다는 한없이 포용하고 있었다. 앞으로 설계해볼 우리의 인생은, 우리만의 꿈은……. 끝을 헤아릴 수 없는 바다는 나에게 한없는 가능성을 보여주고 있는 듯 내 가슴은 기쁨으로 한껏 부풀었었다. 나는 그이에게 재빨리 돌아서는 순간, 초저녁잠을 못 이겨 곤하게 잠들어 있는 그이를 발견했다. 바다처럼 넓고 깊은 대화를 나누고 싶은 부풀었던 기분이 무너지면서 나는 순식간에 평범한 아내로 곤두박질쳐졌다. 그이의 리듬미칼한 코고는 소리마저도 나의 위치를 자꾸 다짐하는 듯했다. 뜨물처럼 하얗게 드세 인 신혼 첫날밤이었다.

그이는 또한 나의 게으른 새벽잠 때문에 몹시도 못마땅해 하다가 드디어는 나를 새벽에 깨우기 위해서 아침마다 잔소리를 하게 되었다. 처음에는 잔소리를 듣고 나도 화가 나서 서로 티격태격 말다툼을 했다. 잔소리뿐이 아니다. 약속시간에 늦을까봐 집안의 시계는 모두 10-20분씩 빠르게 고쳐놔서 정확한 시간을 몰라 당황할 때가 한 두 번이 아니다. 남편은 한번 화나면 좀처럼 먼저 입을 열지 않고 며칠이고 침묵으로 일관하기 때문에, 그 입을 열려면 나로서는 비상수단까지 동원해야만 했다.

이런 번거로움을 피하기 위해서 나는 잠 습관을 바꾸려고 여러 번 노력을 해보았다. 며칠 동안 새벽에 일어났더니 입술이 터지고 몸살이 나곤 했다. 그 후로는 아예 아침 잔소리를 듣기로 후퇴했다. 그 잔소리도 오랫동안 계속되니, 나중에는 노랫소리로 들리게 되고 그이도 지쳐서인지 가끔씩만 노래하게 되었다. 이제 반백이 지난 나이인데도 내가 기계가 아닌 뜨거운 가슴과 감정을 가진 인간임을 이해 못하는 것이 또한 남편의 무미건조한 가슴이 야속하다.

밤 열시! 이제부터 얼마나 즐겁고 흥분되는 시간이 오는가! 나 혼자만의 시간, 홀로 여행하는 시간이다. 지도책에서도 찾을 수 없는, 보이지도 잡을 수도 없는 마음속을 가장자리부터 시작해서 그 깊은 곳까지 걸어 들어간다. 우주보다 넓고 무궁무진한 상상의 세계 속에서 물보라를 일으키며 떨어지는 것은 그 얼마나 즐거운 일인가. 내 마음, 아무도 엿볼 수 없는 그 속을 탐험하기 위해서 나는 밤마다 많은 시간을 책 속에서 보낸다. 화사한 봄나들이 옷을 펼치듯, 사고를 펴나가면 웬만한 갈등은 항상 녹아버리게 되므로 내게는 환희의 시간들이다.

그런데, 오늘 아침은 뜻밖의 이변이 일어났다. 이상하게도 갑자기 잠이 깼다. 주위가 꿈속 마냥 조용하다. 귀를 기우려도 그이의 노랫소리가 없는 것을 보니 이른 새벽임이 분명하다. 벽에 걸린 시계가 여섯 시를 갓 넘었다. 여섯 시면 그이가 정원으로 나갔을 시간이다. 창문을 통해서 갓 넘어온 햇살 몇 가닥이 침대 밑까지 와 있다. 식당 문을 열고 뒤뜰로 나갔다. 맑고 신선한 새벽공기와 솔잎사이로 갈라져 쏟아지는 햇살이 내 정신을 번쩍 깨운다. 새벽안개가 손에 잡힐 듯이 낮게 잔디 위를 지나고 있다. 한순간 미명의 고요가 그 위로 흐른다. 하늘은 어둠이 갓 지나고 아침햇빛이 비치면서 하늘 끝까지 다 보이게 열어놓은 듯 투명하다. 그 맑고 상쾌한 공기 속에서 이슬 맺힌 솔잎을 코에 대니, 폐 속 깊숙이까지 깨끗한 산소가 들어가는 것 같다. 빠르게 변화하는 새벽의 하모니에서 깨어나 주위를 둘러보니, 그이는 정원 끝에서 나무들을 돌보고 있다.

아 이것이었구나! 새벽의 안타까운 부름은……. 잠시 후 들리는 빠른 발걸음소리, "웬일이오?" 나를 바라보는 그이의 눈 속에 새벽공기가 가득하다. 놀랍고도 기쁜 표정이 새벽공기 마냥 활기차다. 새벽공기 속에서는 말이 필요 없다. 새벽의 신비는 이제 막 떠오르기 시작한 아침햇살에 밀려 투명하게 열린 하늘로 사라지고 있다. 이 장엄한 자연의 행진을 모른 채 새벽잠으로 다 지내버리고 있었다니! 우리는 환하게 밝아진 정원을 뒤로하고 집으로 들어가는데 옆에서 나지막이 중얼거리는 소리가 들린다. "......해가 서쪽에서 뜨겠군."

8-28-2000 (중앙일보)

사랑의 에피센터

이번 어머니날은 다른 해보다 내게는 더 의미 있는 날이다. 태국의 방콕에서 태권이가 태어났을 때 남편은 특별한 선물을 준비해두었었다. 병원에서 집에 돌아오자 남편은 내 손에 조그만 선물을 쥐어주었다. 가만히 손바닥을 펴보니 반짝 빛을 발하는 로렉스 금시계였다. 시계의 뒤판에는 아들이 태어난 날자가 갓 새겨져있어, 그때의 감동을 지금도 잊지 못한다.

그 금시계를 이번 어머니날에 두 손녀의 엄마인 큰며느리인 혜영에게 선물하려한다. 비록 내가 41년 동안 팔목에 차고 있었지만, 며느리는 사랑하는 남편의 생일날이 새겨진 구식 스타일의 금시계를 감동으로 받을 것이 분명한 속이 깊은 성격이다.

내게는 귀중한 시계를 며느리가 첫아이를 낳았을 때 바로 줄 수가 없었다. 그녀가 처녀시절의 자유로운 생활과 딸로서, 아내로서 사랑을 받기만 하던 화려한 생활에서, 이젠 인내와 희생과 책임감으로 마음을 다잡고 막중한 육아와 유아교육을 감당해야하는 생활을 어떻게 감당할 수 있는지 지켜보려 했었던 것이다. 그러나 이제는 며느리가 두 아이의 엄마로 스트레스가 많은 직장의 일도 훌륭하게 잘 해낼 것으로 확신이 된다.

1967년 외교관인 남편을 따라 태어난 지 2달된 딸을 데리고 임지인 방콕으로 가서 딸을 키우며 생활할 때, 대화할 친구도 없고 신문도 없는 더구나 밤마다 책을 읽어야 잠을 자는 내게는 책도 없이 매주 화려한 파티가 계속되는 분주한 생활이 몹시 힘들었었다. 남편은 이 모든 어려움을 해결하기 위해 서울에서 책을 주문해 주었다. 바로 몽테뉴의 <수상록> 3권이다. 그 책은 딸이 잠들 때면 펴보는 내 친구이고, 교육의 지침서며, 철학적 사색의 길을 열어주는 현명한 멘토였다.

16세기 중반, 몽테뉴의 아버지는 이웃나라와의 전쟁에 나가서 새로운 문명을 접할 기회가 많았다. 르네상스의 본거지인 이태리의 문화에서 고양된 삶의 감흥에 개안을 하게 된 그는 집에 돌아와서부터 실천에 옮겼다.

몽테뉴가 태어나자 음악을 들으며 잠을 자게하고 깰 때도 음악을 들으며 깨게 했다. 게다가 그 당시 눈물 없이는 배울 수 없다는 어려운 라틴어를 모국어처럼 자연스럽게 배우게 하려고 라틴어 가정교사를 두었으며 집안의 하인들도 어린 몽테뉴 앞에서는 프랑스어를 사용하지 못하게 했다.

몽테뉴는 자라서 변호사가 되었고, 보르도우 지방의 시장이 되었다가, 나중에 은퇴한 후 몽테뉴 성에서 '도서생활'을 시작해서 그의 유명한 <수상록>이 집필되었다. 그는 '시칠리아의 왕 르네가 붓으로 그의 초상화를 그렸듯이 나는 펜으로 자신을 그리련다.' 며 그 자신에 관한 글을 쓰기 시작했다.

문학사에서 픽션이 아닌 자신에 관한 글인 '수필'이라는 장르가 그에게서 처음으로 시작되어 수필의 비조가 되었다. 당시엔 자신에 관한 글은 수준이 낮은 것으로 취급되어 귀족들 사이에선 피했다고 한다.

또 다른 하나의 보물은 1960년대 말 어머님이 막내딸인 내게 보내주신 편지이다. 그 당시 바쁜 스케줄의 생활에다 3자녀의 엄마로서 매일이 파김치처럼 곤죽이 되는 피곤의 연속이었다. 어머님의 편지에는 "남편의 성공이 곧 너의 성공이므로 참고 견디며 뒷바라지를 잘해

주라는 당부와 아이들을 잘 키워서 아이들의 성공이 네 인생의 보람" 이라는 어머님의 간절한 편지는 내게 많은 감동과 용기를 주었다. 그러나 임지를 옮겨다녀야하는 외교관 생활에서 그 귀중한 편지는 없어지고 현재 내 마음에만 간직되어 있다.

미지의 세계로 우리를 끌고 갈 첨단문명의 세계는, 아날로그에 안주하려는 우리에게 총알택시같이 빠르게 변화해 가므로 불안하기만 하다. 이 복잡하고 아찔한 급류 속에 휩쓸려 살면서도 우리 여성들에게 절대로 변할 수 없는 가장 소중하고 가치 있는 것은 가족들이 건강하고 서로 화목하며 올바른 가치관을 가진 의미 있는 삶이 아니겠는가.

남자들과 차별 없이 직업과 사회생활 활동에 쫓기면서도 가족의 행복을 책임지는 오늘날의 여성의 위치이지만 사랑과 이해와 인내로 최선을 다하며 방황하는 아이들에게 믿음을 주고 그 개성에 따라 좌표를 일러주는 엄마의 위치라면 그 어찌 아름답지 않겠는가.

5-4-2011 (중앙일보)

남편의 뿔테 안경

세상은 시속 1000마일의 어지러운 속도로 변화하고 있다. 그러나 일부 사람들은 그 시속을 따라가지 못하고 변두리로 밀리는 것도 모르며 방관자로 살고 있다. 특별히 꼭 집어 변화해야할 이유도 없이, 현재 큰 불편이 없는 상태인데 왜 골치 아프게 생활패턴을 바꿔야하는가! 그러나 새로운 것을 받아들이지 않고 강 건너 불구경하듯 세태의 이방인으로 멈칫거리고 있으면, 변화에서 오는 편리를 경험하지 못한 채 결국 오지에서 사는 낙오자가 될는지도 모른다.

대부분의 남자들은 여자들보다 변화에 더 둔감한 것 같다. 우리 집 남편도 시대적 유행에 무관심한 원칙주의자이며 울트라 보수주의자이다. 집안의 대소사에도 옛것을 편애해서 나와 자주 마찰을 하게 되는데 하물며 자신에 관한 것은 절대 신성불가침이다.

하기야 50년대부터 아주 친하게 지내는 남편의 친구는 똑같은 스타일의 옷과 구두를 지금도 애용하고 있다. 또 어떤 분은 한국에서 공직에 오랫동안 정장을 하고 근무한 습관에서인지 미국에 와서도 야외 Picnic에도 곧잘 정장을 하고 나온다.

같은 동네에 사는 잘 아는 엔진이어는 캐주얼을 좋아해서 정장을 해야 하는 모임에도 노타이에 수염과 머리까지 자란 모습으로 나타나, 모두들 의아해하다가 당혹해서 고개를 돌리는, 남들의 눈은 전혀 개의치 않는 타임머신이 50년대로 정지된 올드타임머도 있다.

남자들이 넥타이를 매는 것은 상대를 존중하는 의미도 포함되어 있다. 지난 박대통령 시절, 여름에 청와대로 대법관들을 초청했는데 대법관 H라는 분이 노타이셔츠로 참석해서 분위기를 계면쩍게 했으며, 대통령에 대한 예의가 아니라고 해서 괘씸죄로 불이익을 당한 기사를 읽은 적이 있다.

그 뿐이랴, 노벨 수상자이며(1976) 미국의 실존주의 문학의 선구자라 할 수 있는 쏘울 벨로(Saul Bellow)는 85세가 넘은 지금도 펜으로 초안하고 구식 타자기에 옮기면서 수정한다고 한다. 그런 반면 그분은 대 여성 문제만은 사이버 시대에 걸맞은 최첨단을 걷는 분인 것 같다. "인생에서 부조리를 거부하는 것은 결과적으로 인생의 대부분을 거부하는 것과 같다"는 지론대로 그분은 다섯 번째 결혼해서 지난해 어린 딸아기의 아빠가 되었다. 오! 얼마나 부조리에 충실한가!?

남편은 구식의 오래된 안경을 쓰고 있다. 현대 유행 감각에 민감한 멋쟁이 큰아들은 아버지의 안경테가 너무나 고리타분한 옛날 스타일이라 생각되는지 볼 때마다 민망스러운 표정이다. 아버지를 쳐다보았다가는 고개를 돌리며 계면쩍어 한다.

"아버지 안경은 언제 것인데 지금도 입고 계셔요? (쓰고 계셔요?)" 한국말을 잘하지 못하는 아들은 양말도 입는다는 식의 미국식 한국말이다.

"글쎄 한 15년은 됐을 거야"

"요즈음엔 저런 굵고 큰 안경테는 안 입는데요. 엄마가 같이 가셔서 맞춰드리세요"라고 내게 당부했던 것도 벌써 2년 전이다. 그러나 남편은 아들과 마누라의 성화에 아랑곳없이 한사코 그 익숙한 굵은 태의 안경을 밤낮으로 애용한다.

어느 날 아들이 와서 같이 저녁 식사를 하는 중에 "아버지가 안경을 바꾸시면 멋있는 곳에 가서 와인이 곁들인 디너를 초대하겠다."면서 웃는다. 그러나 그이의 대답은 "네가 장가가게 되면 그때 새것으로 바꾸지"였다.

그 말은 우리를 질리게 했다. 변호사인 아들은 '일 때문에 데이트할 시간이 없다'는 말을 까맣게 잊고 결혼할 때까지 앞으로 몇 년을 더 애용하겠다는 말이다. 사실은 쉰 세대인 내 눈에는 굵고 커다란 마호가니 색의 안경테가 그렇게 흉하지는 않았다. 그래서 나도 서둘지 않았었다.

그런데 지난달부터 남편은 시야가 흐려져서 그 안경으로는 책읽기가 어렵다고 한숨 쉰다. 새 안경을 맞출 때는 바로 이때다 싶어 서둘렀다. 우리들의 성화가 귀찮았는지 드디어 새 안경테에 새 렌즈로 바꿨다. 새 안경은 유리에 색을 넣지 않았기 때문에 말간 유리 너머로 남편의 무드가 훤히 보인다.

"더 가볍죠?" "그렇군." 그뿐 그이는 아무 말이 없다. "요즈음은 마누라도 갈아치우는 세상인데 안경 하나 바꾸는데 몇 년 걸렸어요?" 라는 내 말에 안경 넘어 그이의 기상도는 나쁘지 않은 것 같았다

그러나 그 안경은 그이에게 잘 어울리지 않아서 실망했다. 보기에 모던한 그 안경을 쓰면 전연 낯선 사람으로 보이니 안경에도 개성이 있어 주인과 궁합이 맞아야하는 것 같다. 안경은 현대 감각에 맞게 날렵하고 심플한 디자인이어서 유행대로 골랐는데 연륜이 쌓인 남편의 주름 잡힌 얼굴에는 최첨단의 유행이 겉돌고 있었다. 지금 남편은 다시 구식의 고리타분한 안경을 쓰고 있다. 다시는 바꾸지 않겠다는 선언과 함께, 우리들의 오랜 노력은 수포로 돌아갔다.

세상 사람들이 똑같은 안경과 똑같은 양복 스타일에 똑같은 머리 모양을 한다면 어떻게 될까? 개성이 삭제된 복사기로 찍어낸 만화 같은 세상이 되겠지 하고 변화를 주장했던 내 생각이 옳은 것만은 아니었다. 더구나 현대유행을 좇아서 시대에 맞게 변화하는 것만이 최첨단의 경쟁사회에서 살아남는 길인 것처럼 그이의 초연한 보수주의 태도를 못마땅하게 생각해왔는데, 이제 보니 변화에도 과정이 있고 개성이 있고 또 각자와의 조화가 있어야지 무조건 받아들일 일은 아닌 것 같다.

4-30-2001 (중앙일보)

말띠와 편견

2002년, 올해는 임오년 말띠 해다. 한국에서는 말띠 여성은 팔자가 세다는 편견 때문에 말띠 해에 딸을 낳을까봐 산부인과 병원이 바빠졌고 많은 여성들이 피임한다는 뉴스가 신문에 보도되었다.

오늘의 한국은 셀 폰의 사용률이 인구비례해서 세계 제일이며 인터넷 등 컴퓨터게임 보급률도 세계 선진이다. 또한 자동차 소유도 최첨단 국가를 따라 달리고 있으며, 선진 물질문화를 쫓아 돈벌이에 치우치다보니 개인 이기주의가 팽배해져서 이혼율 또한 다른 나라보다 앞서가고 있다고 한다.

최첨단의 문화를 선호하는 사람들이 유독 말띠 딸에 대한 편견만은 시대의 흐름을 외면한 채 구 관습에 얽매어져 있다. 최근 남성위주 사회인 일본에서조차 지난 해 나루히토와 마사코 사이에 태어난 아이코 공주의 천황계승에 찬성이 86%에 달한다고 하지 않는가? 여자가 팔자가 세다는 의미는 똑똑해서 능력이 남자를 앞지르고 있다는 말도 함축되어 있는데, 현대는 능력으로 평가되어야지 성으로 평가되는 시대는 지난 세기의 이야기다.

나도 35년 전 말띠 해에 첫 딸을 낳았다. 나나 남편은 몹시 행복했는데 주위에서 한마디씩 하는 소리에 은근히 걱정되었다. 어머님을 따라 잘 아시는 역술인을 찾아가 작명도 할 겸 사주도 보았는데, 공부를 많이 시키면 당시 여성박사 1호이신 김활란 박사보다 더 훌륭한 인물이 될 것이라는 사주가 나왔다. 좋은 사주풀이를 받고 마음이 홍분되어 이름도 그에 걸맞게 지어 가지고 집에 왔던 기억이 생생하다.

그 당시 나는 사주풀이의 신빙성에 대해 믿지는 않았지만, 허만 헤세가 노자나 장자, 춘추, 역경과 선 불경에 심취해서 쓴 <동방순례>와 <유리알 유희>에서 역에 능하고 괘를 짚어 우주의 전일성을 동양사상을 바탕으로 흥미 있게 쓴 것을 읽었기 때문에 막연하나마 호기심을 갖고 있었던 시기였다. 이런 사주풀이로 미국이민의 작심에 무게가 더해졌고 딸에게 계속 학문의 길로 유도했는지도 모른다. 이제와서 생각하면 실소할 일이지만, 말띠 딸에 대한 걱정은 기우였다.

우리 인간들은 기성 가치관에서 자유로운 사람은 몇이나 될까? 앙드레 지드는 <배덕자>에서 "선입견은 자기를 구속한다."고 했다. 기성의 가치관에 얽매여 사는 사람은 맑은 진실을 볼 수 있는 자유가 없다는 의미일 것이다. 어떤 것에 선입견을 가질 때 그 선입견의 프리즘으로만 그것을 보게 되므로 그것 밖의 모든 일은 그릇된 것으로 판단하게 된다. 이런 선입견은 사물을 객관적으로 보지 못하고 자신의 한계 안에서 편견을 만들므로 내가 보고들은 것만이 옳고 바른 신리로 받아들여져 결국 자신이 자신의 한계에 구속된다.

지드의 말대로 "아무 것에도 얽매이지 않는, 그리고 언제든지 다른 보다 타당한 것을 받아들일 수 있는 자유로운 상태"에 자신을 머무르게 할 때, 우리는 선입견에서 해방되어 자유롭게 열린 인생을 영위할 수 있을 것이다.

현대적 여성 운동의 효시가 된 보봐르여사가 쓴 "제 2의 성"에서 "여성에게 부여되는 여러 제약은 자연적인 것이 아니라 법과 풍속 때문에 일어난 결과."라고 주장한 것을 되새겨볼 필요가 있다.

우물 안 개구리에게 바다를 말해도 이해하지 못하고, 여름 벌레에게 얼음을 말해본들 알지 못한다는 장자의 <추수 편>에 실려 있는 말과 같이, 우리는 좁은 상식에 구속되어 있으면 더 멀리 더 넓게 보지 못한다. 그러므로 우리가 알고 있는 것만이 진정한 가치로 생각할 때 우리는 진실을 볼 수 있는 자유가 없다.

나를 구속하는 선입견과 편견에서 해방되어 닫친 마음의 문을 열고 대로로 가는 길은 올바른 삶의 길이 될 것이다. 말띠에 대한 편견을 버리고 보다 객관성을 지닌 진리와 판단으로 생활에 임할 때 전에 보지 못하고 듣지 못했던 것이 들리게 되고 보이게 될 것이다. 그것은 생활의 윤활유가 되어 같은 한정된 인생이면서도 선입견으로 중무장된 좁은 시야의 생활보다 더 넓고 더 많은 삶을 영위하게 할 것이다.

1-31-2002 (중앙일보)

남편의 '기막힌' 기억력

습관은 제2의 천성이라 한다. 일상생활에서 일어난 모든 일을 기억하기는 어렵겠지만 매일 반복되는 일은 자신의 습관과 정돈된 생활로 어느 정도 극복할 수도 있을 텐데, 남편은 생활습관을 바꾼다거나 정리정돈에 대해선 개의하지도 않을뿐더러 도무지 무신경하다.

Over the hill의 분수령을 넘으면서부터 남편은 옛날의 총기나 기억력이 떨어지고, 매사를 꼼꼼하게 챙기던 습관이 적어지면서, 건망증이 이마의 주름과 함께 늘어나고 있다.

오늘 아침에도 출근을 서두르면서 남편은 무얼 찾고 있더니 "내 열쇠꾸러미 어디 갔나?" 마치 내가 다른 곳에 감춰놓은 듯이 물어온다. "열쇠 놓는 쟁반 위를 보셨어요?" "어제 밤에 분명히 이곳에 놨는데......" 신문을 쳐들고 봐도, 서류 속을 뒤져봐도, 이방 저 방 기웃거려봐도 열쇠의 자취가 묘연하다. 입 속에서 한숨이 또 응얼진다. 혹시나 해서 이층의 욕실에 가보니 열쇠는 세면대 위에 놓여있었다.

거의 매일 일어나는 남편의 소지품과의 전쟁이다. 남편의 소지품은 상당히 많으면서도 한편으론 손지갑밖에 없다고 말할 수도 있다. 전화번호부가 있는 손지갑만은 매일 제대로 정리해서 지니고 있기 때문이다. 그 지갑의 틈새에 낡고 바랜 40년 전의 내 앳된 모습의 흑백사진도 간직하고 있다. 아마 내 잔소리가 삐져나올 성싶으면 20대의 순진했던 그때를 상기시켜 입막음을 하려는 듯싶다. 그 이외의 것은 한번 만졌다가 놓을 때는 매번 장소가 바뀌므로 그 향방이 묘연하게 된다.

소지품과의 숨바꼭질이 지겨워서 집에서는 아예 시계와 안경과 열쇠를 놓는 쟁반을 따로 마련해놓았는데도 바쁜 일에 열중하다보면 매번 잊어먹고 아무 데나 놓곤 한다.

"여기 놔뒀던 편지 봤소?" 편지는 물건이므로 움직이지 않는다. 빨간색 넥타이는? 열쇠는? 잠시 후에 다시 찾는 안경은?

"중요한 인생을 물건 찾는데 다 허비하는 거 아니에요? 생활습관을 좀 고쳐보시면 어떠세요?" 하는 내 말에 남편은 한 치의 후회도 없는 표정으로 "그런 일까지 신경 쓰면서 어떻게 사나? 사소한 일까지 모조리 챙기는 사람은 골치가 아파서 말라깽이가 되던지 신경쇠약에 걸려 오래 살지 못하는 법이오." 어디에서 나온 인생철학인지 태평스럽게 반격을 한다.

하나님은 인간에게 이성과 더불어 망각이라는 특효약을 주시고 연륜과 더불어 더 많이 약효가 나도록 하신 것 같다. 기쁜 일은 좋지만 슬픔이나 괴로움이 시간과 더불어 희석되지 않는다면 긴 인생동안 어떻게 극복할 수 있겠는가?

하긴 내 기억력도 믿을 것은 못 된다. 후리웨이를 달리다가 다시 집에 가서 커피 팟의 불을 껐는지 확인할 때도 종종 있다. 또는 현관문을 잠갔나? 아니면 차고 문을 내렸었나? 나 또한 만만치 않게 잊을 때가 종종 있다.

하지만 남편이 내게 잘했던 일은 간헐적으로 생각나지만 섭섭하게 한 일은 한 올도 엉키지 않고 실타래가 풀리듯 줄줄이 기억나므로 언쟁이라도 하는 날이면 보검처럼 꺼내 공격하기도 한다. 그런데도 남편은 내가 잘못한 것까지도 그때뿐일 뿐 비장의 무기도 안 남기고 깡그리 잊어버린 듯하다. 그럴 땐 남편의 건망증이 고맙기도 하다.

기억력!...... 나이와 정비례해서 소모되어 가는 참신한 능력이다. 인간의 대뇌피질을 둘러 싼 1백40억 개의 신경세포의 가장 중요한 지적

능력가운데 하나가 우리의 기억력이라 한다. 그 신경 세포 중 일부만을 인간들은 사용하고 있으니 밤하늘의 은하수만큼이나 많은 신경세포들을 더 많이 활용할 방법은 없을까? 그러면 컴퓨터가 필요 없는 세상이 올 수 있을는지도 모른다.

또한 신경세포는 나이가 들수록 사라지는 동시에 새 신경세포가 계속해서 소생한다고 한다. 육체적 쇠퇴와는 달리 정신적 나이는 점점 완숙되어간다는 희망으로 보다 적극적인 정신활동을 함으로 노익장을 과시할 수도 있지 않을까?

영국의 수학자이며 철학자인 버트란트 럿셀경은 89세에 대표적 논제인 <인류의 미래란 있는 것인가?>를 출판했으며, 94세에 자서전 3권을 계속 출판했다. 물론 전에 써놓았던 메모들을 정리했을 가능성이 더 많다.

신비의 두뇌조직은 우주의 별들만큼이나 많은 세포로 포진되었다고 하지만, 아무리 천재라도 지난 일을 다 기억할 수는 없을 것이다. 건망증도 양념처럼 간간이 끼어야 싫어하던 사람도 좋아 보일 때가 있어 원만한 사회생활을 이어가지 않을까 스스로 위로해본다. 이층에서 남편이 나를 소리쳐 부르고 있다. 이번엔 또?

3-21-2002 (중앙일보)

삼겹살이 건강식?

삼겹살? 의사들의 경고메뉴인 삼겹살을 식도락이나 미식가라는 핑계로 남편은 정말 좋아한다. 젊었을 때는 "장모님이 잘해주셨는데……"라는 말에 마음이 약해져 삼겹살을 메뉴에 넣기도 했지만 이제는 그런 속임수에 넘어가지 않는다. 어머님은 음식이나 바느질 솜씨가 특별하셔서 지금도 명절 때 그분이 해주셨던 설빔이나 음식을 잊지 못해도, 여기서 나는 그저 약식으로 마치 피난살림 마냥 명절을 치르곤 했다.

"여자가 음식이나 바느질 솜씨가 없으면 남 시켜서하면 되는 세상이니 구태여 살림 배우느라 귀중한 시간을 보내겠니?"하시는 어머님 생각에 딸 부잣집의 다섯째 딸인 내가 살림을 제대로 배우지 못하고 결혼했다. 그러기에 나도 앞으로 21세기의 모던한 여자가 우리 집으로 시집와서 가사를 서툴게 하더라도 함구무언하기로 남편과 약속했다.

남편은 음식에 관한 한 일가견을 가졌다. "맛있는 음식은 기분을 좋게 하고 기운을 나게 하니 즉 맛있는 음식이 건강식이다."고 주장한다. 기상천외의 영양학 강론이다.

아이들이 어렸을 때, 요리할 시간이 충분하지 않아서 두부와 버섯과 양파를 많이 사용해서 음식을 재빨리 했었다. 아이들의 키가 남달리 큰 것이 두부와 버섯의 영향이라고 철석같이 믿고 있는 남편은 누가 물어보면 두부와 버섯을 많이 먹여야 키가 큰다는 무실 무익한 영양학을 강조한다. 한번 입력이 되면 천년인들 변하지 않는 옹고집의 상식이 하나 더 늘었다.

지난여름 유럽에 살고 있는 딸이 방문했을 때 쌍둥이 손자손녀가 5살이 되어 가는데 약체로 보였던지 남편은 딸에게 두부강론을 폈다. 대학에서 생화학 교수로 있는 딸은 "200년 전에는 사람들이 지금과 같은 유전자를 가졌어도 키가 작았던 것은 음식의 영향이 많았겠지만, 오늘날은 식생활이 풍족해져서 거의 유전자에 달렸다"며 아버지의 엉뚱한 상식에 실망을 표시했다.

남편의 친구들과 정기적으로 돌아가면서 집에서 회식을 하는데, 가끔 삼겹살에 새우젓 양념이 나오면 그 집 음식솜씨가 기가 막히게 좋다고 칭찬한다. 또 지난 8월의 내 생일엔 남편의 우김으로 뷔페식당에 갔다. 남편접시에 담긴 붉은 햄이나 기름진 음식을 보면 침묵할 수 없는 내 성미를 알기에, 남편은 기호 식을 담은 접시를 들고 아들 옆으로 멀리 가서 앉는다. 우리 속담에 여름의 돈육은 잘 먹어야 본전이라는 말도 있는데, 예방의학에 예민한 남편이 왜 삼겹살엔 두 손 들고 마는지 이해가 안 된다.

영국 속담에 사람을 사귀는데도 식도락으로부터 시작이라는 말이 있다. 미식가들의 유니크한 미각이 부럽다가도 개구리, 달팽이, 개고기, 말고기, 제비집, 뱀탕 등 낯선 취향에 미식가가 추식가로 추락될 때가 많다. 중국에선 사람들이 정력에 좋다는 뱀탕을 탐식해서 쥐를 호식하는 뱀을 잡다보니 생태계가 무너져서 도시 뒷골목엔 쥐들이 우글거린다고 한다.

젊은 시절 남편을 따라갔던 해장국집이나 추어탕 집은 그런 대로 한국적인 독특한 맛과 멋이 있어 지금도 그때의 분위기가 아련하게 그리움으로 남아있다. 비가 오는 을씨년스러운 날 종로 3가의 냉면집 처마에서 빗물이 줄줄 새는 것을 보며 먹던 매운 회냉면과 뜨거운 육수는 즐거운 추억으로 기억된다.

우주에서 인간의 감각과 지성으로 알 수 있는 것 이상의 어떤 불가사의한 깊이가 느껴지듯이, 인체의 구조도 의학적으로 해명할 수 있는 것 이상의 신비스러운 존재라 생각된다. 인간이 맛을 알고, 보고, 듣고, 느끼고, 냄새 맡는 5감 이외에 육감이라는 것이 있어서 지난번 박세리 프로가 우승했을 때 기자 질문에 “감이 좋았다”는 답변은 그 육감을 말하는 것일 것이다.

주전자의 물이 100도를 넘을 때 수증기가 품어 나오듯이, 운동이나 두뇌활동에서 갈고 닦아 한계선을 초과할 때 영성적 영감이나 직감을 느낄 수 있을 것이다. 인간생존의 여러 요건이 있지만 식욕은 생명의 절대분모이다. 금강산도 식후경이라고 하지 않던가?

갑자기 현관에서 딩동 벨이 울린다. 같은 동네에 사는 젊은 부인이다. “시어머님이 한국에서 오셔서 만드셨는데 기름기를 꼭꼭 눌러 잘 뺐으니 드셔보세요.”하며 주는 접시, 열어보니 꼬들꼬들 맛있게 만들어진 삼겹살! 이크 어떻게 하나?

9-26-2002 (중앙일보)

머리염색을 하면 젊어질까?

한국 축구 대표 팀의 "이천수" 선수는 공도 잘 차지만, 그의 독특한 황금색 머리색과 여과되지 않은 말투 때문에 펜들의 시선을 잡고 막내둥이처럼 사랑을 받는다. 그래서 최근 아인트 호벤 감독인 거스 히딩크에게 60억을 보장하라고 배짱 튀기며 몸값을 올리고 있다. 비호같은 경기를 펴고 있는 그는 자기 머리색이 경기에서 특히 눈에 띌 것이라고 자인한다.

나도 머리에 염색을 한지 벌써 15년이 되었다. 염색을 한다고 나이가 젊어지는 것은 아니지만 마음은 좀 더 새로워진다. 처음에는 남편의 눈치를 보면서 욕실에서 아무도 모르게 혼자 염색했는데 이제는 욕실 문을 아예 열어놓고 공개로 물들인다. 유전적으로 아직도 까만 머리를 하고 있는 남편은 어느 날 갑자기 욕실에 들어왔다가 까맣게 범벅이 된 내 해괴한 머리모양에 놀라서 뒷걸음질 쳤다. 생전 처음 보는 낯선 광경에 놀라서 이상한 사람을 보듯 살펴보더니 나중에는 상황을 알고 체념한 듯 연민의 표정으로 외면해 버린다.

내 어머님도 일찍 머리색이 희기 시작해서 60세가 넘으시곤 완전히 은발로 변해버리셨다. 백발 때문에 친구나 동네사람들에게 미국 할머니로 통했다. 물감을 들인다고 젊음이 되찾아진다거나, 얼굴에 난 반점이 없어지고, 지나간 시간들이 재생되는 것은 아니지만 물들이고 나면 겉모습은 단정해 보여서 좋다.

머리에 물감을 들이면서 내 마음에도 물감을 들여 본다. 형체가 없는 마음에 물감을 들인들 가버린 시간을 되찾지는 못하겠지만, 젊음을 마음속에 접목시키므로 써 인간의 한계성에 도전해본다. 사실 우리의 육체는 시간의 피해를 입는다. 날씬한 미스 코리아도 까만 머리가 희어지고 뚱뚱한 노파로 변하는 것은 얼마간의 시간이면 족하다.

"누구도 동일한 강물에 두 번 발을 씻을 수 없다"고 헤라클리투스가 말했다. 강물이 흐르듯 시간도 흐르기에 아무도 시간을 잡을 수 없다. 현재의 순간은 그 순간에 지나가 버리므로 시간은 우리의 기억 속에 잠재되어서만 존재한다.

프랑스의 소설가 마르셀 프루스트는 그의 소설 "잃어버린 시간을 찾아서"에서 시간의 여행을 한다. 그는 의식의 흐름을 쫓아서 현미경으로 들여다보듯 되돌려 회상한다. 시간은, 전에도 없었고 앞으로도 되풀이되지 않을 순간의 일회성이라는 것이 이 소설의 기본적 틀이다. 프루스트는 시간의 흐름으로 우리의 정신적 존재와 삶의 본질을 깨닫게 되며, 현실의 삶에 이르게 된다고 보았다. 따라서 지나간 시간(잃어버린 시간)을 회상함으로 우리의 생을 풍부하게 만들며 우리의 생활에 내용을 부여한다.

그는 시간을 통해 관조하고 회상하면서 목표하는 생을 지향하는 삶이 인생을 진실로 소유하고 체험하는 것이라고 보았다. 그는 자신의 의식으로 삶을 되돌려보려는 예술적 노력으로 사망하기 전 15년간을 "잃어버린 시간을 찾아서"를 썼다.

"웬만하면 물들이지 말고 자연스럽게 그냥 두지 그래." 남편이 시커멓게 칠해진 내 머리모습에 한 마디 한다. "그럼 은발의 파파 할머니와 산다고 주위에서 생각할 텐데요?" 하는 내 말에 침묵하는 것을 보면 역시 아내는 젊어 보이는 것이 좋은가 싶다.

"염색을 한다 / 이순이 지난 나이에다 / 도배를 한다 // 불투명한 유리창 넘어 흐릿한 시야 / 백내장을 걷어내면 / 오늘이 투명해질까 // 오래된 엽서 / 우체국에서 찾아와 / 돌아가는 막차에 몸을 싣고 / 지나간 필름 재상연해서 / 엉켜진 지도 박피 술로 제거하고 / 흘러간 추억 입력하며 / 다시 꿈을 꾼다 / 가물거리는 순수를 향해 // 마음에 색칠을 하면 / 먼지 낀 오늘 / 방황하지 않고 찾아질까 // 흰 서릿발 / 준엄한 경고 / 무엇을 구했는가 / 검은머리가 하얗게 세었는데 // 시간은 그냥 흐르지만 은 않는다 / 쓸고 닦고 격동치는 소용돌이 속에서 / 사리로 남는 지혜 // 오늘을 염색한다 / 길 잃은 코너에서 / 다시 꿈을 꾸기 위해" 본인의 시 <염색을 한다>

연말이 되니 마지막 남은 달력의 날짜를 세게 된다. 에드벤트 캘린더(Advent Calendar)의 창문을 하나씩 열면서 12월을 보내는 미국의 크리스천 어린이들, 동창들 모임과 사교의 달로 분주하게 보내는 어른들, 또 남을 도와주느라 대부분의 시간을 헌신하는 이름 숨긴 사람들, 소년 소녀 가장들, 고아들, 의탁할 곳 없는 노인들 또는 노숙자들 등 수많은 사람들이 또한 헤일 수 없이 많은 여러 심정으로 보내게 되는 12월이다.

옛 조상들은 머리색이 나이를 상징했기에 "늙는 길 가시로 박고 오는 백발 막대로 치렸더니 백발이 제 먼저 알고 지름길로 오더라."는 고려시대 우탁의 시도 있으나, 인간이 시간이라는 개념을 만들어 놓고 또한 시간의 제약을 가장 많이 받는 것 같다. 시간의 제약을 절실하게 느끼게 되는 달이 12월이다. 새해부터는 머리뿐이 아닌 마음도 젊음으로 물들여서 좀 더 넓은 시야로 다양한 생활을 꿈꾸어보련다.

12-12-2002 (중앙일보)

자녀의 행복한 결혼

"신년엔 우리들 만나서 의견을 모으면 좋은 일이 생길 것 아니겠니? 아니 만들어 보자" 하는 친구 P의 제안으로 조용한 식당에서 동창 몇이서 점심을 하게 되었다. 오랜만에 만나고 보니 과연 나이답게 세월에 바랜 중늙은이로 변해있다. 만난 목적은? 그랬다. 우리들은 혼기가 마감되어 가는 자녀들 걱정에 새벽에 잠이 깨면 이 궁리 저 궁리하느라고 날을 훤히 밝히고 있는 이순을 넘긴 어머니들이다.

"올해 안에 시집 안 가면 혼자 나가 살아라."고 선전포고를 했다는 친구도 있고 "2003년에 며느리 감을 데려오지 않으면 더 이상 관심 끄고 아예 포기하련다."는 친구도 있다.

"내게도 결혼 안한 아들이 둘이나 있다"는 내 말에 딸을 가진 친구가 바짝 다가오며 묻는다. "몇 살? 애인 없니?" "31살, 32살 연년생이야" "아유 아직 젊은 청년들이다. 멀었다 멀었어. 그 나이엔 걱정도 안 한다. 우리 딸은 37살이야......" 모두들 걱정스레 듣고 있는데 친구가 다시 말한다. "근데도 우습구나. 교회 분의 소개로 43세 된 노총각을 소개하려 했더니 우리 애가 뭐라고 하는 줄 아니? 그렇게 늙은이하고 어떻게 살아? 라는 거야, 그래서 몇 살 청년이면 좋겠니? 물어보니까 글쎄 동갑이거나 더 적은 남자를 원하는구나 글쎄" 걱정 반 웃음 반으로 한풀이의 동변상련의 모임은 끝났다.

신년을 맞이할 때마다 과년한 자녀를 둔 부모에게는 사랑하는 자녀들의 결혼문제가 최우선의 희망일 것이다. 자유롭게 만인 대 만인에 대해 경쟁하는 미국사회에서 직업에 대한 성취욕으로 시속 천 마일로 뛰다보니, 연애도 못(?)하고 성실하게 일만하고 있는 자녀들을 생각할 때마다 체증이 도지 듯 가슴이 무거워지는 부모들이다. 빨리 적당한 상대를 만나 짝을 지워줘야지 한시름 놓을 텐데 결혼할 생각을 안 하고 누구를 소개한대도 무관심이다. 어떻게 하나?

하긴 나도 딸의 결혼문제로 고심을 많이 했었다. 딸이 21세에 대학원에 들어가서 28세에 박사 학위를 받느라고 남자와 교제할 시간 여유가 없었다. 뉴욕의 "슬론 캐더린" 암연구소에서 연구하는 중에 사위를 만나 딸이 결혼하겠다고 했을 때, 외국인이라고 무척 반대했었다. 그때 받은 상처가 지금도 우리사이를 서먹하게 하고 있지만 내가 딸을 지극히 사랑함으로 언젠가는 풀리리라 알고 있다.

이제 세상은 IT혁명이 일어나 디지털시대를 지배하는 유비쿼터스(라틴어-언제 어디에서나 존재)의 사회로 언제 어디서나 정보교환이 가능해졌다. 인터넷과 휴대전화는 N세대라는 젊은이들의 문화코드로 등장한 이때, 결혼중매로 부모가 나서는 것은 사이버시대의 자녀들에게 시대착오적인 사고의 괴리를 느끼게 할 것 같다. 우리는 N세대의 전자코드가 되어 뒤에서 사랑의 끈을 꼭 붙잡고 있으면서 클릭의 향방을 주시하는 것으로 속상하지만 물러나 있어야 될 것 같다.

결혼 문제는 미국동포뿐이 아니고 한국사회도 마찬가지인 듯하다. 얼마 전 고등학교 남자동창생이 LA에 왔으니 11회 동창은 다 모이라는 전갈이 왔다. 식당에서 식사하는 중 한국의 결혼 풍속도를 들을 수 있었다. 신랑이 '사'자가 붙으면 신부 측에서 열쇠 3개나 5개를 준비해야한다는 전에 들었던 말을 다시 듣게 됐다. 영적 교섭의 계기가 없이 돈과 명예의 단면만 보고 사랑의 바벨탑을 쌓아간다면 행복해질 확률은 얼마나 될까?

사실 출생은 자기선택이 아니지만 결혼은 자기가 선택하는 가장 중요한 일이다. 인생에서 자신에게 가장 영향을 미치는 상대는 남편이나 아내일 것이다. 이 중요한 운명을 좌우하는 자녀의 결혼에 부모는 간섭할 수도 안 할 수도 없는 입장이다. 올해는 과년한 자녀를 둔 부모에게 행운이 깃들기를!

1-9-2003 (중앙일보)

Wine

술은 멋으로 마실까? 아니면 맛으로 마실까?...... 그 쓰디쓴 술을, 술 마신 후 알코올 때문에 혼미해진 정신으로 오락가락 하는 기분이 그렇게도 좋을까? 도무지 이해가 안 된다. 그래도 사람들은 술을 즐긴다. 특히 요즈음은 남녀노소를 막론하고 모이면 술자리로 낙찰이 된다.

한국의 연속극을 보면 깜짝 놀랄 때가 많다. 젊은 여자들도, 아니 피라미 같은 어린 여자들도 용감하게 오빠나 친구와 또는 부모와 남녀노소 평등으로 격의 없이 술을 마시는 것을 보면, 60년대의 주도는 이제 옛날 고리짝 문화가 된 것이 틀림없다.

그런데도 우리 집은 지금도 먼지가 펄펄 나는 옛 주도를 고수하고 있다. 특히 남편의 바위 같은 고집 때문에, 가족들 모두 술을 못하고 남편 혼자서 고고하게 술꾼의 높은 경지를 음미하고 있다. 아이들은 밖에서는 친구들과 술자리를 같이 하겠지만 집에 오면 술은 안 하는 것으로 되어있다.

술은 하면 할수록 양이 는다고 하는데 어찌된 일인지 남편의 술 양은 30년 전이나 지금이나 똑같다. 술도 남편의 고집은 당하지 못하는지 매일 술병에서 일정량 이상은 줄어들지 않는다. 내가 큰소리 칠 수 있는 때는 오로지 술에 관한 것뿐임을 우리 부부사이에 은연중에 통하는 묵계이므로 저녁 식탁 위에 와인 잔이 놓이면, 하루 종일 참았던 잔소리가 삐죽삐죽 튀어나온다.

젊었을 때는 이런 식의 불만이 나오면 술맛이 달아난다며 잔을 옆으로 미뤄놓아서 나를 쩔쩔매게 했는데, 이제는 어지간히 줄다리기에 도통이 됐는지 잔소리가 나오려는 낌새만 보이면, 어느 틈에 마셨는지 술잔이 순식간에 비어있다. 그래서 내 말도 공허하게 텅텅 울리게 되므로 한바탕 하려던 불만도 빈 잔처럼 싱겁게 끝나고 만다.

남편은 와인을 즐긴다. 저녁 식탁 위에는 반드시 크리스털 와인 잔이 놓여야한다. 30여 년 동안 말간 레드와인은 남편과 함께 세월을 여행해왔다. 아름다운 색상이 식욕을 돋우는 듯 한잔한 후에야 기분이 풀려 표정에 미소가 살아난다. 와인은 혈관 속의 콜레스톨을 씻어내듯이 남편의 침전되었던 스트레스도 말끔히 걷어 가는지, 내 탁한 잔소리에도 미소가 나직한 웃음으로 바뀔 때도 있다.

그 동안 마신 와인의 양을 생각하면 온 몸이 발끝까지 빨갛게 물들여 졌을 텐데 이상하게 아직도 말짱하다. 친구들과 어울려 의사가 권하는 2잔을 넘어 몇 잔을 더 마시게 된 날은 술 때문에 소심이 대심으로 변했는지, 즉석에서 작사 작곡한 가곡을 부를 때도 있다. 중간에 띄엄띄엄 들리는 애조 띤 그이의 흘러간 옛 노래는 고요한 늦은 시간에 안개처럼 집안에 퍼져서 현재의 위치도 이민 온 것도 다 잊은 듯 한동안 계속된다.

젊었던 시절의 꿈도 점점 세월에 씻기어 희석되어가고 있는 때에, 술은 스트레스를 덜어주고 근심과 고통을 달래주는 명약일 수도 있겠다.

애주가들의 변을 들어보면 술은 백약의 으뜸이며, 하늘이 내려준 아름다운 녹이라 예찬한다. 또한 한 잔의 술은 재판관 보다 더 빨리 분쟁을 해결하는 멋있는 법관이며, 신체의 바이오리듬을 조절해서 건강한 몸과 마음으로 사회생활을 한껏 능률적으로 이끌어주는 효소적 역할을 한다고 변호한다.

의사가 권하는 2잔을 넘어 3잔을 마시면 긴장이 풀리면서 이미자의 동백꽃을 박자와 음정이 틀린 엉뚱한 가락으로 흥얼대곤 한다. 그이의 시금털털한 솔로는 조용히 쉬고 싶은 늦은 시간에 역행해서 한동안 계속되다가 잠시 후, 그이의 가락은 입 속으로 들어가서 한참을 우물댄다. 잠시 후, 어느새 잠이 들어 꿈속에서도 와인을 드는지 입이 오물오물하다가 목젖이 오르락내리락 한다. 꿈에서나마 내 눈치 안보고 맘껏 마신들 누가 뭐라 하겠는가?......

5-18-2003 (중앙일보)

포도주 사랑

"아! 마누라 덕인 줄 알았는데 포도주 덕이었군!" 남편이 신문을 보며 뜬금없이 감탄한다. 못 들은 척 침묵하고 있으니 다시 "내 건강 말이오,"하며 한층 톤을 높인다. 요즈음 들어 음식과 운동 등 남편의 건강관리에 더욱 신경을 쓰고 있는데, 남편의 건강유지가 나의 보살핌이 아닌 엉뚱한 술의 덕이라니? 막 내 반격이 쏟아지려는데 "아니, 신문에 붉은 포도주 예찬론이 나와서......."하며 얼버무린다. 내가 그동안 아무리 노력해도 남편의 포도주사랑은 때어낼래야 때어낼 수 없는 목록 제1호다.

붉은 포도주는 혈중 코레스톨을 낮추어 줄 뿐더러 이번 '네이쳐'지에 기고된 포도 속에 있는 레스베라트롤 이라는 화학물질이 생명체의 노화를 지연시키는 시르투인 이라는 효소의 생산을 증가시키므로 붉은 포도주는 수명연장도 시킬 것이라는 신문기사는, 지난 40년 동안 계속되어온 남편의 술 사랑과의 한판 승부에서 나를 따돌렸다.

남편이 사랑하는 와인 잔에 술을 비스듬히 부어서 아름다운 술의 색상과 향기를 감상하며 한잔을 온몸으로 마시는 모습을 보면, 술이 무슨 예술이나 되나? 알코올 주제에! 못마땅한 내 표정에 "남들이 나를 50대로 봅디다."하며 기분 좋아하는 그이……. 나는 남편의 건강을 제법 잘 관리한 줄 알았는데 내가 아닌 포도주의 공이었다니!

딸이 결혼하기 전에는 아빠의 술 양을 감시, 조절했었는데 이젠 내 몫이 되었다. 그이는 마누라 술 량 간섭에는 무슨 억 감정인지 들어도 묵묵부답 "무병장수가 포도주 덕이라는데 웬 군소리인가"하는 듯 내 말은 무시하고 막무가내로 '2잔까지'라는 의사의 지시를 넘긴다. 오랜만에 집에 온 큰아들이 아버지의 술의 양을 물어보면 "딱 두 잔이지"하며 시침 때는 그이와 나의 알력을 짐작한 아들은 "주치의와 상의하는 것이 좋겠어요."하며 나와 남편의 분쟁의 개입을 피한다. 자기도 알 텐데 가정의에게 떠넘기는 아들의 무관심이 섭섭해서 쳐다보면 "걱정 마세요. 재우가 종합검진 한 결과를 보고 아버지는 건강하시다고 했어요." 의사인 동생에게 떠넘기며 좀스런 내 잔소리를 견디는 아버지에게 연민의 일별을 보낸다. 아들은 내편인줄 알았는데……. 초록은 동색이라고!

디너 때 포도주 한잔하면 스트레스가 다 도망가고 엔도르핀이 나와 더 건강해지고 더 유쾌해진다는 것이 남편의 술 예찬론이다. 저녁 식탁에 투명한 포도주 잔이 놓이고 흑장미색 포도주가 채워지면 마음이 느긋해지는지, 나를 째려보던 눈빛이 돌연변이를 일으켜 연애하던 시절의 부드러운 사랑의 눈빛이 된다.

알코올은 냄새만 맡아도 어지럼증이 이는 나는, 모든 것이 만사형통하게 된다고 주장하는 알코올의 마력을 조금도 이해하지 못한다. 그래서 내가 무척 즐겨하는 블랙 초콜릿하고 견주어 생각해 본다. 그러나 초콜릿을 먹으면 내 신경에 마술을 걸지 않기 때문에 오히려 맨숭맨숭 더 초롱초롱해지는걸.

세상만사에는 천적이 있다고 한다. 그래서 쇠는 불에 녹으며 불은 물에 죽듯이, 술의 천적은 잠이라는 것이 남편의 주장이다. 그래서인지 이따금 술이 취한 날은 집에 돌아와서 흘러간 노래를 흥얼대며 혼자만의 감홍에 잠겼다가 바로 잠에 떨어지므로 여태껏 남편의 주정을 본적은 없다.

요즈음 본국 연속극을 보면 여자들도 남자 못지않게 "한잔 쏴라"하며 술을 많이 하는 모양인데, 한국을 떠난 60년대의 풍속도로 보면 격세지감이 느껴진다. 최근 한국은 정치, 경제, 사회문제와 노사갈등 등 반칙이 판치는 카오스의 불안상태에 비례라도 하듯이, 양주수입이 세계2위이고 술 소비는 계속 증가일로에 있다고 한다.

술 하면 수주 변영노 선생님의 인간 적나라한 순진한 기행이라던가. 소설가 임옥인 여사의 "그이의 밤중 노래"에서 남편이 술만 마시면 술주정과 이웃이 잠 못 자게 노래를 불러대는 이야기 등 시대적 낭만도 있었었다. 이제는 그런 멋은 한 시대의 풍류로 끝나는 듯싶다. 그러나 물이 너무 맑으면 물고기가 없다는 '수치청즉무어'라는 말처럼 사람은 가끔 원초적 허점을 보이는 사람이 꽃향기처럼 인간미가 있어 더 좋게 생각될 때도 있기는 있다.

금이나 은으로 된 그릇보다는 지혜로 만든 그릇으로 양조가 더 잘 된다는 포도주! 심장병과 생물의 노화속도를 지연시킨다는 포도주! 그러나 포도주엔 농도 5-12%의 알코올 성분이 있어서 간을 혹사시키고 두뇌세포를 파괴하며 중독성이 있다. 사람이 술을 마시면 결국 술이 술을 마시고 술이 사람을 마신다고 법구경에도 쓰여 있듯이, 그래서 예로부터 술은 약간이 좋고 꽃은 반개가 더 아름답다고 하지 않았는가? 사랑하는 남편이여!

9-11-2003 (중앙일보)

가을 산행

LA의 북쪽에 있는 라 캐나다란 작은 마을에서 20여 년 살다가 아이들이 다 독립해서 나가서 우리 두 부부만 남게 되니 더욱 쓸쓸하게 생각되었다. 그래서 한국 사람이 많이 사는 글렌데일의 란초 산 라파엘로 이사 온지도 몇 년 되었는데, 마을을 감싸듯 뒤로 빙 둘러쳐 있는 산을 아직 오르지 못했다. 오늘은 일요일, 간단한 차림으로 나섰다.

옆집의 일레인이 일러준 대로 마을을 통과하는 길을 따라가다 소방도로에 쳐진 가름대를 넘어 옆으로 난 길로 올라갔다. 아침이슬이 맑은 초록의 풀잎에 방울 댄다. 이름 모를 새들이 잔가지 사이를 오가며 짧은 날갯짓으로 멀리서 갓 넘어온 햇빛을 가르고 있다.

사철 아열대성 기후인 남가주에도 여름의 끝마무리가 되니 나뭇잎들이 잔가지에 느슨하게 매달려있다. 기후변화가 적은 이곳의 기온 때문에 도시 안에서는 미처 느끼지 못했던 계절이 산에 올라오니 어김없이 흐르고 있었다. 바람이 잡풀들 사이로 하늘하늘 지나간다. 눈으로 들어오는 땀방울을 훔치며 보니 발밑의 모래가 아침 햇빛을 반짝 되쏜다. 벌써 8월 중순이 지나고 있으니 가을도 얼마 남지 않았다.

알게 모르게 달리고 있는 시간은 세월의 흐름을 계절의 변화로 보여준다. 언덕에 솟아있는 바위는 시간의 유한성을 모르는 듯 회색으로 무심하다. 길옆의 들풀들이 새벽 공기에 푸르고 싱싱하다. 한없이 깊은 하늘색의 하늘엔 흰 구름들이 떠다니고 있다.

메마른 흙 속에서 생존하느라 키 작은 나무들이 엉기성기 엉켜서 못난 모습인데도 뽐내고 서있다. 생각난 듯 스쳐 가는 바람에 마른나무 잎들이 스삭인다. 갓 넘어온 햇살에 노출된 새벽의 찬 공기가 폐부로 들어온다. 얼마나 오랜만인가! 이렇게 투명한 공기가, 햇빛이, 푸른 하늘이 있는 자연 속에 서있다니! 왜 그 동안 산에 오르지를 못했는가. 후회스럽다.

사람들 사이에서 생활하느라 하루가, 일 년이 그리고 30여 년이 뻥 뚫린 후리웨이로 흘러가 버렸다. 일 속에서 헤어나지 못하고 다람쥐 쳇바퀴 돌 듯 매일 달리기만 했었는데, 은퇴하고 나니 이제야 일상의 일탈이 해방감을 안겨준다.

산 사이 계곡으로 난 길을 지우려는지, 안개의 무리가 멈칫거리며 발밑을 지나간다. 나도 안개를 따라 가본다. 하늘은 파랗게 열려있고 오솔길을 오르는 내 가슴속에 새벽의 자연이 스며들었다.

왜 자연은 우리에게 언제나 친근감을 줄까? 허만 헤세는 신과 자연과 인간은 단일성이라고, 인간이 해탈하는 과정을 <싯달다>에서 보여주었다. 그래서 자연은 인간의 본향이기에, 결국 자연으로 합일되어 가는 과정을 우리는 지금 살고 있는 것일까?

우리가 가는 길은 한정되어 있다. 또한 일회성이다. 그래서 실존철학자들은 인간 불안의 원인을 추구했다. 그들은 현상의 존재 너머의 것을 부인한다. 종교적 미래의 존재를 부인하고 현상이 전부라고 외쳤다.

사람들은 이러한 한계성에서 탈피하려고 여러 가지 방법으로 생명의 신비에 대한 연구를 하고 있다. 요즈음 각광 받고 있는 생명공학은 DNA로 구성된 염색체의 고리를 변화시키므로 맞춤된 인간을 만들려고 하고 있다. 아니 적어도 손상된 신체의 일부를 대체할 수 있다고 생각한다. 심지어 인간의 음성까지도 조작할 수 있다고 하지 않는가!

의지할 곳 없는 일엽편주의 생에서 보이고 느껴지고 만져지는 것만이 믿게 되는 실존의 불안, 허우적대고 방황하다 물러서서 드디어 당도한 끝, 어쨌건 인간은 불안하다. 그래서 인간은 현실에 살면서도 정신세계는 무한히 방황한다. 그 불안을 초월하는 것은 시간의 영원성이다.

끝없는 시간과 함께 가는 것, 그래서 예술가들은 인간의 불안을 초월하는 시간에 대한 인간 승리를 작품으로 남기고 있다.

> "삶이 그대를 속일지라도 / 슬퍼하거나 노하지 말아라 / 슬픈 날엔 참고 견디어라 / 즐거운 날은 오고야 말리니. // 마음은 미래를 바라느니 / 현재는 한없이 우울한 것 / 모든 것 하염없이 사라지나 / 지나가버린 것 그리움이 되리니"...... 프쉬킨의 '삶이 그대를 속일지라도' 전문

삶이 그대를 속일지라도 슬픈 날엔 참고 견디라고 하고선 프쉬킨 자신은 놀라운 미모의 소유자인 사랑하는 아내 나탈리아의 치정사건 때문에 결국 젊은 장교 단 테스와의 결투로 생을 마감했다.

전에 LA뮤지엄에 전시한 푸시킨 뮤지엄의 소장품 전시회에 가봤었다. 그를 사랑하는 수많은 관람객들이 가슴에 연민을 품고 고상하고 깊은 그의 숨결을 숨죽이며 느끼느라 붐비고 있었다. 우아하고 섬세한 푸시킨과 그의 미모의 여인은 너무나 아름다운 부부가 아니던가! 그러나 그녀의 낮은 학식과 철없는 허영으로 그를 사랑하는 사람들에게 역사적 아픔을 남겼다.

그 옆방으로 가니 피카소의 그림 '아르를 캉과 그의 벗'이 눈길을 끌었다. 그는 당시 훌륭한 화가였으면서도 다시 새로운 입체파 그림을, 큐비즘의 세계를 열었었다.

다음 방으로 들어가니, 마티스의 밝고 강한 색조가 온 방을 압도한다. 그 다음 방 중간 코너에 반 고흐의 '감옥의 뒷마당'이 걸려있다. 순간 숨이 막힐 듯한 불안을 느꼈다. 뒤 배경을 둘러싼 벽돌담의 엄

청난 높이와 기하학적으로 맞지 않는 각도의 벽, 앞으로 순간적으로 쏟아질 듯한 모자이크된 벽돌들, 그 안에서 죄수들은 원을 그리며 돌고 있다. 고흐의 생의 아픔이 감옥의 뒷마당을 더욱 불안하고 처절하게 그린 것이다.

가난에 시달리며 숨 가쁘게 살고 있던 고흐는 "우리는 삶 전체를 볼 수 있을까 아니면 죽을 때까지 삶의 한 귀퉁이밖에 알 수 없는 것일까?"라고 동생 테오에게 보낸 편지에서 묻고 있다.

예술가들은 시간을 초월해서 그의 작품으로 현재를 숨 쉬고 있다. 또한 예술가들은 자연의 이미지를 모방함으로 그들의 작품을 시대를 넘어서 빛나게 하려 한다. 결국 예술의 모태는 자연이 아닌가! 우리에게 이렇게 친숙한 자연은 언제나 어디에서나 우리 곁에 있다.

산언덕에 앉아 아래 마을을 바라보니 붉은 색 지붕들이 옹기종기 모여 있다. 멀리서 보는 그림은 아름답다. 거기엔 불안도 불신도 보이지 않고 다만 현재를 열심히 살아가는 인간가족이 있다.

어느새 해가 산 위로 부쩍 올라와 있고 멀고 가까운 산들이 일목요연하게 보인다. 내려갈 시간이다. 아직도 인간의 소외감이나 불안감을 낳는 부조리가 남아있는 세상으로, 아직도 많은 가치관의 혼미를 처방할 명의가 나타나지 않는 우리들의 삶으로!

10-23-2003 (중앙일보)

파 꽃이 핀 의미

뒤뜰에 파 꽃이 피었다. 지난가을 파 잎이 시들어져 버리려던 파를 빈 화분에 심었었다. 봄이 되니 파 잎이 길게 돋아나더니 잎 끝에 흰색 봉오리가 맺혀졌다. 장대같이 기다랗고 새파란 고동 위에 뭉쳐있던 흰 뭉치가 얇은 막이 터지면서 자기도 꽃이라고 민들레 씨앗처럼 수많은 흰 꽃이 비집고 피어 나왔다. 화려한 색의 다른 꽃들 사이에 눈에 잘 띠지도 않게 희고 투명한 파 꽃, 수십 개의 눈꽃 같은 꽃들이 따뜻한 봄빛에 일제히 소리치듯 피어난 것이다.

장미나 난같이 향기롭고 매혹적인 꽃만 사랑 받는 세상에서 식탁의 양념으로만 존재가치가 있는 파의 꽃은 꽃으로 피기 전에 양념이듯이, 자신의 인생을 피울 생각도 않고 한발 물러서서 자식들을 위해 희생하는 어머니들의 마음 같다. 자식들을 키우면서 시시때때로 상처받고 양념처럼 다져졌을 어머니들의 심정, 소리쳐 말하지 않지만 마음과 마음으로 전해지는 모성의 은은한 사랑 같은 꽃, 파 꽃이다.

지금까지 파 꽃을 볼 기회가 있었으련만 파는 양념이기에 꽃은 생각지도 안 했었는데, 양념으로 쓰지 않고 꽃을 피우니 이제야 그 아름다움이 보인다. 나이에 따라 취미나 보이는 대상의 폭이 달라지는 걸까? 세상엔 희미하고 소리 없이 뒤에서 그늘처럼 피어났다가 지는 잊힌 꽃들이 있다는 것조차도 모르고 밝고 화려한 색상의 아름다움만 좇아 지냈었다.

멀리 보이는 얇은 안개에 어슴푸레 가려진 보라색 산 빛 사이로 숲 속의 모든 생명들도 봄의 품안에서 생명의 기를 품어내고 있다. 보이는 것 이상으로 마음의 눈으로 보이는 것까지 자연은 그렇게 현실과 마음에 존재한다. 지구의 생성 이래 얼마나 많은 꽃이 피고 졌을까? 자연 속에서 창조의 오묘한 섭리를 보여주는 꽃들은, 감성으로 창조의 길을 가는 예술가들처럼 초연하다.

자연에 대한 그리움이 솟구칠 때면 왜 어린 시절이 먼저 떠오르는 걸까? 지금 이 곳도 아름다운데 왜 마음속에는 먼 옛날의 기억 속의 푸름이 간직되어 가슴을 적시는 걸까? 해방 전 미국의 공습을 피해 피난 갔던 금강산 속의 산골 마을, 6.25때 피난 가서 살았던 금강이 흐르던 강 건너 마을의 시골 집, 학교에 가느라 빙 돌아가던 산등성이, 강가에 널려있던 야생 꽃들이 그리움으로 가슴에 남아있다.

누구나 마음 바닥에는 그리움이 있다. 자연과 사랑과 꿈과 욕망, 어느 순간 사회생활에 휘둘리다 망울져 올 때, 그래도 자신을 지탱해주는 순수의 순간들에 대한 절대 그리움이 우리 안에 존재해서 다양한 현재를 지탱해주고 있다.

꿈을 쫓는 사람들, 기름진 토양도 아닌 땅에서 뜨거운 태양열과 부족한 수분과 무관심 속에서도 긴 파 잎의 끝에서 기어이 피어나서 씨를 맺는 평범한 우리들, 파 꽃 같은 사람들, 그런 사람들이 진정한 인간 사회의 꽃이 아닐까?

많은 사랑을 피고 또 피어 쏟아내던 어머니, 수많은 지혜를 뭉쳐놨다가 필요할 때마다 하나씩 터트려 삶의 비법을 알려주시던 어머니, 참고 또 참아 둥글게 마모되어 더 이상 닳아질 곳이 없었을 어머니의 마음 같은 둥근 파 꽃을 본다. 언젠가 보았던 꽃, 나와 질은 인연이 있을 것 같은, 왠지 내게는 그냥 지나칠 수 없이 간절한 무엇을 호소하는 것 같은 투명한 흰색의 눈꽃 같은 이 작은 꽃, 파 꽃이 어느새 내 마음에 심어졌다. 봄이 무르익고 있다.

5-10-2005 (중앙일보)

세모가 되면 생각나는 일

세모가 되니 샤핑 몰마다 자선냄비가 등장했다. 엄마 손을 잡고 온 아이들이 주머니에서 동전을 꺼내 자선냄비에 떨어뜨리는 소리가 아름답다. 한번이라도 어린 시절 자선을 해보았거나 도움을 받아본 경험이 있으면 어른이 되어서도 자선하는 일이 자연스러울 것이다. 12월이 되어 길가의 낙엽이 바람에 쓸려가고 사람들이 웅숭그리며 바삐 지나가는 모습을 보면 오랫동안 잊혔던 먼 추억이 떠오른다.

1950년 겨울은 유난히 추웠다. 12월 24일, 한강다리는 끊기고 나룻배로 강을 건넌 우리는 용산 역에서 남행하는 피난열차를 타고 정처 없이 내려갔다. 무개차 위로 부는 칼날 바람을 피해 아버님이 머리 위로 덮어준 담요 속에서 세상물정 모르는 우리 형제들은 초동교회에서 배운 성탄 곡을 부르며 크리스마스이브를 맞았다. 남쪽으로 천천히 움직이는 기차는 밤 12시가 되어서야 대전 역에 도착했다. 밤하늘엔 푸른 별들이 차갑게 총총하고 낯선 곳에 내린 외지인들은 추위와 막막한 앞일에 떨어야했다. 다음날 아침, 여관에 찾아온 동네 반장이 "서울피난민들은 모두 교회 앞으로 모이라"는 전갈이다.

무슨 일인지 알아보려 언니를 따라 간 교회 앞엔 100여명이 넘는 서울에서 피난 온 사람들이 벌써 웅성거리며 모여 있고, 그 안엔 미국 선교사 부인들이 커다란 가마솥 2개를 걸어놓고 따뜻한 우유죽을 피난민들에게 떠주고 있었다. 추위와 미래에 대한 불안에 움츠러든 사람들에게 따뜻한 죽을 돌리던 순수한 자선의 정신은, 자선냄비를 보거나 노숙자들에게 담요나 점퍼나 음식을 나누는 것을 볼 때마다 반세기가 지난 지금도 그때의 감동이 재생된다.

> 엘에이에 있는 식당에서 / "제일 맛있어요"하는 묵은 지 생선조림을 시켰네 / 가물가물 김으로 스며오는 / 먼 기억의 묵은 맛 / 섬유질에 배인 새큼한 추억과 / 국물에 녹아있는 달콤한 유년의 향기 / 온몸에 암호처럼 스며있어 / 시도 때도 모르고 / 불쑥 고개 내미는 / 묵은 사랑 // 6.25피난 길 / 칼바람 속을 달리는 남행열차 / 무개차 위에서 / 피난 짐으로 벽을 쌓고 / 지붕은 담요로 덮고 / 그 속에서 잠을 잤던 / 흔들리는 작은 집 / 무개차 위의 작은 집 / 울 밖에서 / 밤새워 지키시던 검은 밤 / 차가운 하늘의 별빛 / 어두운 지상의 미래가 / 눈발과 함께 흘러가던 / 1950년 12월 24일의 남행열차 / 눈보라 속에서 얼마나 추우셨을까 // 감기 들면 몇 번씩 열을 재느라 / 밤잠을 설치시고 /시험 보는 날엔 / 연필을 깎아 기다리시던 / 지워지지 않는 / 묵은 사랑 / 오늘 / 가물가물 김으로 피어올라 / 밥상 위에 있네…….
>
> 본인의 시 (묵은 지)

최근 연세대학 교수가 학생들에게 "다시 태어난다면 어떤 나라에서 태어나고 싶은지"의 설문에서 미국에서 태어나고 싶다는 학생이 24%로 모국의 15%보다 더 많았다고 한다. 근래에 젊은 층에서 표출되고 있는 '반미 감정'과는 역리적인 결과로 이중성을 나타내고 있다.

젊은이들의 취직난, 국회에서의 소모적인 정치적 싸움과 편 가르기, 경제적 불황, 북한의 핵 위협과 빈부의 격차로 인한 사회적 불신과 불안이 반영된 듯도 하다.

한국에서 '조기유학'이나 '원정출산' 또는 '전학' 등을 해서 미국에 오는 많은 한국인들이 있는 것을 보면, 그래도 개인의 자유와 권리를 존중하는 미국의 기본정신과 자선 문화와 자원 활동 그리고 노력하면 그 만큼 잘살 수 있다는 이해가 맞물렸기 때문일 것이다.

6.25를 겪은 노년층에겐 미국에 대한 감사한 믿음이 자리 잡고 있

다. 수많은 전쟁고아들이 그들의 도움으로 인간다운 삶을 가질 수 있었다. 돌이켜보면 우리는 '짱꼴라'와 '왜놈'이라 부르며 타민족에겐 배타적이고 폐쇄적이었는데, UN의 도움과 그들의 비 정부기관의 자선을 경험하고 난 후, 이제는 우리도 타민족에게도 도움을 주는 동등한 관계를 갖게 된 것은 한국전쟁을 겪었기 때문이라고 생각된다.

남을 돕는다는 것은 결과적으로 나를 돕는 것이다. 어려운 사람을 도와주면서 느껴지는 감정은 우리들 마음속에서 항상 울려나오는 영적 양심의 소리와 부합하기 때문에 마음의 평화와 행복을 가져다준다.

아무 연고도 없는 이국땅에서 그것도 참혹한 전쟁의 와중에서 국가도 돌보지 않는 피난민들에게 따뜻한 우유죽을 나누어준 그들은 누구였을까? 반세기의 세월이 흘렀어도 순수한 인간애의 자선을 보면 매번 가슴을 적셔주는 장면이 있다.

12-15-2004 (중앙일보)

딸의 E-mail

오랜만에 딸의 집에 다녀왔다. 아니 딸이 스웨덴에서 재작년 미국의 동부로 이사 온 후 처음으로 딸집을 방문한 것이다. 케네디 공항에 내리니 딸과 사위 그리고 두 손자와 손녀가 기다리고 있었다. 공항에서 약 한 시간 정도 달려서 코네티커트에 있는 집에 도착했다. 로스안젤스의 다민족 다양한 문화 속의 'Hectic life'라 일컬어지는 흥분되고 들떠있는 환경에서 살다가 넓은 숲 속에 있는 딸의 1세기가 넘는 앤틱의 집에 오니 마치 다른 세계에 온 듯 경이롭다.

1882년에 지어졌다는 고색창연한 집은 대지가 넓어서 이웃집들도 푸른 숲 저 너머에 있어 잘 보이지 않고 야트막한 돌담 넘어 뒤 숲으로는 노루가족이 아침인데도 슬금슬금 다니며 꽃을 따먹고 있다. 파란 드넓은 잔디 주위로는 키 큰 나무들이 줄을 서있고 그 밑으로 초하의 온갖 색색의 꽃들이 피어있어 동화 속의 집 마냥 아름답다.

집안은 딸의 취향대로 단순하면서도 실용적인 북 유럽식으로 꾸며놓고 아이들 방에는 책상과 책장, 벽의 색까지 아이들 취향대로 꾸며놓아 정서교육에 신경을 쓰고 있음이 느껴졌다. 필요 없는 것은 집안에 널어놓지 않는 딸의 성격과 예술을 사랑하는 사위의 취미대로 집안은 검소하면서도 예술적인 분위기를 풍기고 있었다.

Sofie가 "할머니 할아버지 환영해요."란 포스터를 그려서 출입문에 걸어놓았다. Kristian과 Niels가 사랑스런 미소로 반긴다. 딸과 덴마크인 사위의 정성스런 대접으로 즐거운 날들을 보내고 왔다.

LA 근교에 있는 우리 집으로 돌아오니 분주한 일상이 기다리고 있었다. 며느리가 몸이 무거워지니 큰아들이 며느리가 근무하는 제약회사 근처로 이사해서 아들은 한 시간 반이나 걸리는 사무실에 3일만 출근하며 나머지는 집 오피스에서 컴퓨터로 일하기로 했다한다. 이사할 집에 가보았더니 손볼 것 없이 다 좋아 보였다. 그런데도 집의 칼라를 바꾸고 아래층에는 마루를 깔고 부엌 싱크대는 타일 대신 화강암으로 바꾸고 안방 욕실을 로마식 샤워로 바꾸는 등 모든 일을 한 달 동안에 다 끝내느라 바쁘게 지냈다.

아들 내외는 이사는 했지만 짐을 다 풀지 못해서 호텔에서 며칠 지내려한다고 전화가 왔다. 불편하더라도 참고 집안일을 보면서 집에서 지내면 좋으련만 요즈음 젊은이들의 가치관은 우리와 사뭇 다르다. 매일의 생활이 소중한 인생의 일부이므로, 한시도 그냥 넘기려 하지 않는다. 그래도 어떤 변화가 있으면 우선 알려주는 것을 감사하게 생각해야하는 시대이다.

모처럼 한가하게 집의 포치에 앉아서 멀리 시가지를 보고 있으니 딸의 모습이 어른거린다. 어린 시절 집안일을 도와주며 열심히 공부하던 모습, 대학을 동부로 보내놓고 딸의 빈방에 들어갈 때마다 눈물이 나던 일, 21살에 대학원에 들어가서 28세에 약리학박사 학위를 마치고 뉴욕에 있는 "Memory of Sloan Katherine" 암 연구소에서 일하며 주위에 일어난 일을 신기한 듯 즐겁게 들려주곤 했던 상냥한 딸이다.

그러던 딸이 어느 날 갑자기 사랑하는 사람이 생겼단다. 그 곳에 교환 교수로 와 있는 덴마크인과 결혼하겠다고 우긴다. 미국인도 아닌 유럽인을 사위로 삼자니 문화적 차이에서 오는 어려움 때문에 많이 망설였었다. 딸은 우리의 이해부족을 원망하고 우리는 딸을 빼앗기는 심정으로 서로 간에 마찰을 자아냈다.

우리가족도 60년대에 한국을 떠나 스위스의 제네바에서 살다가 75

년에 아이들 교육문제로 미국으로 왔지만, 유럽은 지금도 외국인에게 너그럽지 않고 배타적이며 냉정하면서도 경우가 밝아 항상 긴장되게 하는 곳임을 잘 안다.

그러나 딸은 결국 결혼했다. 그리고 사위를 따라 코펜하겐대학에서 연구하며, 여러 곳에서 개최하는 생화학교수 세미나에 참석하느라 이곳 CA에도 가끔 왔었다. 우리도 유럽에 가기도 하고 딸도 해마다 우리를 찾아왔지만, 그래도 비행거리 14시간이나 떨어져있어 마음이 허전하고 아쉬우며 늘 안쓰러웠다. 딸은 그 동안 3남매를 낳아 기르며 또 연구하며 매우 바쁘게 지냈다.

촌시를 다투는 경쟁된 Science 세계에서 직원들 데리고 연구하는 시간이 오히려 쉬는 시간이라는 딸에게 무슨 한가한 소리를 하겠는가? 전화해도 오래 할 수 없으니 한 동안 소통의 단절을 느꼈었다.

딸이 유럽으로 간지 9년 되는 해 나는 사위에게 하소연했다. 미국에 와서 단 몇 년 만이라도 살면 마음의 맺힘이 풀릴 것 같다는 내 말을 사위는 진지하게 받아들인 듯하다. 딸 가족은 그 다음 해에 미국으로 이사 왔다. 나는 처음 내가 요구한 대로 그저 몇 년 만 있을 것으로 생각했는데, 코네티커트에 집을 사고 아이들 교육을 위해 계획하는 것을 보니 아주 이사 온 듯하다. 아직도 차마 물어보지는 못하고 있다.

딸이 미국에 이사 온 것을 알고 주위의 친구들이 축하해준다. 어린 시절 동생들을 돌봐주며 항상 위로와 힘이 되어준 딸인데 동부에 이사 온 것만으로 행복하다. 딸과 옛날처럼 정담을 나누고 싶다. 더구나 아들들은 동양적 사고방식의 나와는 대화가 통하지 않는단다. 변호사인 큰아들에게 전화하면 몹시 바빠하니 전화기에 대고 잔소리하기가 어렵다. 작은아들은 환자 때문에 수술실에 들어갔는지 아예 통화조차 못한다. 집으로 전화해도 메시지만 나오니 답답하긴 매한가지다. 그렇게 바쁘게 지내는 막내가 아직 미혼이라 우리는 안타까운 심정이다.

고도로 발전하는 문명의 속도와는 반비례로 가족관계는 점점 소원해져 가는 미국사회다. 한국적인 가족의 끈끈한 유대관계가 아닌 개인과 개인의 인간관계다. 우리가족도 딸은 코네티컷, 큰아들은 LA 교외인 아구라 힐에, 작은아들은 센 프란시스코에 살고 있다. 아이들은 미국인의 사고방식으로 실용적이고 정직하며 성실하다. 그러나 한 가족인데도 바쁘다보니 한국적인 끈끈한 가족관계를 유지하기가 어려운 편이다.

여러 가지로 궁리한 끝에 E-mail을 보내기로 했다. E-mail을 보면 나의 잔소리도 어쩔 수 없이 읽게 되니 부모세대를 조금은 더 이해하고 우리의 가치관을 수용하고 절충할 수도 있을 것 같아서이다. 그리고 아이들도 아무리 바빠도 서로 연락을 하며 지내게 하고 싶었다. 2달 전부터 하고 싶은 얘기를 써서 세 아이들에게 보내기 시작했다. 처음엔 반응이 없었다. 읽었는지 안 읽었는지? 그러나 요즈음 들어 차츰 회신에 논평과 자기 의견 표시도 해온다. 미국생활 30년에도 많이 부족한 엄마의 영어와 정성에 조금은 이해와 연민이 생기는 모양이다.

딸을 방문하고 돌아와서 조용한 시골의 한가한 숲 속의 집을 생각하니 딸이 좀 고립되어 외로울 것 같고 번잡한 문화의 중심에서 떨어진 것 같아서 나의 솔직한 심정을 써서 보냈더니 즉시 회답이 왔다. 아직 내가 알지 못한 그곳 생활에 대해서 설명한다.

음악회와 연극과 발레와 아트전시회와 도서실에서의 다양한 문화적 행사와 세계적 유명인의 방문과 토론과 의견교환과 이웃과 학교친구와 학부모들의 친숙한 교제 등 자세히 쓴 후, 코네티컷의 좋은 환경과 뛰어난 교육시스템과 또한 자주 가까운 뉴욕의 문화를 즐기고 있다고 한다.

미국을 상징하는 코카콜라와 맥도날드식 자유분방하고 즉흥적인 문화의 환경 속에서 아이들을 보호하겠다는 설명이다.

아무리 좋은 문화를 가졌어도 즐기지 못하면 가진 것이 아니라며 나의 이곳 메마른 일상생활에 침을 놓는다. 그리고는 "구하지 않는 어드바이스는 보내지 않았으면 해요"라는 핀잔 섞인 딸의 첫 E-mail을 오늘 받은 것이다.

이것이 딸과 나의 차이점이다. 내가 말한 외로운 점은 가족과 떨어져있고, 한국 식당이나 신문, 친구들, 교회와 여러 가지 모임, 같은 동포로서의 동질감과 같은 언어의 편안함 등을 말했는데, 이런 것은 현대문명의 첨단에서 생활하는 젊은 세대에겐 하등 의미가 없는 것이다.

딸은 나의, 한국적 문화 속의 딸이기 전에 한 전문직 여성으로 넓은 시야로 세계를 보며 살고 있는 독립된 개체이다. 전에 딸과 소원했던 아쉬움은 비록 유럽과 미국의 지역의 차이가 아니라 세대 간의 문화의 차이였다는 것을 이제야 느끼게 된다.

6-28-2006 (중앙일보)

어머님이 남기신 편지

매년 5월이 되면 나는 어머니날과 함께 40년 전 보내주신 어머님의 편지가 추억된다. 60년대 학교 졸업과 더불어 짧은 사회생활을 끝으로 결혼해서 2달된 딸을 안고 한국을 떠날 때, 여행 가방에 넣어주시던 스코프박사의 육아 책과 요리 책은 한국말이 통하지 않는 외국에서 육아와 일상생활에 큰 도움을 주었다. 사회경험과 사교생활이 서툰 나는 세 아이들을 키우면서 하루하루를 힘겹게 지나고 있을 때, 육 남매를 키우신 경험 많은 어머님은 막내딸인 나에게 인생철학과 경험담이 담겨있는 장문의 편지를 보내셨다. 그러나 그 편지는 어머님으로 받는 마지막 편지가 되었다.

경험이 없는 일에는 이해가 무디었던 젊은 시절, 경험 없이 세상을 이해할 수 있었던 것은 어머님의 끊임없는 충고와 채근 때문이었다. 가정생활에서 인내가 얼마나 중요한 것인가를 괴롭게 터득하기 시작할 때, 저녁때가 되면 아이들의 말대꾸하느라 양쪽 턱관절이 아파 오고, 너무나 지쳐서 불평을 할 기력도 시들어지는 그 시절에 어머님의 편지는 가로 세로 씨줄을 맞추어 내 생활을 붙들어 주셨다.

어머님은 성공적인 인생과 처세에 대해서 여러 가지 실재경험의 예를 들어 어떻게 그 어려움을 극복하며 소화해 나가는지, 또 그렇게 이겨내는 과정이 우리에게 삶의 보람이 된다는 말씀과 남편의 성공적인 미래가 곧 나의 미래와 합일되므로 남편이 성공적인 직업인이 되도록 노력해야 한다고 하셨다. 지금은 아이들 키우며 육체적으로 힘겹겠지만, 지금 너의 힘들어하는 모습이 환히 보이지만, 한숨과 체념 대신 미소와 관용으로 너의 가정을 웃음과 행복의 안식처로, 매일매일 생활의 재충전되는 장소로 만들라고 충고하셨다.

그래서 힘들었던 그 시절, 매 주중과 주말에 계속 있는 파티에 초대받고도 아이들 때문에 동반하지 못해도, 주말마다 골프과부가 되어도, 남편이 새벽에 출근하곤 밤 12시가 지나서 퇴근해도 전처럼 불만을 표시하지 않고 애들 양육에 충실할 수 있었다.

어머님이 이승을 떠나신 지 벌써 17년이 지났다. 당시 돌아가셨을 때는 세상이 갑자기 막막하고 보호막 없는 과육으로 남았다는 공허함으로 괴로웠었다. 세월이 지나면서 진정되었지만, 어머님의 편지에 담겨있던 의미는 내 사고의 한 부분을 차지하고 있다. 그뿐만 아니라 어머님은 내게 동화책으로 문학의 아름다움을 터주신 분이 아닌가! 초등학교에 입학한 후로, 어머님이 주시는 상은 전부 동화책이었다. 내가 읽지 않은 동화책이 있었던가! 그렇게 문학의 향기는 내게 스며들었다.

20세기에 있어서 자식교육에 끼친 어머니의 교훈과 가이던스는 대단히 다른 어프로치로 접근했다. 그 예로 실존철학자인 싸르트르의 어머니인 '안느마리'는 전형적인 자유롭고 깊은 사랑의 가정교육을 했다. 싸르트르는 외할아버지의 장서로 가득 찬 도서실에서 마음껏 독서를 하고 상상력을 키워 20세기 중반에 실존주의로 세계적인 사상가가 되었으며, 현재까지도 지구촌의 지식인들에게 지대한 영향을 주고 있다.

반면 헤밍웨이의 어머니인 '그레이스'는 다재다능한 어머니로 아들의 자유분방한 성격과 상반되는 대단히 엄격하고 강압적인 가정교육으로 대조를 이루었으며, 거짓말을 하였을 때는 비누로 혀를 박박 씻어야 했다는 일화도 있다. 거기에 적응하지 못한 헤밍웨이는 친구들에게 자기 어머니를 저크라고 말할 정도로 관계가 좋지 못했다. 그는 평생 대 여인관계가 부드럽지 못하고 여러 번 이혼과 재혼을 거듭하며, 노벨 문학상은 받았지만 그가 가정에서 평안을 누렸는지는 의문이다. 또 그의 아버지가 자살했던 것처럼 헤밍웨이도 자살했다.

유태인의 탈무드에 의하면 최초의 교육자는 여성이며, 하나님이 모세를 통해서 십계명의 기본적인 구상을 최초로 여성에게 주어지고 그 후에 남성에게 주어졌으며, 자식을 가르치는 것은 여성 몫으로 그 가르침이 곧 가정의 가르침으로 해석하고 있다.

"병사는 전투적으로, 시인은 시적으로, 신학자는 경건하게 교육할 것이다. 그러나 어머니만은 인간적으로 교육할 것이다."는 장 파울의 말은 평범한 것 같지만 깊이 있게 인생을 사색한 말이다. 또한 어머니는 우리들 영혼에 온화함을 부여하고 아버지는 빛을 준다고 거듭 강조하는 것은 되새겨 볼만하다.

5-9-2009 (한국일보)

Cape Cod의 아름다운 바람

오랜만의 꿈같은 휴가에서 돌아온 다음 날 아침, 캘리포니아의 찬란한 햇빛이 솟아올랐다. 운동복으로 갈아입고 걷기 위해 Verdugo Park에 가려고 주차장에 나갔더니 차 지붕이 온통 하얀 재로 덮여있었다. 동부의 여행지에서도 엔젤레스 크레스트 지역의 '스테이숀 산불' 소식을 듣고 우리 옆집에 전화해서 화마의 진행상황을 점검하면서 귀가를 서두른 여행이었다. 상상을 초월하게 과학이 발달된 21세기에도 자연의 재해를 초스피드로 막지 못하고 원시적 답보를 하고 있어 자연을 정복할 수 없는 인간의 한계를 자각하게 된다.

정현의 초청으로 코네티컷에 갔었다. 우리가 은퇴한 후, 온 가족이 함께 베케이숀을 갖자고 동생들과 합의해서 정한 날에 대서양 연안의 Cape cod에서 만나기로 했다. 아침 일찍, 딸 부부와 손주들 셋 또 우리 부부와 함께 차 두 대에 짐을 싫고 자전거 5대는 차 위로 올라가고, 써핑보드는 차 속에 싣고 마사추셋트 주의 바닷가 반도로 향했다. 뉴욕을 지나 보스턴에서 로드아일랜드를 통과해서 Cape Cod 반도로 진입해서부터는 2차선의 길이 파킹랏처럼 차들로 꽉 찼다. 따가운 오후의 햇살이 내리 꽂히는 길에서 한참 동안을 거북이처럼 기어가는데, 오고가는 자동차들의 각기 다른 모양새와 차 위에 실은 가지각색의 카약과 윈 서핑 기구들을 구경하면서 어느덧 해가 저물어가고 있었다.

바캉스 시즌이 아니면 코네티컷 주에서 5시간 정도 걸리는 거리를

10시간이 지나 밤 8시에 도착했다. 밤길을 더듬어 찾아가니 키 큰 장정 둘이 집 앞에서 아이를 데리고 서성이고 있었다. 다가가 보니 엘에이와 센 프란시스코에 사는 아들들이 먼저 와서 집안에 불을 켜놓고 우리를 기다리고 있는 중이었다. 오랜만에 3대의 온 가족이 다 모여 서로 악수하고 껴안고 북적거리다가, 한 쪽에서는 늦은 저녁식사 준비하고, 식탁에서는 그 동안 못 다한 애기들이 오고가고, 손자손녀들은 이층과 아래층을 뛰어다니며 소리치고, TV보고, 딸은 잠자리준비로 위 아래층과 지하실을 오가며 깨끗하게 침대시트를 다 갈더니 드디어 방 배치를 해준다. "엄마, 내일부터는 매일 바쁜 스케줄이니 저녁 드시고 빨리 주무세요." 딸이 채근한다.

새벽에 새소리에 잠이 깨었다. 산 너머로 밝은 빛이 어슴푸레 넘어오며 짙푸른 자연의 숨결이 가슴 깊숙이 스며든다. 새벽의 침묵은 고요하다 못해 적막이 흐른다. 끝없는 상상력과 영감을 주는 자연, 세속의 속물주의를 정화하여 생의 진의를 발견하게 하고 다양한 생의 기쁨을 주는 자연, 자연은 가장 아름다운 예술의 보고이다. 삶의 무게나 세속의 구속에서 해방된 진정한 자유가 이렇게 자연과 합일되어 함께 하는 것이구나!

아침에 배를 타고 대서양으로 2-3시간 나가서 고래 가족들이 이동하는 것을 근접에서 지켜보았다. 한없이 드넓은 바다에서 자유롭게 수영하는 고래들의 모습을 보니 '생명'과 '자유'라는 어휘가 동의어로 느껴진다. Bay에 있는 비치의 따뜻한 바닷물에서는 잠수하고 수영하고, 대서양의 차갑고 투명한 바닷물에서는 파도타기와 서핑을 하며 환호하는 애들을 보면서 우리도 덩달아 환호했다. 바다 위의 모든 것들이 물결 따라 쏴아 차르르 흔들리고 있었다.

딸의 가족들은 짬이 날 때마다 모두들 색색의 헬맷을 쓰고 자전거를 타고 일렬종대로 3.5마일의 자전거 길을 돌아 숲 속의 언덕을 내려오는 모습이 한 폭의 그림 같다. 사람과 자연 그리고 운동을 사랑하는 생활인, 진정 베케이숀을 즐기고 있었다.

바닷가 작은 길인 Wellfleet에는 Left Bank 갤러리를 중심으로 주위에 많은 갤러리가 모여 있어 현대화의 흐름을 느낄 수 있었다. 현대화를 사랑하는 사위는(사위 집안은 현대화 수집가) 그 중 그림 하나를 사고 싶어 하고 정현이는 비싼 그림을 걸어 놓을 벽의 스페이스가 더 이상 없다고 반대한다. 나중에 덴마크인 사위는 내게 와서 하소연한다. 그의 그림을(그 화가의 이름은 잊었지만) 많이 좋아하고 있다고 섭섭해 한다. 그러나 딸은 그림을 사지 않았다.

작은 상점에서 아기자기한 소품들을 구경하며 손녀딸이 여러 가지 예쁜 장식들을 갖고 싶어 한다. mac' cod에서 먹은 홈메이드 아이스크림은 입에서 살살 녹고, bay에서의 Fish & chip과 생선과 조개요리의 다양한 맛은 바로 바다의 맛이었다.

영원한 초록의 소나무 숲이, 바닷가의 살랑대는 갈대들이, 하늘거리는 들풀들이, Cape Cod의 여름바람이 인간도 자연의 일부라고 자꾸 말하는 듯했다.

10-31-2009 (한국일보)

회한의 달

툭툭 처마에서 떨어지는 빗방울 소리, 가만히 귀 기우려보니 허공 속 물안개에서 나뭇잎과 지붕에 자근자근 비가 내리고 있다. 아직 늦가을의 풍취도 느끼지 못했는데 겨울비라니, 벌써 12월도 얼마 남지 않은 세밑이 되었다. 우선 단풍든 낙엽을 보기 위해 가까운 계곡을 찾아 나섰다. 남가주의 아열대성 기후 탓인지 계곡마다 푸른 나무들 사이에 노랗고 빨간 단풍들이 모자이크로 섞여있다. 겨울 숲의 싱그러운 향기를 들이마시며, 문득 아직 크리스마스 선물도 준비하지 못했다는 생각이 들어 서둘러 하산을 해서 갤러리아 샤핑몰로 향했다.

우선 딸과 며느리에게 줄 선물을 둘러보느라고 '앤-클라인'에 들어갔다. 매장은 불경기 탓인지 썰렁하다. 어떤 한국인 모녀가 서로 옷을 입어보고 즐겁게 의견을 주고받으며 옷을 고르고 있는 모습이 무척 행복해 보였다. 아 딸! 상냥한 내 딸이 그리워 마음이 저며 온다. 내가 힘들 때마다 옆에서 도와주며 위로해주던 딸, 바쁜 엄마를 대신해서 개구쟁이 남동생들을 돌보느라 놀 겨를도 없이 어린 시절에 철들어버린 딸, 투정한번 부리지 않고 자라면서 오히려 엄마의 파트너가 되어주던 착한 딸이 보고 싶다.

한국식 학원이란 곳의 의미조차 모른 채, 혼자서 동부의 대학을 졸업하고 박사학위를 받고 이제 코네티컷에서 세 아이들의 엄마로, 직장에서는 중한 직책을 맡아 열심히 생활하고 있다. 몸은 건강한지, 저녁 6시 동부시간 9시에 딸에게 전화했다. "아 엄마! 지금 소휘의 공부를 돕고 있는데, 중요한 일이세요?" "아니......" 이 시간에도 바쁜 딸의 짐이 되고 싶지 않아 아쉽지만 간단히 끊었다.

아들 딸 삼 남매를 돌보며 낮에는 생화학 연구소에서 특허연구에 몰두하는 딸, 사위가 뉴욕으로 출퇴근하게 되어 더욱 바빠진 딸과 한가하게 이야기하며 쌓였던 정을 나눌 시간마저 나는 접어야한다. 갑자기 회한의 전율이 몰려온다. 미래의 꿈에만 초점을 맞추고 유년의 작은 정서를 나누는 시간을 지나쳐버린 것 같아 마음이 아프다.

17세에 대학에 가느라 집을 떠나서 지금까지 공부와 학위와 연구하느라, 집엔 가주에 교수들 회의가 있을 때에나 일 년에 한두 번 들리는 것이 고작이다. 아쉬운 생각에 붙잡고 싶어도, 아이들 자랄 때 들려주었던 말이 생각나서 물러나게 된다. "우리에겐 프라이드만 주면 고맙겠다. 올바르게 잘 살며, 자기 위치에서 최선을 다해서 꼭 필요한 인물이 되어 더 낳은 세상을 이루는 사람이 되어라."고 저녁 식탁에서 줄곧 말해오지 않았는가!

쓸쓸한 마음을 접고, 서울에서 배달된 고등학교 졸업 50주년 기념 수필집 <우리들의 이야기>를 펼쳤다. 남녀공학의 고등학교여서 남자 동창들이 늙어가며 느끼는 생활 이야기가 진솔하게 쓰여 있어 읽어 갈수록 재미있다.

어쩜 무뚝뚝한 남자동창들도 우리 여자동창들하고 똑같이 아니 더 절실하게 삶의 허무와 외로움을 절감하며, 사회의 부조리에 대한 울분을 누르며, 앞으로 닥칠 죽음에 대한 마음의 자세를 피력하고 서로와 위로를 나누려하고 있다. 사회적으로 성공했던지 못했던지 간에 이제는 물러나 앉아 다 같이 할머니 할아버지로서 다시 함께 어깨를 나란히 하고 인생의 황혼 길을 걷고 싶은 생각이 드는 것 같다.

한국이나 미국이나 개인주의가 발달되면서 가족구성이 느슨해지고 고향이라는 의미가 삭제되고, 국경이라는 개념이 사라진 노마드시대에 우리는 살고 있다. 세계가 같은 순간의 공통생활권에서 숨 쉬고 있어서, 지구인은 같은 지식과 같은 상식을 나누고 인간 본연의 느낌을 공유함으로, 세계는 한 인간가족으로 묶여있다고 보아야하겠다. 그런데도 지구촌은 더 많은 전쟁과 고통과 혼동과 기아와 소외와 고독으로 인간과 인간 사이의 따뜻한 교감이 사라져가고 있다. 이제 그리운 고향은 어떤 특정의 장소가 아닌 마음 속 유년의 기억으로만 남아있을 뿐이다.

이런 시대를 사는 아이들에게 향수로 남을 유년의 아름다운 추억을 심어줬던가? 이민의 절박한 심정으로 지나쳐버린 수많은 작은 순간들에서 살아가는 즐거움과 미세한 아름다움을 느끼는 행복과 따뜻한 사랑의 마음을 심어주는 것을 미쓰하진 않았는가? 12월은 홀연히 가버린 시간의 회한으로 마음 아픈 달이다.

어느 듯 시간이 한참 지나서 잠자리에 들었는데 전화벨이 울린다. "헬로우?" "엄마 저예요." "아니 지금이 몇 시인데 잠 안자고 전화하니?" "좀 아까 엄마 목소리가 너무 쓸쓸하게 느껴져서......" 딸의 목소리가 잠자다가 전화하는 듯 잠겨있다. 착한 내 딸!

12-9-2009 (한국일보)

시간의 5계절

올해는 연합군의 승리로 해방된 지 66년째 되는 8.15다. 당시 군중들의 감격과 환호와 흥분된 외침을 세월이 아무리 흘러도 잊을 수가 없다. 1944년 우리 가족은 미군의 B-29 포격을 피해 강원도 금강산에 있는 작은 마을로 소개 갔었다. 내 유년 시대에서 자연의 아름다운 속삭임을 처음으로 감지한 때다.

서울에서 아버님이 빨리 우리를 데리러 오시기만을 기다리며, 강원도 산골의 아름다운 자연 속에서 산과 냇가와 바위와 조약돌과 돌베개로 소꿉질하며 즐겁게 놀았었다. 1945년 8.15 해방이 되고, 아버님이 우리를 데리러 오시고, 우리 형제들은 독립된 서울로 돌아왔었다.

그러나 66년이 지난 올해 8.15는 몹시 어수선하고 당혹스럽다. 세계 곳곳에서 일어나는 기후의 변화로 홍수와 가뭄과 폭풍우와 한증으로 지구촌이 몸살을 앓고 있다.

일본 후쿠시마에서 일어난 쓰나미와 원전사고, 미국의 신용강등과 주식 폭락과 경제공황의 염려 등 디지털의 고속도로를 달리고 있는 21세기는 카오스로 향하고 있는 것 같아 더 불안하기만 하다.

8월 15일은 또 내 생일이기도 하여 해마다 나는 아침식탁에서 미역국을 먹으며 한 살씩 더 먹곤 한다. 또 해마다 나는 인내와 의무와 사랑의 짐을 더 지게 되곤 했었는데, 은퇴라는 졸업장(?)을 단 후부터 어깨가 가벼워졌다.

오랫동안 고여 있던 봇물이 갑자기 터지듯, 은퇴 후 그렇게 시간의 물보라가 내게 쏟아졌다. 그 동안 나는 아이들에 대한 짝사랑의 달인이 되어 미래에 대한 상상과 꿈을 꾸며 시간의 흐름을 건너왔던 것이다.

매일이 인내의 연속이었는데, 이젠 매일 나를 위해서 아침 태양은 건너 편 산마루에서 떠오르고 저녁엔 붉고 장엄하게 서산으로 지곤 한다. 그리고 지금 2년 동안 은퇴 후의 시간을 보내고 있는 중이다.

은퇴를 가능성의 집약으로, 제 5계절로 계획했다. 과녁의 중심에 있는 삶의 미를 향해 진정한 자신의 생활을 할 수 있는 자유의 시간을 어떻게 활용할까 궁리하며 맞이한 은퇴다.

하고 싶은 일을 하고, 꿈꾸고, 노력하는 가득 찬 매일이 은퇴의 의미가 아니겠는가! 이제 아이들도 다 결혼해서 안정되게 살고 있으며, 이제 남편과 둘만의 생활을 하며 "본드 부부"처럼 가는 곳, 오는 곳이 같고, 시간의 분배가 같기에 서로의 그림자가 되었다.

오늘의 시간이 온통 타의가 아닌 자의에서 돌아가니, 보이지 않던 것이 느껴지고 생활의 입체감이 일상생활에 반영되기도 한다. 시간이 없어서 정리해 놓지 못했던 추억을 다시 꺼내보고, 생의 목적과 생 전체를 보게 되는 안목이 생겼다.

햇빛이 직 광으로 내리쬐는 고요함, 조곤조곤 지나가는 새들의 발자국 소리, 바람이 곡선을 타고 멀리 흘러가 버리는 무심함, 꽃들이 봉우리를 터트리는 자연의 섭리가 마음의 길목을 노크하고 있다.

직접적으로 느껴지지 않아 어깨 너머로 접어두었던 소소한 것들이 이제야 제 소리를 내며 다가오고, 삶의 여울진 주름살이 모두 삶의 과정이라는 것, 그래서 온전히 내 것이 된다는 느낌, 그렇게 낮과 밤의 빛과 어둠의 변화가, 그 그늘의 편안함이 보이게 되었다.

매일 책을 읽고, 글을 쓰고, 시를 읽으며 예술의 우주를 선회하면서 정신의 무한한 아름다움을 유영하고 있다. 책이 있는 이층 독서실에서, 마치 몽테뉴의 3층 돔에 있는 것 마냥 자아에 충실하려 노력하고 있다. 매 순간 지나가는 시간을 아끼며, 지루하지 않고 즐거운 시간의 고마움을 이제야 만끽하고 있다.

이제 나는 디지털시대에 맞게 테제베를 타고 자신의 생각을 지키며 목적지까지 가는 것이 곧 정신의 해방이라고 생각한다.

해방은 국가의 독립만이 아닌 정신적 창조와 자유와 꿈의 동의어라는 생각이 문득 드는 요즈음이다.

과연 은퇴는 생의 제 5계절이다.

8-11-2011 (한국일보)

비숍의 자연

전부터 오웬스 벨리에 있는 비숍의 아름다운 단풍에 대해서 많이 들어왔다. 요즈음 비숍에 있는 여러 호수에서 송어낚시도 한창이라고 한다. 오랜만에 자동차 여행을 하기로 했다. 우리는 차를 정비하고, 카메라와 겨울 재킷을 꺼내들고 아침 8시에 집을 떠났다.

이렇게 자연을 가까이 접할 수 있는 것이 몇 년 만인가! 36년 전 미국에 온 후 엘에이 북쪽에 있는 소도시인 라 캐나다에서 20여년을 살았는데, 넓은 뒤뜰에 장미꽃밭과 전나무 등이 우거진 자연 속에서 아이들을 키우며 살았는데도 정작 나는 자연을 느낄 마음의 여유가 없었다. 가족의 건강을 챙기고, 집의 월부금에, 아이들의 학비와 또 경영하는 사업에서 잠시도 틈을 찾지 못하는 톱니처럼 돌아가는 세월이었다. 마음도 기계처럼 단단해져서 감정의 굴곡이 무딘 시멘트 길을 오직 내 앞의 책임에만 매달려 지내왔는데, 은퇴한 후로 시간에 자유로워져 자신을 돌아보게 되었다.

비숍(bishop)은 엘에이에서 275마일 떨어져있어 차로 5시간의 거리다. 5번 후리웨이에서 14번으로 들어가서 팜데일과 란카스타를 지나니 허허벌판 모하비 사막이 나온다. 물기가 없는 사막기후에도 생존하느라 나무들이 땅바닥에 엎디어 자란다. 멀리 지평선 끝으로 높고 낮은 산들이 이중 삼중으로 겹쳐져 있고, 그 뒤로 보이는 시에라 산맥의 봉우리엔(13000ft) 아직도 잔설이 쌓여있다. 길옆으로 펼쳐있는 낮은 구릉에는 겨울비로 솟아났던 풀들이 타는 햇볕에 메말라 황금빛

카펫처럼 깔려있다.

황금빛 죽은 풀들 사이로 사막의 모래 능선이 맥을 놓은 듯 정지되어있고, 그 광활한 모래바닥에 바짝 마른 나무넝쿨들이 듬성듬성 서서 바람에 굴렁쇠 마냥 흔들리고 있다. 생명이 없는 그들은 바람에 굴러다니다 어느 곳에서 물웅덩이를 만나게 되면, 죽었던 가지에서 생명의 숨통이 트이고 뿌리가 돋아나 땅속 깊이 몇 메타씩 물기 있는 곳까지 뿌리를 내려 사막의 나그네로 재생하게 된다는 것이다.

삶이란 넓이만이 아니고 깊이라고 엉성한 넝쿨이 소리치는 것 같다. 그들의 디아스포라 삶과 비장한 생존의 심지가 마치 척박한 이민생활처럼 느껴져 동병상련으로 가슴에 파고든다.

Route 395로 접어드니 비숍까지 110마일 남았다는 이정표가 서있다. 삭막한 모하비 사막과 죠수아 나무, 그 곳에도 삶이, 생명이, 자연의 순환이 숨 쉬고 있다. 4차선이 2차선으로 바뀌고 비숍으로 가는 길은 오직 좁은 이길 뿐이다.

"......그러나 내게는 지켜야할 약속이 있고, 자기 전에 가야할 먼 길이 있다, 자기 전에 가야할 먼 길이 있다" 프루스트의 시가 가슴속에서 맴돌며, 옆에 있어준다는 것, 뿌리가 되어준다는 것, 이민 1세의 길이 무겁게 되새겨진다.

Subway에서 점심요기를 한 후, In-N-Out의 커피 한 잔을 마시며 시내에서 비숍크릭으로 가는 루트 168번으로 들어갔다. 계속 산으로 올라가니 해발 8000 Ft라는 표지판이 나온다. 일방 통행로같은 비포장도로의 오른쪽 길로 접어들어 North Lake으로 향했다. 차 한 대가 겨우 지나가는 좁은 산길은 왼편은 가파른 산이고 오른 편은 저 밑 골짜기까지 낭떠러지여서 천천히 기어가는데, 앞길에서 불숙 차가 나온다. 어찌할 줄 몰라 당황하는데, 그 쪽에서 길 뒤의 전망대로 천천히 후진해서 나더러 먼저 지나가라 손짓한다. "조금만 더 가면 편편한 길이 나오죠. 너무나 아름다워요." 그녀의 얼굴이 감격으로 물들어

있다.

온통 단풍든 산길은 양편으로 황금색의 사시나무가 터널을 이루고 단풍잎이 미풍에 문풍지 같이 떨며, 떨리는 햇빛을 반사하고 있다. 푸른 하늘은 노란색으로 덮여있고 바로 밑 호수 속엔 지상의 풍경을 물에 담은 한 폭의 명화가 물결 따라 흔들리고 있다.

촘촘하게 모여서 있는 사시나무의 숲 속에서, 찬란한 자연 속에서 내가 이방인이 아닌 주인으로, 인간의 길을 자연과 함께 가고 있음을 알려준다.

11-12-2011 (한국일보)

병상의 하루

한 달이 넘게 지독한 감기를 앓았다. 열과 기침과 어지럼증 때문에 고생했는데, 어제는 같은 교회 성도가 여러 가지 음식을 정성스레 해와서 한결 기운이 나고 즐거운 대화를 하고 있으니 호흡을 눌렀던 가래도 좀 사라졌다. 병원에 전부 3번을 다니면서 여러 가지 검사를 하고 강도 높은 약을 쓴 후에야 겨우 숨 쉬는 것이 부드러워지고 답답한 가슴이 조금씩 풀리기 시작했다.

아침에 잠이 깨서 아래층으로 내려와 소파에 길게 누워서 구스타브 말러의 심오한 음악을 들으며 시간을 잊어버렸다. 이 숨 막히는 감동을 헤르만 헤세는 1913년 말러와 교류하며 그의 유명한 제8교향곡을 취리히에서 들었다. 또 헤세의 친구 앙드레아는 말러의 교향곡을 직접 지휘하기도 했다.

2012년 올해는 말러의 해인가? 정명훈이 서울시립교향악단에서 말러의 교향곡 전곡을 2년에 걸쳐 지휘하고, 할리우드 볼에서는 구스타브 두다멜도 말러의 교향곡 9곡을 완주했다. 깊고 완벽하게 이어받은 고전음악의 정수를 들으며 꿈속을 헤매고 있는데 뒷문이 드르륵 열린다.

남편이 밖에서 화단을 손보고 있었는지 "밖에 날씨가 기막히게 화창한데 꽃구경하게 나오라"고 성화다. "아직 바람 끝이 차가우니 쟈켙을 걸치고 입을 막고 나오라"고 한다. 옷을 걸치고 밖으로 나갔다. 톡톡 튀는 햇빛과 코끝을 때리는 상큼한 바람, 재스민의 청초한 꽃이 흐드러지게 피어있고 제라늄과 여러 가지 꽃들이 마치 봄이 온 듯 색색으로 피어있다.

감기를 안고 지내느라 오랜만에 뒤뜰에 나온 때문인지 창밖의 새로운 생명들은 햇빛과 물과 공기로 탄소동화작용을 하며 생명의 환희를 노래하고 있다. 신비다움의 잎들이 엉켜있는 화분들에서 난꽃 줄기 여러 개가 솟아 나와 손을 흔들며 청초한 자태를 뽐낸다.

감기로 앓고 있었던 집안분위기와 다르게 창밖의 자연은 법칙대로 왕성하게 변하고 있었다. 이렇게 신선하고 맑은 자연이 눈부시게 생명을 찬양하고 있는데, 우리와 함께 하는 자연을 외면 한 채, 지구촌의 사람들은 더 분주해지고 더 불행해 지는 것 같다.

인터넷의 발달로 세상이 초시로 변해서 이란이나 아프리카나 시리아나 마치 저 멀리 다른 항성에 존재했던 외계의 이름들이, 마치 아래동네 골목처럼 귀에 익어져서 그들의 일이 남의 일이 아닌 지구촌 바로 우리의 일이 되어버렸다. 이젠 동화 속의 먼 나라는 마법의 양탄자도 없고, 거지왕자도 없으며, 돈키호테도 산초를 데리고 활보하지 않는다.

경제라는 십자군이 70억의 인류를 정복한 지금, 다 투명하게 비쳐지는 지구촌에서 민족이나 국가나 지엽적이 아닌 만인과 만인의 무한경쟁 사회가 되어가고, 생존의 성취를 위한 백 미터 경주를 뛰어야하는 스트레스를 겪고 있는 오늘에, 그래도 우리는 원래의 생존을 위해 가만히 돌아보며 귀 기울여서 어려움을 초월하는 지혜를 찾아 현재의 삶에서 행복한 마음의 귀향을 꿈꿔봐야 할 것 같다.

모든 지혜의 본질은, 행복은, 단지 사랑을 통해서 오는 것이라는 것을 아는 헤르만 헤세는 좌절과 방황의 시절에도 참으로 기쁜 행복을 조용히 자연사랑에서 구했다. 그는 스위스의 테신에서 직접 농사지으며 미모사 같은 섬세한 감성으로 아름다운 전원을 가꾸는 자연의 탐미 자였다.

헤세는 일생동안 그의 글에서 삶과 죽음에 대해 많은 사색을 했는데, 인간이 태어나서 죽는 전 과정을, 삶과 죽음까지도 하나의 삶의 과정으로 여기고 죽음을 자연스럽게 받아들였다.

현실의 일상에 마비된 현대인들에게 자연은 “그대는 나의 창조물이다……. 고로 나와함께 있으면 즐거우리라”고 한 에머슨의 속삭임에도 귀 기우려본다.

아! 태양이여, 흙이여, 사랑이여, 삶이여, 내 작은 뒤뜰의 생명들이 자연이라는 어마어마한 신의 마음을 지니고 있지 않은가!

2-10-2012 (한국일보)

김인자 칼럼수상집

노마드에 부는 바람

2012년 8월 16일 인쇄
2012년 8월 18일 발행

지은이 김 인 자
펴낸이 신 용 호
펴낸곳 창조문학사

서울 서대문구 가좌로 86 동천아카데미 5층
등록번호 제1-263호
전화 374-9011 FAX 374-5217
공급처 한국출판협동조합 전화 716-5616~9

저자와 협의에 의해 인지를 생략합니다.
파본은 바꾸어 드립니다.
값 18,000원
ISBN 978-89-7734-325-2